新 视 界

始于未知　去往浩瀚

高质量发展与强国建设论丛

迈 向

TOWARDS A CARBON-NEUTRAL CHINA

零碳中国

"双碳"战略下绿色港口的发展实践

周　然　魏际刚　戴明新 ◎ 著

上海人民出版社　上海远东出版社

图书在版编目（CIP）数据

迈向零碳中国："双碳"战略下绿色港口的发展实
践 / 周然等著. —— 上海：上海远东出版社，2025.
（高质量发展与强国建设论丛）. —— ISBN 978-7-5476
-2159-2

Ⅰ. U65

中国国家版本馆 CIP 数据核字第 2025A3Q285 号

出 品 人　曹　建
责任编辑　陈占宏
封面设计　朱　婷

高质量发展与强国建设论丛
迈向零碳中国："双碳"战略下绿色港口的发展实践
周　然　魏际刚　戴明新　等著

出　　　版　**上海远东出版社**
　　　　　　（201101　上海市闵行区号景路 159 弄 C 座）
发　　　行　上海人民出版社发行中心
印　　　刷　上海中华印刷有限公司
开　　　本　710×1000　　1/16
印　　　张　23.25
插　　　页　1
字　　　数　356,000
版　　　次　2025 年 7 月第 1 版
印　　　次　2025 年 7 月第 1 次印刷
ISBN　978 - 7 - 5476 - 2159 - 2/U·6
定　　　价　98.00 元

高质量发展与强国建设论丛

编辑委员会

前 言

在全球能源危机与环境恶化交织叠加的时代背景下,国际港口业正经历着一场深刻的范式革命。绿色港口作为这场变革的核心载体,已从单纯的环境保护理念升华为统筹生态效益与经济效益的可持续发展范式。这种以绿色观念为引领的新型港口模式,不仅要求对港口资源进行科学布局与集约利用,更强调通过系统性重构实现能源消耗、污染排放与自然生态之间的动态平衡。在"双碳"战略目标驱动下,港口业正加速向近零排放的深水区挺进,这场转型不仅是建设世界一流港口的重要体现,也是中国式现代化进程中迈向"双碳"目标的必由之路。

本书以"碳"为引领,通过"碳"寻政策之路、技术之路、实践之路,介绍了国内外主要国家、港口及相关国际组织的脱碳政策,从源头控制、过程控制、终端治理三个方面总结了低碳绿色技术的革新发展,并凝练了世界上典型港口的绿色低碳做法。在此基础上,通过"碳"寻未来之路,指出未来绿色港口在政策、技术、实践层面的前行方向。

习近平总书记指出:"绿色发展是高质量发展的底色,新质生产力本身就是绿色生产力。"这也为本书提供了根本遵循。绿色港口作为新质生产力的典型载体,正在书写人与自然和谐共生的现代化叙事。本书通过全景式分析国内外绿色低碳港口发展轨迹,既是对"双碳"战略在港航领域实施路径的学术回应,也是对构建人类命运共同体理念的实践注解,旨在为政策制定者、技术研发者与行业实践者提供战略和行动参考。

目　录

"碳"寻技术之路篇

"碳"寻实践之路篇

"碳"寻未来之路篇

"碳"寻政策之路篇

基于国际港口脱碳模式到国内"1+N"制度设计的演进逻辑,剖析全球气候协议、国家"双碳"顶层规划及港航领域专项政策的协同机制,展现政策引领下绿色港口从理念到行动的模式重构。

引言

  由碳排放激增引发的全球气候变化已成为 21 世纪人类文明可持续发展的重大挑战。为将全球温升幅度控制在工业化前水平1.5℃阈值内,实现气候中和已成为国际社会共识与核心行动纲领。截至 2023 年 9 月,全球已有 150 多个国家作出碳中和承诺,覆盖全球超 80% 的碳排放量、经济总量及人口基数,标志着全球气候治理进入系统性制度构建阶段。在此背景下,世界主要经济体相继出台战略性政策框架:中国作为最大发展中国家,确立"双碳"目标(2030年前碳达峰、2060 年前碳中和)并构建"1 + N"政策体系,通过顶层设计与行业细则相结合的路径推进深度减排;欧盟于 2021 年推出"Fit for 55"一揽子计划,设定 2030 年温室气体排放较 1990 年减少55% 的约束性指标,并建立碳边境调节机制强化政策协同;美国通过《迈向 2050 年净零排放的长期战略》,明确电力系统 2035 年零碳化目标,配套 2 万亿美元清洁能源投资计划;日本则修订《全球变暖对策推进法》,以立法形式确立 2050 年碳中和目标,构建覆盖 14 个重点领域的减排路线。作为脱碳战略的关键领域,交通运输体系转型受到各国高度重视,其中港口作为多式联运枢纽,凭借其政策传导枢纽、技术集成平台和产业链协同载体的独特优势,在清洁燃料推广、能效标准制定和跨领域减排合作方面发挥着战略支点作用。本篇收集整理分析了国内外"双碳"战略政策的制定情况,重点对交通港口领域的碳减排政策进行了整理分析。

第 1 章
国外港口脱碳政策

1.1 英国

1.1.1 宏观战略

1. 应对气候变化的战略演进

英国在世界上最早通过法律形式确立减排目标和碳中和战略,在气候变化治理方面的积极态度和前沿立法体现了其对环境保护的重视。尽管作为一个传统的工业强国,英国的历史累计排放量和人均排放量都相对较高,但其在经历了 1952 年的伦敦烟雾事件后,便开始了积极的立法行动来应对气候变化,并将减少温室气体排放作为重点任务。

英国的"绿色工业革命"是其环境政策的核心,旨在通过一系列的立法和政策推动减排和节能减排。在国家层面,英国已经制定了清晰的减排目标,并通过宏观、中观和微观层面的政策措施,形成了一套全面的减排战略。这些措施包括但不限于部门减排战略、行动计划和实施路线图等,旨在推动国家的低碳转型并实现碳中和。

英国的低碳转型之路起始于 20 世纪 90 年代的治理起步期,经过不断的探索和改革,进入了以实现净零碳目标为导向的推进期。在这个过程中,英国不仅在国内取得了显著的减排成果,还积极参与国际气候治理,推动全球气候治理体系的改革与创新。

1) 治理起步期(1990—1999 年)

自 20 世纪 80 年代末,随着气候变化问题日益受到国际社会的关注,联合国政府间气候变化专门委员会(IPCC)成立,气候治理逐渐成为全球共同关注的议题。在此背景下,1992 年通过的《联合国气候变化框架公约》为全球气候治理奠定了基础。进一步地,1997 年的《京都议定书》进一步加强了全球气候治理机制。在这些国际公约的推动下,多国开始实施严格的措施以应对气候变化带来的挑战。英国政府在这一过程中起到了示范作用,中国通过实施《中华人民共和国环境保护法》(1989 年 12 月 26 日起施行)、《中华人民共和国电力法》(1996 年 4 月 1 日起施行)等,大力推动了天然气和电力市场的市场化改革,并建立了全面的大气污染物控制体系,为全球绿色港口的建设提供了重要的借鉴经验。

2) 治理探索期(2000—2009 年)

进入 21 世纪后,尽管全球气候治理面临诸多挑战,但 2009 年《哥本哈根协议》的签订在一定程度上重塑了国际社会合作的共识。该协议重申了各国在应对气候变化方面的双重责任,即发达国家和发展中国家需共同努力,以降低全球温室气体排放。在此背景下,英国作为工业革命的发源地,其碳排放问题一直备受关注。英国政府深刻认识到其历史责任,并积极推动能源结构的低碳化转型。这包括实施世界首个国家碳排放市场交易体系(UK ETS)、出台全球首个具有法律约束力的《气候变化法案》,以及成立国家气候变化委员会(CCC)等举措,并推出了《低碳转型计划》。这些努力不仅展示了英国在全球气候治理中的积极态度,也为其他国家提供了可供借鉴的经验。

3) 改革转型期(2010—2018 年)

在经历了一段停滞期后,全球气候治理迎来了新的改革阶段。2015 年,国际社会共同达成了全球首个普遍适用的气候治理体系——《巴黎协定》。该协定采用"自下而上"的国家自主贡献(NDCs)形式,激励各国积极参与气候治理,展现了各方的减排意愿和活力。在这一阶段,英国在碳减排方面取得了显著成效,并对其国家能源和气候政策框架实施了全面而重大的改革,以填补美国退出《巴黎协定》后留下的领导力空白。在此过程中,英国修订了《英国能源法》,推动低碳电力成为未来能源供应的主导力量,并设定了煤电淘汰的时间表。2016 年,英国通过体制机制改革,整合了能源和气候等相关部门,成立了商业、能源与工业战略部(BEIS),以统筹推进国家能源和气候战略政策的制定与执行。2017 年,英国发布了《清洁增长战略》,将减排作为其工业战略的核心,设定了各个领域的减排目标,并进一步强调了降低脱碳的成本。

4) 净零推进期(2019 年至今)

在百年变局的背景下,国际风险因素相互交织,气候治理的进程受到延缓,而碳中和已成为全球气候治理和可持续发展的核心议题。各国纷纷制定国家层面的碳中和战略,以争夺绿色低碳发展的先机。英国在这一阶段的碳排放趋势出现反弹,但政府迅速响应"脱欧"后的气候战略,力图重新领导全球气候治理体系。2019 年,英国政府通过修订《气候变化法案》,成为全球首个立法承诺 2050 年实现净零排放的主要经济体,标志着其正式进入碳中和治理的新阶段。随后,英国推出《绿色工业革命十点计划》等一系列系统性政策,并成立由首相主持的内阁级国家科学技术委员会,以及由科学家领导、多个部委参与的科技战略办公室,将净零排放战略与生命健康、国家安全、数字经济并列为国家四大关键科技领域。

2."1＋1＋N＋X"政策体系

英国在推进碳中和的实践中,中央政府高度重视智库的建议,通过修改法律来强化净零排放的目标要求。为此,英国政府制定了包含十个重点措施的"十点计划",明确了未来几十年的净零排放行动路线图。随后,相关管理部门发布了一系列减排和脱碳的战略、行动计划和技术路线图等政策文件。国家智库机构也积极提交了多项政策建议、监测评估报告和行业指导意见等战略咨询报告。这些成果共同构成了一个包含 1 份立法文件、1 份顶层规划、N 个具体行动计划和 X 份战略咨询报告的"1＋1＋N＋X"政策体系(见表1-1),为英国的绿色港口建设和其他相关领域的碳中和转型提供了系统的政策支持和行动指导。

表1-1 英国碳中和战略政策体系总体设计

"1+1+N+X"	政策名称	政策定位
1	《气候变化法案》	立法约束:全球首个立法承诺2050年实现净零排放的主要经济体,正式迈入碳中和治理的全新阶段。
1	《绿色工业革命十点计划》	总体规划:未来数十年英国重振全球工业中心和经济绿色增长的纲领性计划。
N	《2050净零碳排放战略》《自然战略》《电力脱碳计划》《氢能战略》《能源数字化战略》《工业脱碳战略》《交通脱碳计划》《供热和建筑战略》《净零研究创新框架》《国家基础设施战略》《绿色金融路线图》	减排战略:阐述2050年净零排放重要举措,制定经济全领域的中长期减排战略; 具体计划:相应职能部门根据总体规划和总体战略,出台更加详细的中长期战略、领域行动计划、技术路线图及投融资计划。
X	《净零排放:英国对缓解全球气候变化的贡献》《碳中和12个重大科学技术问题》《能源白皮书:推进零碳未来》《净零排放评估报告》《第六次碳预算:迈向净零路径》	监测评估与战略咨询:围绕国家经济增长、绿色革命、净零排放战略需求,开展气候进展评估与咨询研究。

1) 宏观层面:重视决策的全面系统、科学有效

英国的碳中和政策体系通过一个四个阶段的螺旋式流程进行推进,确保了政策的有效实施和持续改进。这一流程包括:

①战略咨询阶段。这一阶段由政府资助的智库机构执行,该机构汇集了各个领域科学家、战略专家以及政府管理人员等,围绕国家碳中和战略需求提供科学建议,为政策的制定提供理论和技术支持。②战略决策阶段。作为国家战略和政策的最高决策层,负责制定应对气候变化、促进经济增长等方面的行动纲领,确保国家战略目标的明确和具体化。③战略执行阶段。该阶段涉及多个政府职能部门和监管机构,它们负责制定各自部门和阶段的行动计划和实施路线图,确保政策得以具体执行。④外部评估阶段。第三方专业机构在这一阶段起到关键作用,负责监测和评估碳中和行动的绩效,并提出改进措施的建议,形成有效的反馈和持续的优化过程。通过这四个阶段的相

互作用,英国的碳中和政策体系得以有序推进,确保了政策的系统性、连续性和适应性。

2) 中观架构:注重形成多方推进的政策合力

在政策组织实施上,英国形成了一个由中央政府统筹部署、主管机构分工推进、私营部门协同发力、智库机构支撑决策的四类主体协同推进的机制,以服务于国家绿色变革的战略指导。中央政府通过审定具有法律约束力的碳中和目标,并制定未来 30 年的碳中和战略规划,为绿色工业革命奠定了基础。各主管机构则负责制定详细的中长期战略、领域行动计划、技术路线图和投融资计划,各机构间的举措相互呼应,形成了一个自上而下的政策执行体系。私营部门的协同作用被英国高度重视,政府成立了投资办公室和基础设施投资银行,出台了吸引私营投资的具体政策,以促进国内绿色产业的培育和壮大。同时,智库机构如气候变化委员会、净零创新委员会等,在气候变化应对中提供了科学的政策建议和技术支撑,如通过战略咨询为政府决策提供依据,修订《气候变化法案》以加强 2050 年净零排放目标的约束,并对净零行动和关键技术的进展进行监测评估,其成果被政策制定所采纳。

3) 微观结构:多方位保障政策实施效果

在政策执行的微观层面,英国采取多样化的措施保障碳中和政策的实施效果。一是强化法律约束。将碳中和目标纳入法律文件,通过立法确保目标的长期稳定性,确保政府、行业、企业和社会达成统一的认识和目标。二是加强整体部署。根据碳中和战略的顶层设计,制定差异化的目标和举措,利用产业技术、人力支持、基础设施、税收、金融及国际合作等多种政策工具,确保各地区和领域的发展需求得到平衡和满足。三是明确重点任务。制定具有针对性和延续性的战略政策重点任务,包括聚焦主要用能和排放部门的中长期行动计划、解决发展中的矛盾和困难,以及推动绿色转型、经济振兴和净零排放目标的协同发展。同时,发挥本土优势产业和技术竞争力,推广氢能、电动汽车、零碳交通等新兴技术,并加快部署碳捕集、利用与封存(CCUS)、直接空气碳捕集利用(DACCS)、自然解决方案(NBS)等前沿技术。四是注重部门响应。各级政府机构应根据总体战略和领域规划出台具体的行动计划或路线图,确保目标、技术路径等方面的一致性,并展现出强大的政策执行力。五是强调领域支撑。在碳中和战略推进过程中,全领域统筹兼顾,考虑基础设施、研发创新、减排计划等方面的协同融合。例如,《国家基础设施战略》提出交通部门的电气化改造和低碳燃料替代等措施。同时,从产业链和碳排放治理的角度出发,制定综合性政策举措,确保各领域政策的交叉和关联性。六是突出科技引领。将科技创新作为实现碳中和目标的关键驱动力,如英国"十点计划"中提出的 10 亿英镑投资组合计划,旨在成为全球清洁技术的领导者。围绕绿色低碳技术,启动大规模的创新计划,并针对工业、电力、供热、建筑、交通、农林等主要排放部门,制定关键技术创新的路线图,以科技创新推动整个行业的绿色转型。

1.1.2 交通港口

1. 综合交通减碳

在《气候变化法案》的引领下,英国政府已经采取了一系列前瞻性的立法与政策举措,旨在控制环境污染并推动向可再生能源的转型。这一进程不仅为《气候变化法案》的出台奠定了基础,还为其后的具体行动指明了方向。

随着《气候变化法案》的正式颁布,英国的脱碳战略在各行各业中得到了深入实施,其中,发展可再生能源成为核心策略。特别是在交通运输领域,《可再生交通燃料规范》的出台标志着英国向低碳交通迈出了重要一步。自 2010 年起,电动汽车的普及被视为减少交通运输领域碳排放的关键途径,政府通过提供补贴、建设充电基础设施等措施,积极促进电动汽车的推广与应用,从而在欧洲新能源汽车市场中占据了领先地位。

为了进一步加速脱碳进程,英国政府还制定了一系列严格的政策与法规,包括禁止销售汽油或柴油车的规定以及提高道路交通碳排放标准等。这些措施不仅展现了英国政府扭转道路交通碳排放现状的坚定决心,也为其他国家树立了榜样。

2018 年,英国政府发布了《零排放之路战略》,这是一份具有里程碑意义的政策文件,它系统性地规划了全国范围内电动汽车的推广目标与计划。此后,英国在交通运输领域的减碳行动不断向纵深发展,不仅限于道路机动交通,还涵盖了航空、海运、轨道交通及主动交通等多个领域。这些领域根据自身特点制定了相应的减排策略与规划,共同推动英国交通运输行业的绿色转型。

在积累了丰富的减碳经验后,英国交通部于 2021 年 7 月发布了全球首个《交通脱碳计划》。该计划以 2050 年实现净零排放为目标,为交通运输行业的各个细分领域制定了详尽的脱碳路线图(见图 1-1)。这一规划不仅体现了英国政府在交通运输脱碳方面的远见卓识与坚定决心,也为全球交通运输行业的绿色转型提供了宝贵的经验与启示。

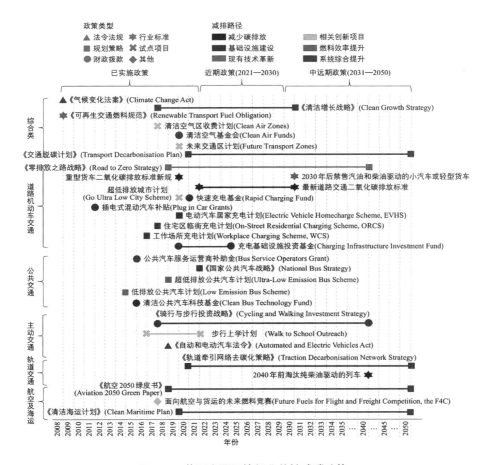

图 1-1　英国交通运输行业关键减碳政策

资料来源:吴江月、周江评:《英国净零交通关键政策、达标路径与发展经验》,《城市交通》2021 年第 5 期。

为实现 2050 年净零排放目标，《交通脱碳计划》详细列举了六大战略性举措，旨在全面推动英国交通运输行业的绿色转型与可持续发展。

（1）强化公共交通与主动交通的吸引力。该《计划》通过构建零碳排放的公共交通网络，提升公共交通与骑行、步行等主动交通方式的便捷性与舒适度，使其成为民众日常出行的首选。此举旨在有效减少私家车依赖，降低道路交通碳排放。

（2）加速道路交通脱碳进程。目标明确在 2040 年前逐步淘汰非零碳排放的新车销售，同时加大道路基础设施建设力度，确保电动汽车等清洁能源车辆能够顺畅行驶。此外，还将推广智能交通系统，优化交通流量，减少拥堵与排放。

（3）系统性推进货运交通脱碳。该《计划》针对公路货运、航空、海运等多种货运形式，制定全面的零排放技术路线图，采用先进技术和数据优化方案，提升货运效率并减少碳排放。特别关注"最后一公里"配送环节的去碳化，鼓励使用电动或氢能等清洁能源车辆。

（4）确立英国绿色交通科技创新的领导地位。该《计划》将交通减排作为绿色工业革命的关键领域，加大研发投入，推动绿色创新技术的研发与应用。这样通过技术创新，不仅实现交通领域的减碳目标，还带动相关产业发展，创造新的就业机会，促进经济增长。

（5）发展城市特色化的减排解决方案。该《计划》鼓励各城市根据自身特点，创新交通基础设施融资模式，推动具有地方特色的交通减排项目实施。到 2050 年，英国将实现每个城市都拥有独特的净零交通网络，在满足居民出行需求的同时，降低碳排放。

（6）引领全球气候变化应对行动。在国际舞台上，英国将积极展现其应对气候变化的决心与行动力。特别是在航空和海运领域，英国设定了雄心勃勃的净零排放目标，即航空业在 2040 年实现净零排放，海运业在 2050 年实现净零排放。同时，英国将寻求与其他国家合作，共同推动全球气候治理进程，为地球的未来贡献力量。

值得一提的是，由于国际航运和海运的特殊性，在传统的交通运输领域碳排放核算方法中，属地国通常并不将其纳入交通碳减排计算。然而，在《交通脱碳计划》中，英国率先宣布将国际航空和海运纳入第 6 个碳预算核定中，并为其制定中远期脱碳路径。

2. 港口减碳

《交通脱碳计划》在推动航运和港口净零排放方面部署了多项有力举措，包括应用低排放或零排放能源、部署绿色港口设备、支持清洁海运研究与创新、探索建立专门机构以及加快实现净零排放等。这些举措的实施将有助于英国航运业和港口业实现脱碳目标，为全球应对气候变化作出积极贡献。

1）实现航运净零排放

一是应用低排放或零排放能源。英国正在积极推动使用绿色电力产生的氢、氨等作为航运燃料，以减少碳排放。例如，政府和企业合作开展多个项目，研究氢气和氨气作为航运燃料的可行性和经济性。英国还计划通过高效电池的应用，如锂离子电池和固态电池，提高船舶的能源利用效率，减少对传统化石燃料的依赖。CCUS（碳捕集、利用与封存技术）也在英国航运业中得到关注，该技术可以捕集船舶运营过程中产生的二氧化碳，并将其封存或转化为有价值的产品，从而实现碳的循环利用。

二是将港口纳入零碳能源网络。英国正努力将港口纳入国家零碳能源网络，通过太阳能、风能等可再生能源为港口提供清洁电力，减少港口运营过程中的碳排放。港口内的船舶也将逐步采用岸电技术，以减少船舶在靠泊期间的碳排放。

2）推动港口脱碳

一是部署绿色、混合动力拖轮、引航船和港口设备。英国港口正在积极引进绿色、混合动力的拖轮、引航船和港口设备，以降低港口运营过程中的碳排放。这些设备通常采用电力或混合动力驱动，具有较低的能耗和排放水平。

二是发展岸电。岸电技术是减少港口排放的重要手段之一。英国港口正在大力推广岸电设施的建设和使用，鼓励船舶在靠泊期间使用岸电代替传统的柴油发电机供电。

三是对起重机、跨座运输船和铲运机进行脱碳。英国港口正在对港口内的起重机、跨座运输船和铲运机等设备进行脱碳改造，采用电动或混合动力驱动方式，降低这些设备的碳排放水平。

3）支持清洁海运研究与创新

一是在英国国家海事研究和创新中心（MarRIUK）的工作中实施清洁海

运计划。MarRIUK 是英国政府为推动海事创新而设立的重要机构。该中心实施了清洁海运计划,通过提供总计 140 万英镑的公共资金,支持开展 10 个涉及脱碳问题的小型、高价值项目。这些项目涵盖了清洁燃料、高效动力系统、碳捕集等多个领域,旨在推动英国航运业的脱碳进程。

二是启动清洁海事示范竞赛(CMDC)资助计划。英国政府还启动了 CMDC 资助计划,先期承诺投入 2 000 万英镑支持和加速海洋零排放技术和基础设施解决方案的研究、设计和开发。该计划鼓励创新公司和科学家将零排放航运变成现实,通过示范项目的实施,验证和推广零排放技术和解决方案。

4)探索建立专门机构

英国政府通过建立英国航运减排办公室(UKSHORE)作为交通部内设的一个专门部门,专注于海事部门的脱碳工作。该机构将负责制定和执行航运减排政策、推广零排放技术和解决方案、监测和评估减排效果等任务,为英国航运业的脱碳进程提供有力支持。

5)加快实现净零排放

英国政府计划逐步停止销售非零排放的国内新船,以推动航运业向零排放方向发展。同时,政府还将积极推广使用可再生运输燃料,如生物燃料、合成燃料等,以降低航运业的碳排放水平。

同样,英国已经实施并正在制定一系列保障措施,以支持海运业大规模脱碳。这包括探索基于市场的措施、经济激励措施、监管干预措施,以及制定可能在海事部门部署的替代性低排放或零排放燃料的战略。

第一,为了刺激海事领域的创新,英国政府于 2021 年 9 月承诺为清洁海事示范竞赛(CMDC)提供高达 2 300 万英镑的资金,作为绿色工业革命试点计划的一部分。2020 年 11 月首次宣布承诺向 CMDC 提供 2 000 万英镑。由于申请数量众多,这一数字在 2021 年 9 月增加到 2 300 万英镑。这笔资金通过一系列可行性研究和技术示范,支持了零排放航运技术和绿色港口的设计和开发。

第二,英国政府开始探讨扩大现有的英国排放交易计划(UK ETS),以包括英国国内的海上排放。这兑现了《交通脱碳计划》中的承诺,即评估如何使用经济工具来加速国内海运部门的脱碳。它还兑现了净零战略中的承诺,即探索将英国排放交易体系的范围扩大到未覆盖的排放。预计将国内海运纳入排放交易计划将是支持该行业脱碳的有效政策。通过对该计划所涵盖的温室气体排放量进行定价,这将加强国内海事部门采用温室气体排放量较低的燃料的动力。预计该措施将有助于激励海事部门采用技术来提高燃油效率,并采取其他行动来减少温室气体排放,例如引入更有效的运营实践。

第三,2021 年 9 月,英国政府修订了现有的可再生运输燃料义务法规(RTFO),通过提高可再生燃料目标和扩大对某些可再生燃料的支持来增加碳减排量。如果使用合格的工艺生产,海运合成燃料现在可以归类为非生物来源的可再生燃料(RFNBO),这些燃料已经得到 RTFO 的支持,可用于公路、非道路移动机械(NRMM)和航空部门。政府认为,鉴于这种新的财政支持和激励措施,RTFO 将有助于鼓励海事部门采用生物来源的可再生燃料。

第四,英国政府承诺在 2021 年《交通脱碳计划》中就如何支持英国采用岸电进行磋商,扩大岸电供应将有助于鼓励停泊船舶可再生电力的供需,支持从碳密集型燃料的转变并减少总体排放。

第五,英国交通部正在制定低碳燃料战略(LCF),旨在为包括海运在内的国内运输部门的低碳燃料提供清晰实用的愿景,以达到 2050 年实现温室气体净零排放目标。该战略旨在确保英国能够最大限度地发挥低碳燃料对其经济的潜力,创造新的就业机会,并帮助应对气候变化。

1.2　荷兰

1.2.1　宏观战略

1. 气候战略政策背景

荷兰是一个人口密集且经济快速发展的国家,其地理位置得天独厚,作为"世界贸易港口"之一,在海上交通和经贸活动中扮演着举足轻重的角色,历史上更有着"海上马车夫"的美誉。荷兰的农业领域也极为先进,实现了高度的集约化生产,常年稳居世界农产品出口的第二把交椅。早在 20 世纪 80 年代,荷兰就前瞻性地开始了对国家能源和气候政策的探索,并陆续颁布了一系列法律措施,如电力法案、天然气法案、供暖法案、海上风能法案及采矿法案等,共同构成了荷兰能源转型的立法蓝图。

近年来,荷兰一直致力于能源和气候政策的完备工作,工作重心倾向于当前气候变化应对以及减少温室气体排放等方面,当前政策进展的主要代表是《促进能源可持续增长协议》《气候协议》《行政间方案》《全国综合区域能源战略》《气候法案》。

1)《促进能源可持续增长协议》

《促进能源可持续增长协议》(简称"能源协议"),作为荷兰能源与气候政策的核心议题之一,自 2013 年 9 月起正式生效,它明确了荷兰在 2013 年至 2023 年这十年间综合性的能源转型蓝图及其实施策略。该协议的制定汇聚了超过 40 个来自不同领域的组织,包括政府、工会、环保与自然组织、社会团体及金融机构等,通过广泛协商共同设定了促进可持续能源发展的集体目标,并详细规划了实现这些目标的具体路径。

2016 年,为了进一步深化和拓展"能源协议"的执行效果,"能源协议"监督委员会审议并批准了一系列补充措施,旨在强化协议的执行框架与成效。紧接着,在多方利益相关者的共同参与下,2018 年成功制定了"2018 年实施议程",它不仅总结了 2017 年新能源汽车领域取得的成果与"能源协议"缔约方的反馈,还明确指出了推动 2018 年及后续"能源协议"实施的关键要素。

"能源协议"的切实履行,为荷兰在清洁技术领域开辟了广阔的市场空间,确保了负担得起的清洁能源供应,并促进了就业增长,成效显著。这一里程碑式的协议标志着荷兰在能源转型之路上迈出了坚定而不可逆转的步伐,引领着可再生能源的广泛应用与能源效率的显著提升。

2)《气候协议》

荷兰的《气候协议》是一项具有前瞻性的国家战略,旨在明确并实现长期的温室气体减排目标。该协议详细描绘了从 2021 年至 2030 年间,荷兰政府如何在国内及国际层面应对气候变化的蓝图,包括与私营部门、民间社会、公民及国际伙伴共同设定的国家与国际双重目标。

荷兰中央政府积极鼓励其地方政府(包括市、省及水务管理当局)根据本地实际情况,自主制定气候政策,以推动能源利用与气候环境的优化及可持续发展。这种灵活性与自主性体现了荷兰在气候治理上的多元共治理念。

《气候协议》的综合性体现在其覆盖了能源转型的五大核心领域:脱碳、能效提升、能源安全、内部能源市场构建及研发创新,并通过设立电力、工业、交通、农业与土地利用、建筑环境等五大部门平台,以及电气化、氢能、生物质能、技术创新、劳动力市场与培训、融资、公民参与、空间规划与区域发展等多个跨领域主题,构建了全方位、多维度的能源与气候战略体系。

自 2018 年 7 月 10 日提出关键要点并实施以来,《气候协议》的执行情况得到了荷兰环境评估局与经济政策分析局的密切监控与评估。基于翔实的数据分析与未来趋势预测,2018 年的评估报告指出,各参与方正稳步朝着协议设定的关键指标与目标迈进,尤其是到 2030 年将温室气体排放量减少 49% 的目标有望实现。然而,报告也提出了进一步优化建议,呼吁将协议内容细化为更具操作性的文件与行动计划,以加速协议目标的达成。

3)《行政间计划》

荷兰的区域和地方行政部门在实现气候和能源转型方面发挥了重要作用。2018 年 2 月,荷兰中央政府和地方政府签署了"气候与能源,包括循环经济和气候适应"的行政间计划(Interadministration Programme,以下简称 IBP)。

目标思路方面,IBP 明确提出了到 2030 年碳排放量减少 49% 的具体目标,并展望到 2050 年荷兰应具备气候保护能力,建立健全的水管理系统和循环经济体系,最终使荷兰成为循环经济国家。该《计划》强调推动能源结构的转型,减少对化石能源的依赖,特别是天然气的使用。荷兰曾是重要的天然气生产国,但鉴于环境和地质风险,已决定逐步减少并最终停止格罗宁根气田的开采。IBP 将循环经济和气候适应作为重要内容,旨在通过提高资源利用效率、促进废物回收利用等方式,增强对气候变化的适应能力。

政策措施方面,IBP强调中央政府和地方政府之间的紧密合作,以及跨部门之间的协调。荷兰通过设立专门的平台或机构,促进政策制定、执行和监督的协同进行。政府利用绿色税收、欧盟排放权交易体系等市场化机制,对符合绿色产业发展方向、清洁能源及创新项目实行政府补贴等激励措施,以促进可再生能源的发展和节能减排。荷兰注重发展绿色经济和节能环保产业,在可再生电力专利申请、可持续产品设计等方面处于世界领先地位。政府鼓励技术创新和推广应用,提高能源利用效率和减少温室气体排放。

具体行动方面,荷兰正致力于增加可再生能源在能源消费中的比重,特别是太阳能和风能。根据IBP的目标,到2050年,几乎所有的电力将来自太阳能、风能和有机化合物。同时,荷兰在循环经济方面有着丰富的实践案例,如园艺行业的温室生产、碳捕获与储存(CCS)技术的研发等。政府通过设立生态保护区、推动废物利用和资源回收等措施,促进循环经济的发展。另外,面对海平面上升等气候变化挑战,荷兰采取了一系列适应措施,如退耕还水、建造浮动房屋等。同时,政府还加强了对城镇规划设计的指导,推崇能源循环使用的概念。

4)《气候法案》

荷兰是2016年的巴黎气候协议《巴黎协定》签订国之一,而且它提高了本国实现目标,2030年不仅仅要减少49%(相当于1990年)的排碳量,而是要减少到55%。此后,为实现巴黎气候协议目标而逐步减碳,荷兰政府在2019年7月制定并通过了《气候法案》(由荷兰经济事务及气候部主持)。它包括以下几个重要方面。

(1) 目标

该法律为制定旨在不断逐步减少荷兰温室气体排放量的政策提供了框架,到2050年要比1990年降低95%的排碳量,以防止全球变暖和气候变化。为了实现2050年这一目标,有关部门具体目标是到2030年将温室气体排放量减少49%,到2050年实现全部二氧化碳中和发电。

(2) 气候计划(2021—2030)

为实现以上目标而制定的计划需要经过荷兰上下议院的通过,每两年要有评估,每五年会修改并审定。它包括:

① 为达到目标应采取的措施；

② 再生能源的所占比例及其所能节省能源消费的预测；

③ 可再生能源发展而代替初级能源消费的鼓励措施；

④ 对限制气候变化的最新科学洞察力的思考研究；

⑤ 发展革新技术限制温室气体排放及荷兰政府部门结构创新思想的研究；

⑥ 在限制气候变化领域的全球和欧洲发展及与荷兰政策有关的综合研究；

⑦ 审议后果，即政府的气候政策对家庭、公司和政府的财务状况及就业的影响，包括员工培训、经济发展，使每个人能应付再生能源转变过程中所带来的变化。

荷兰经济事务及气候部长将"气候计划"与部长委员会及上下两院协商后批准。"气候计划"也可通过"国家一般行政法"来进行修改。国务委员会中的咨询部门对"气候计划"进行监督。荷兰经济事务及气候部长也可在国务委员会及上下院的建议下按照实现目标的需要对"气候计划"进行有必要的修正。

1. 2. 2　交通港口

荷兰位于欧洲三大河流的出海口，是北大西洋航路和欧陆出海通道的交汇处，素有"欧洲门户"之称，其 900 公里范围内的经济圈包括英国、德国、法国、比利时、瑞士、丹麦等国，总人口达 2 亿左右，占欧盟市场的一半。荷兰现拥有四个大型海港区，共计 15 个港口，但最主要的港口是鹿特丹港口和阿姆斯特丹港口，这两个港口的货运量占全国海运货物总量的 90% 左右。其中，鹿特丹港是欧洲最大规模的港口，除了常规的运输业务，同时拥有大量的石油化工企业，是典型的工业碳排放集群，2020 年鹿特丹港的排放总量达到了 2 240 万吨 CO_2 当量，占荷兰排放总量的 14%。荷兰政府部门高度重视港口碳减排，并将港口碳减排置于城市碳减排的重要位置上。以鹿特丹为例，鹿特丹市启动了能源转型计划，旨在将鹿特丹港变成碳中和的氢经济中心，这与《鹿特丹气候倡议》相符。该计划预计将吸引私人投资,并创造约 8 000 个永久性高质量工作岗位。计划内容包括为船舶提供清洁能源的岸电项目、港口地区的新住房和就业机会,以及一系列旨在减少高温热浪和洪水风险的新公园。例如,Maashaven 公园投资优先考虑在贫困的港口地区,这些地区有大量空置和未充分利用的空间。

同时,鹿特丹港毗邻北海,具有较高的离岸封存潜力。早在 2012 年,荷兰政府就针对鹿特丹港开展了 CCUS 项目可行性研究,并启动了 ROAD CCUS 项目部署工作,该项目计划从 250 兆瓦燃煤电厂中每年捕集 100 万吨 CO_2 并通过 25 公里的管道运输将 CO_2 输送到北海进行封存。在 2017 年,ROAD 项目因多方面原因被搁置,目前在全球碳中和目标的驱动下,结合鹿特丹港 CCUS 项目的规划,荷兰政府将基于 ROAD 项目研究基础,加大投入建设鹿特丹港项目,使 CCUS 项目朝着集群化建设方向拓展。

2021 年,荷兰政府公开宣布将提供 21 亿欧元(25.6 亿美元)用于支持鹿特丹港 CCUS 项目,该项目是目前油气行业气候倡议组织(OGCI)支持的全球四大 CCUS 集群项目之一,也是全球在建的最大的 CCUS 项目之一。较早前,荷兰政府曾表示将在 2021 年为本国应对气候变化工作提供 50 亿欧元的补贴,随后收到了国内共计 64 亿欧元的补贴申请。本次获批的 20 亿欧元 CCUS 专项资金支持就是在荷兰皇家壳牌(Royal Dutch Shell)、埃克森美孚(ExxonMobil)的牵头下,联合液化空气公司(Air Liquide)和空气产品公司(Air Products)共同申请的。此次专项资金的获批,为鹿特丹港 CCUS 项目的建设解决了最大的难题。2023 年 10 月,鹿特丹港首个 CCUS 项目 Porthos (Port of Rotterdam CO_2 transport hub and offshore storage)通过投资决策,总投资额超过 13 亿美元,由荷兰能源管理公司(EBN)、天然气管网公司(Gasunie)和鹿特丹港集团共同推进。2024 年,该项目正式启动建设,预计 2026 年投入运营,计划运行 15 年,每年储存 250 万吨 CO_2,总封存量将超过 2 700 万吨。捕获的 CO_2 将通过管道输送至北海枯竭气田永久封存。项目投运后,预计可减少鹿特丹港及周边地区 10% 的碳排放量,助力荷兰实现 2030 年减排目标。

1.3　德国

1.3.1　宏观战略

1. 排放目标

在 2020 年的全球碳排放国排名中,前十五位中的多个国家,包括美国、俄罗斯、日本、巴西、印尼、德国、加拿大、韩国、英国及法国,已成功达到碳排放峰值。尤为显著的是,德国早在 1990 年之前便已率先实现碳达峰,并自 2000 年至 2019 年间,其碳排放强度显著下降了近 20%,从 8.544 亿吨削减至 6.838 亿吨。

为进一步推动减排,德国于 2019 年推出一系列积极举措:5 月成立了煤炭退出委员会,规划最晚于 2038 年前逐步淘汰燃煤发电;随后,在同年 9 月与 11 月,分别通过了《气候行动计划 2030》与《气候保护法》,以法律形式确立了至 2030 年温室气体排放量较 1990 年减少 55% 的目标,并瞄准 2050 年实现净零排放的长远愿景。受欧盟整体减排目标的影响,德国还考虑将 2030 年的减排目标提升至 65%。

2021 年,德国在气候行动上的决心更加坚定。时任总理默克尔在彼得斯堡气候对话上,提出了将碳中和目标提前至 2045 年达成的雄心壮志。紧接着,6 月德国联邦内阁批准了《气候保护法》的修订案,不仅重申了到 2030 年减排 65%、2040 年减排 88% 直至 2045 年实现碳中和的具体路径,还细化了各经济部门(能源、建筑、交通、工业、农业、废弃物等)的年度排放预算与长期碳汇目标,特别是在土地利用、林业等领域的贡献上,明确了 2030 年、2040 年及 2045 年分别需实现的碳汇量,以二氧化碳当量计分别为 2 500 万吨、3 500 万吨和 4 000 万吨。

2. 政策措施

1) 政策总体框架

德国的气候保护体系构建了一个多层次、系统化的框架，其核心由总体愿景、具体目标、宏观战略、实施措施及详细方案共同支撑，其整体框架的设立灵感源自《巴黎协定》的指引。为明确国家层面的长远规划与短期行动，德国通过《能源方案》(Energy Concept)、《气候行动计划》(Climate Action Plan)及 2019 年颁布的《气候保护法》(Bundes-Klimaschutzgesetz)等关键文件，确立了国家气候与能源转型的宏伟蓝图与长期战略。进一步地，《能源效率战略》(EffSTRA)由德国联邦经济和气候保护部于 2019 年发布，详细阐述了提升能源效率的具体目标与策略。

展望未来，德国正致力于通过深化资源效率与能效政策的融合，进一步强化这一保护框架。在此框架下，一系列相辅相成的措施与计划被精心设计并付诸实施，包括《国家能效行动计划》(NAPE)、《2045 年能效路线图》、持续更新的《气候行动计划》以及针对紧迫挑战的《即时行动计划》。这些措施与计划不仅相互支撑，还与严格的监控与评估机制紧密相连，确保目标的有效达成与策略的及时调整。

值得注意的是，德国在能源结构转型方面展现出了坚定的决心。继 2011 年宣布将于 2022 年底前逐步淘汰核电之后，德国又在 2020 年作出了在 2038 年底前逐步淘汰褐煤和硬煤的重大决定。这两项里程碑式的决策，为德国能源与气候政策的未来发展设定了清晰的边界条件。

此外，德国司法体系在推动气候保护方面也发挥了积极作用。一项由德国联邦宪法法院作出的裁决，不仅强调了气候治理必须遵循的代际公平原则，即不得损害未来世代的共同利益，还明确指出了国家的责任——采取行动以防止对青年一代基本自由权与发展安全权的过度限制。这一裁决不仅彰显了气候保护的重要性，还直接推动了《气候保护法》在德国的修订与完善，为应对气候变化挑战提供了更为坚实的法律基础。

2) 推动工业领域节能降碳

德国工业部门作为碳排放的主要贡献者之一，其排放量占全国总量的比例超过五分之一。为积极应对气候变化,德国自 2021 年起全面启动了国家脱碳战略,通过财政激励措施大力扶持排放密集型的关键产业,如钢铁与电解铝行业,加速向低碳乃至无碳转型。具体而言,政府为钢铁工业采用绿氢直接还原这一前沿技术提供资金援助,旨在引领行业向"绿色钢铁"转型,并率先在汽车制造等关键领域推广使用这种环保材料,以市场需求驱动产业升级。

同时,德国实施了旨在提升工业能效的专项资助计划,将焦点放在了工业余热的高效回收利用上。政府慷慨解囊,承担企业余热回收项目成本的 30%,对于资金与规模相对有限的中小型工业企业,这一支持力度更是提升至 40%,以切实减轻其转型负担。此外,德国还建立了严格的能源管理监督机制,要求所有大型工业企业必须每四年完成一次能源审计,或遵循国际 ISO50001 标准构建完善的能源管理体系,同时鼓励中小企业积极参与能源审计,共同提升全行业的能效水平与资源利用效率。

3)支持建筑节能降碳改造

德国政府积极推行节能建筑联邦资助计划,该计划通过整合并优化原有的建筑能效提升与可再生能源利用财政激励措施,显著增加了预算投入与补贴力度。此计划不仅全面覆盖新建建筑的能效标准设定与既有建筑的节能改造项目,还特别鼓励可再生供热系统的升级与改造,以促进建筑领域的绿色转型。

为进一步激发民众与市场对节能建筑的热情,德国还启动了民用建筑节能咨询服务联邦资助计划,特别针对房龄超过 10 年的民用建筑,提供高达 80%的咨询费用补贴,旨在通过专业指导帮助居民实现家居节能改造,降低能耗成本。

此外,德国政府还出台了一系列税收优惠政策,直接惠及进行外墙保温升级、门窗更换及屋顶隔热改造等既有建筑节能项目的业主,进一步降低了节能改造的经济门槛,促进了节能技术的广泛应用。

作为表率,德国联邦政府还发起了政府大楼示范引领行动,明确要求联邦政府管理的建筑在成本效益分析合理的前提下,率先成为全国范围内提升能源效率、推动气候行动及可再生能源应用的典范,通过实际行动引领并激励社会各界共同参与节能减碳事业。

4）加快交通领域绿色低碳转型

为促进电动车对传统燃油车的有效替代,德国设定了雄心勃勃的目标:至 2030 年,预计在德国注册的电动车数量将激增至 700 万至 1 000 万辆。为此,政府采取了一系列激励措施,包括降低高价(超过 4 万欧元)全电动汽车的购置税,由原先的 0.5% 削减至 0.25%,并将购买电动汽车的环保补贴政策延长至 2025 年,以减轻消费者购车负担。鼓励重型货运汽车使用电动或氢燃料电池。计划到 2030 年,重型货运的行驶里程约三分之一来自电动或氢燃料驱动。推动公共交通系统发展,到 2030 年投资 860 亿欧元推动铁路系统的电气化转型。为应对电动汽车普及带来的充电激增需求,德国正加速推进电动汽车充电网络的构建,目标是至 2030 年新增超过 100 万个充电桩。从 2021 年开始,德国联邦政府每年提供 10 亿欧元(到 2025 年将提高到每年 20 亿欧元)支持全国公共交通基础设施建设,并推动使用电动或氢能公交车。

5）推行碳定价制度

2020 年 10 月,德国对《燃料排放交易法案》(Fuel Emissions Trading Act)进行了重要修订,标志着自 2021 年起,全国范围内正式引入了碳定价机制。根据这一机制,任何销售用于取暖的燃油、天然气、汽油或柴油的企业均需购买相应的二氧化碳排放配额。这一举措的初始配额价格设定为每吨 25 欧元,并计划逐年递增,预计至 2025 年将达到每吨 55 欧元,具体为:2022 年升至 30 欧元/吨,2023 年增至 35 欧元/吨,2024 年则提高至 45 欧元/吨。

此次修订显著扩展了碳定价的覆盖范围,打破了以往仅限于电力行业和部分能源密集型工业企业的局限,将建筑、交通等多个关键领域也纳入了欧洲碳排放交易体系的监管之下,体现了德国在应对气候变化方面的决心与行动力。

为了缓解碳定价可能对居民生活造成的经济压力,特别是防止能源销售企业将增加的成本转嫁给消费者,德国联邦政府正积极考虑将碳定价所得的部分收益,通过财政补贴等直接惠民的方式返还给广大居民,旨在平衡环境保护与民生福祉之间的关系。

6）出台 2050 年能效战略及配套政策

2020 年,德国政府发布了《2050 年能源效率战略》,这是一项具有前瞻性的规划,旨在通过显著提升能源使用效率来推动国家的可持续发展。该战略设定了两个关键性的目标:一是到 2030 年,相较于 2008 年的基准水平,德国的一次能源消耗量需减少 30%;二是进一步将这一比例在 2050 年前降至50%。为实现这些雄心勃勃的目标,德国精心策划并推出了国家能效行动计划,该计划覆盖了工业、建筑、交通等多个关键领域,并辅以跨行业的综合策略,包括碳定价机制的深化与生态设计理念的推广。

《2050 年能源效率战略》的核心在于确立了“能效第一”的基本原则,这一原则成为德国能源与气候政策制定的基石。它强调,在一切经济条件许可的前提下,提升能源效率应被置于首要地位,作为满足国家能源需求的第一选择。通过优先提升能效,德国旨在减少对传统能源的依赖,并为可再生能源的更大规模应用创造空间,从而加速向低碳、环保的能源体系转型。这一战略不仅体现了德国在应对气候变化方面的坚定承诺,也为全球能源效率提升树立了典范。

1.3.2　交通港口

2019 年,德国联邦数字化和交通部与来自物流、环境和数字化领域的专家代表们共同制定并推出了《物流 2030 创新计划》。该《计划》旨在加强建设面向未来的智慧物流系统,促进物流行业的数字化、智能化和低碳化。该《计划》在 10 个专题领域制定有关目标和具体实施方案,以使德国成为适应未来发展的物流战略高地。

1. 情景展望

《物流 2030 创新计划》提出“创新货运方式,减缓气候变化”行动,并对2030 年货运情景进行了展望。

1) 铁路领域

凭借更新更好的服务范围以及高度可靠性,新型的环保型铁路运输模式的市场份额逐渐增长,并使得道路运输的压力得到缓解。所有的生产系统,如编组列车、综合运输及货车装卸服务等,都为此作出了贡献。基础设施的容量及可用性显著提升,主要瓶颈已被消除。通过实施中小型工程,构建稳定的高水平货物运输网络,列车在高度自动化的列车编组场被编组,私人线路为往返商业园区、工厂和配送设施提供便捷的铁路连接。

2) 公路领域

在公路运输领域,采用替代驱动系统和燃料的车辆越来越普遍。受欧盟 2025 年和 2030 年 CO_2 减排目标的鼓舞,在登记的新车中,绝大多数为电动商用车辆,电池和燃料电池驱动的零排放模式已经普及。此外,在德国道路上,混合动力汽车与高架接触线早已结合并已经在某些线路上提供运输服务。有了这些配置,就很容易满足欧洲许多地区和城市的准入限制和排放限值。此外,德国和欧洲的替代充电和加油基础设施已显著增加,使得零排放驱动系统车辆开展跨境运输业务成为可能。因此,在欧洲主要交通干线上,设有大量的适合重型卡车的充电站、氢燃料补给点,而且还有架空接触电线基础设施。然而,由于可再生能源合成柴油燃料的价格开始下降,相关需求一直存在,柴油发动机仍然是德国和欧洲的驱动系统的首选。以天然气(CNG 和 LNG)为动力的商用车辆为例,使用可再生天然气(例如从生物质或可再生电力中合成的甲烷),所减少的排放量等同于其他驱动系统的排放。

3) 航空领域

航空业作为一个不断增长的运输部门,对国民经济发展具有重要意义。在航空运输方面,为减缓气候变化,包括创新技术、有效程序和资助应用可持续替代燃料在内的各项措施已经开始实施。自 2012 年以来,航空业一直被纳入欧盟排放交易系统(European Emissions Trading System,EU-ETS),从 2020 年开始,国际航空将通过全球 CORSIA 补偿计划(Carbon Offsetting and Reduction Scheme for International Aviation,国际航空碳补偿和减少计划),以碳中和的方式发展。航空运输业正朝着正确的方向前进,在实现碳中和增长的同时,与 2005 年相比,2050 年的温室气体排放量也将减少 50%。即使从长远来看,电池和燃料电池推进系统的发展还没有应用于航空运输的机队,也没有成为长途飞行的选择之一。

4) 水运领域

国际海上货物运输也将继续依赖液体燃料的使用,并通过使用可持续生物燃料和电力燃料实现减排。综合考虑推进系统和能源载体效率的技术组合的目的是满足海上运输中环境和气候变化的要求。联邦政府在国际海事组织进行游说,要求制定和协调执行国际气候变化、环境保护和自然养护保护标准,并通过了关于减少国际海上货物运输温室气体排放的初步战略。

内河船舶运输货物量有显著增长。及时的财政援助方案使内河运输船队能够全面实现现代化,特别是全面应用替代推进系统,这对减少污染物、噪声和温室气体的排放作出了重大贡献。内河运输基础设施能力显著提升,重大难题得以解决。

在物流方面,从仓库叉车到机场拖船,替代驱动系统为减少污染物和 CO_2 的排放以及降低噪声水平提供了良好的契机。

2. 发展目标

为实现上述展望愿景,《物流 2030 创新计划》提出了具体的发展目标。

1) 推广环保型铁路模式,并提升其市场份额、性能、财务可行性和社会认可度。

2) 提高铁路运输网电气化率,为非电气化线路推出带有燃料电池的新型列车驱动系统。

3) 推广环保型内河运输模式。

4) 提高公路运输的能源效率,并在不限流的情况下显著减少污染排放。

5) 加快技术开发,展示推广车辆的替代驱动系统,并配备相应的基础设施。

6) 加快在欧洲和世界各地为生产以生物和电力为基础的可再生燃料提供低成本技术支持,从而使航空运输和海上运输实现碳中和增长。

3. 具体措施

1) 在未来数年,逐步增加对铁路基础设施更新升级的投资。

2) 铁路货运总计划中议定的措施将长期实施,以促进环保型铁路运输模式的发展。

3) 内河运输总计划中议定的措施将长期实施,以促进环保型内河运输模式的发展。

4）联邦交通和数字基础设施部将进行游说，确保扩大和维持运输部门对替代驱动系统和燃料的支持。为此，将继续从国家氢和燃料电池技术创新方案（National Hydrogen and Fuel Cell Technology Innovation Programme）和电力运输方案中为氢燃料电池驱动列车提供财政援助，并扩大资助范围。

5）提供有针对性的财政援助，推广满足当前和未来需要的充电基础设施。

6）持续实施节能和低碳货车的财政援助方案，如有必要，提供额外经费保障。联邦交通和数字基础设施部将在欧盟层面游说，建立基于 CO_2 排放的高温室气体税收制度，并为购买环保和低排放的货车提供重大激励。

7）联邦交通和数字基础设施部将支持延长联邦经济事务和能源部（The Federal Ministry for Economic Affairs and Energy）在 2023 年后的第五次航空研究计划（The 5th Aeronautical Research Programme）范围内的经费资助。

8）支持升级创新动力驱动系统，系统实施联邦政府机动性和燃料战略（The Federal Government's Mobility and Fuels Strategy）中关于资助计划的现实实验和演变技术的创新试点项目，提高能源效率、降低排放。在海上运输领域，联邦政府将继续为使用液化天然气燃料提供财政援助，并尝试扩大援助范围至内河运输。

9）启动以生物和电力为基础的可再生燃料生产行业市场，例如对按比例融资的大型工厂进行招标。

1.4　美国

1.4.1　宏观战略

美国 2019 年碳排放量约占全球碳排放量的 15%，累计碳排放（1900 年至 2019 年）排名全球第一，需要承担应对气候变化的大国责任。但是美国两党执政理念存在差别,导致减碳政策在各阶段表现出截然不同的态度,使减碳政策的发展经历了一波三折的发展过程,造成了整体减排效果不够理想的局面。美国不同于欧盟,其在早期较为依赖石油进口,但是随着页岩气革命的发展,美国传统化石能源产业又逐渐在经济中占据了重要地位,因此美国内部传统能源产业利益集团与新兴产业利益集团存在一定冲突,使美国减碳政策反复多变。

1. 萌芽时期(1993 年以前)

早期美国的减碳策略展现出一条清晰的轨迹,其核心聚焦于污染治理、能效提升及能源结构的优化调整。为实现这一目标,政府综合运用了环境税、财政激励及排污权交易等多元化手段。彼时,美国与欧盟相似,均以重工业为发展引擎,伴随而来的是环境污染加剧、化石能源依赖加深及能源安全挑战。因此,美国通过立法先行,如《1960 年空气污染控制法》《清洁空气法案》及《国家环境政策法》等,构建了环境保护的法律框架,并成立了环保局以强化执行力度。随后,针对能源问题,政府颁布了《能源政策和节约法案》等一系列法规,旨在提升能源效率、削减污染排放并推动可再生能源的发展。

面对行政管制手段在早期实施中的局限性,如财政负担重、治理成本高且效率低、企业自主性不足等问题,美国政府创新性地引入了市场机制,构建了包括环境税、排污权交易及财政补贴在内的综合政策体系。环境税方面,通过《二氧化硫税法案》等立法,实施"污染者付费"原则,激励企业减少污染排放;排污权交易则通过市场机制促进减排信用的流通,如铅交易计划及二氧化硫许可交易体系的建立,进一步激活了企业的减排动力。

随着国内外环保意识的提升及能源危机的冲击,美国政府对环境治理与能源转型进行了深刻反思,并采取了一系列应对措施。尽管这一时期内,美国的二氧化碳排放增速有所放缓,但尚未实现与经济增长的完全脱钩,排放总量仍呈增长态势。这主要得益于行政与市场的双重驱动,促使企业主动节能减排,同时部分高污染企业转移至环保标准较低的国家,加之国内产业结构向低污染的服务业转型。

进入新阶段,随着气候变化成为全球关注的焦点,美国在国际舞台上积极倡导气候外交,推动《京都议定书》等国际协议,并在国内以能源政策为核心,深化减碳努力。克林顿政府时期,减碳政策重心转向能源效率提升与新能源开发,虽受财政压力及国会政治格局的影响,政策效果有限,但为后续的减碳行动奠定了重要基础。这一时期,尽管化石能源占比保持相对稳定,但新能源政策的探索为未来能源结构的转型埋下了伏笔。

2. 小布什时期(2001—2009 年)

进入 21 世纪之后,国际上对气候变化问题的重视程度逐渐提高,但是此时美国在国际上呈现出较为消极的态度。在小布什执政早期,美国政府认为《京都议定书》的内容不符合美国的经济与政治利益,会导致失业率上升、物价上涨等问题而影响美国经济发展,于 2001 年宣布退出《京都议定书》。之后,随着国际社会上《京都议定书》的生效,美国开始担忧其国际领导地位受影响,加之国内外舆论压力对小布什政府产生了较大影响,小布什政府对待气候变化问题的态度有所好转,但仍趋于消极,在巴厘岛会议上反对欧盟的倡议,拒绝接受减排目标。

然而,鉴于能源对外依存度较高且低碳经济具有巨大的发展潜力,美国政府为维护国内能源安全与避免失去技术优势,仍以相对积极的态度制定国内减碳政策。在小布什执政初期,美国页岩气革命还未取得良好成果,导致美国能源自给率仍较低,对外依存度仍不断上涨,因此美国在这一阶段内较为注重国内新能源的发展,提出了《2005 能源政策法案》《2007 能源独立与安全法案》《安全、负责任的、灵活的、有效率的交通平等法案 2005:留给使用者的财产》《2007 低碳经济法案》等一系列政策法规,以此推动美国新能源的发展。

同时,欧盟在国际上积极推动全球应对气候变化问题,试图引导国际低碳技术与低碳经济的发展。面对这样的形势,美国为维持自身技术优势以获取政治与经济利益,也在国内推动碳减排相关技术的创新与应用。美国联邦政府先后提出了《全球气候变化技术计划》《2007 节能建筑法案》及 2008 年《利伯曼-沃纳气候安全法案》等政策法规,利用财政补贴推动新能源技术的开发、开展"气候领袖""能源之星""高效运输伙伴计划"等项目推动各部门碳减排，还制定了美国气候变化技术计划，利用联邦财政拨款研究节能减排技术、二氧化碳回收与储藏技术。

在实际执行中，"气候领袖""能源之星"与"高效运输伙伴计划"等项目通过提供补贴、税收优惠等措施直接作用于美国企业，促进企业与政府的合作，提高企业节能减排技术的应用，使企业自愿减排并进行低碳发展。《2005 年能源政策法案》提出要使用税收优惠、财政补贴等手段激励企业与个人使用节能产品，进而从企业和个人层面共同推进节能减排。如对混合动力汽车提供最高 3 400 美元的补贴、为减排技术项目提供贷款担保、每年拨款 2 亿美元以发展清洁煤炭技术、每年拨款 5 000 万美元用于生物质能源发展。

随着减碳政策的执行，"气候领袖""能源之星"与"高效运输伙伴计划"等减排项目的快速扩展加速了节能减排工作的推进。美国在 2007 年实现碳排放达峰，经济增长开始与碳排放脱钩。

3. 奥巴马时期(2009—2017 年)

奥巴马政府时期，为提高国际地位并主导国际关系、消除小布什执政影响，美国在全球共同应对气候问题上表现出积极的态度。美国政府在哥本哈根气候大会上对碳减排的目标作出了承诺，还与其他发达国家以及发展中国家构建合作关系，推动全球碳减排。在这一推进国际碳减排过程中，美国在哥本哈根气候大会上提出 2020 年碳排放将比 2005 年减少 17%、到 2050 年碳排放相比 2005 年减少 83% 的目标。之后的历次世界气候大会上奥巴马都较为积极地参与。

同时，奥巴马积极参加国际会议，促成美国与其他发达经济体和发展中国家签订一系列的合作协议，如北美领导人峰会、美洲国家能源与气候合作伙伴关系计划、美加清洁能源对话行动计划、中美能源效率行动计划等，推进新能源技术、碳捕集技术创新与应用，发展新能源汽车等绿色产业。在 2015 年，美国与中国签署了《中美元首气候变化联合声明》，之后在两国合作推动下，巴黎气候变化大会终于达成了《巴黎协定》，共同促进全球范围内应对气候变化工作的开展。

　　为应对经济危机,奥巴马政府积极推动美国国内低碳经济发展,利用税收、财政补贴和碳交易等方式推动形成企业自愿减排模式,以期实现经济复苏与进一步发展。奥巴马政府重视低碳发展,提出以"绿色经济复兴计划"作为从经济危机中恢复的首要任务,将清洁能源与减排技术的开发视为美国经济新的增长点。

　　美国政府出台了《美国复苏与再投资法案》,将开发利用新能源与限制温室气体排放写入了法案中,加强清洁能源的利用与开发,该《法案》提到要投资580亿美元至气候、能源领域,推动清洁能源开发、能源效率提高、化石燃料低碳化技术开发等,希望通过培育新能源产业促进美国经济增长。之后出台的《清洁电力计划》等政策法规对美国能源供给侧与消费侧两方面进行改革,推动清洁能源技术创新,推广清洁能源的利用和普及,并且开始关注温室气体减排。此外,区域温室气体减排行动(RGGI)和加州碳市场分别于2009年和2013年正式实施,利用碳交易来推动企业碳减排。

　　这些政策的实施途径同样是税收、补贴等手段与碳交易市场机制,共同推动企业与个人层面的碳减排。比如,对替代燃料进行税收减免,为水电生产与太阳能发电奖励拨款,拨款超过30亿美元支持碳捕获、利用和储存(CCUS)技术和相关项目,补贴电动汽车的发展,限制建筑能源消耗,向企业提供贷款或贷款担保,以此进一步加强与企业之间的合作,共同促进美国碳减排。

　　这些政策举措在内容上以提高能源效率、发展新能源、创新温室气体减排技术为主,在形式上以税收、财政补贴、碳交易为主,从各部门减排入手,加强政企合作,调动企业积极性以形成自愿减排模式,对美国国内节能减排工作产生了积极的作用。

　　在2007年碳达峰之后,美国能源结构中煤炭占比持续减少,天然气、新能源占比不断提高,能源结构不断优化。主要原因是随着技术的成熟,美国页岩气革命在这一时期内取得了一定的成效,加之《美国电力法》等政策法规的推动,美国煤炭使用量逐渐下降,而天然气使用量逐年递增,降低了美国的碳排放。与此同时,美国的碳排放呈现出在波动中逐渐降低的趋势,到2017年碳排放约为56亿吨,比2007年下降了约7亿吨,其原因主要是煤炭的使用量减少,直接使美国碳排放逐步下降。

4. 特朗普时期(2017—2021年)

特朗普政府时期,美国在应对气候问题上"开倒车"。在国际方面,特朗普政府以消极的态度应对全球气候变化问题。由于特朗普不认同人类活动造成全球变暖,加之其背后的利益集团以传统制造业、化石能源行业为主,而且共和党的身份也让他对气候变化持消极态度,其政策倾向于支持传统能源行业。

在国际方面,特朗普上任伊始就宣布美国退出《巴黎协定》,打击了国际气候合作信心,使得全球范围内的碳减排受到巨大影响。

在国内方面,特朗普政府为消除奥巴马政府的影响,对碳减排同样秉持消极的态度,导致美国联邦政府层面减碳政策发生变化。特朗普政府签署了《能源独立行政令》,撤销了部分气候相关的减碳政策法案,最重要的是废止了《清洁电力计划》,并且在政策上向化石能源倾斜,限制了清洁能源的发展。例如,特朗普政府支持 Keystone XL 和 Dakota Access 长距离油气管道建设,推动化石燃料开采,还撤销了限制煤炭生产的规定,这些举措虽然促进了美国传统能源产业的发展,却在实际上影响了美国碳减排的效果。

虽然特朗普政府秉持消极态度,但是受长久以来低碳经济发展的影响,美国低碳发展的整体方向并未发生根本改变,新能源技术以及碳减排技术仍得到了能源部、部分州政府、企业层面的支持,公司、行业、州政府秉持着低碳发展的理念,形成了"自下而上"的低碳发展模式推动碳减排。美国能源部宣布了一系列的低碳与零碳能源技术资助计划,并且制定《恢复美国的核能源领导地位战略》,旨在推动核能技术发展与出口;与此同时,美国能源部还对碳捕集、利用和封存技术研发项目进行资助。

美国在特朗普政府时期经历了政策上的"开倒车"行为,虽然已经形成的企业、行业与州政府的"自愿减排"措施推动美国实现"自下而上"的减排过程,使美国社会仍沿着低碳的方向发展,但是共和党与民主党之间的竞争与冲突导致美国碳减排工作无法一以贯之地持续推进,使得减排效果不够理想、碳排放量存在较大波动。甚至美国 2018 年碳排放为 58 亿吨,相比 2017年的 56 亿吨又出现了一定幅度的上涨,虽然 2020 年美国碳排放出现了一定幅度的下降,但其直接原因是新冠疫情导致美国企业生产活动受到极大影响,碳排放量降低。因此,在特朗普执政时期内美国减碳政策执行力度不够,若要达到1.5℃的温升目标,美国仍存在较大的减排要求。

5. 拜登时期(2021—2025年)

进入拜登政府时期以来,美国在减碳政策方面又表现出较为积极的态度。在国际上,拜登政府将气候变化确立为"美国外交政策和国家安全的基本要素",且其奉行多边主义的外交政策,希望美国在气候外交新格局上取得领导地位。因此,拜登政府上任伊始就宣布重新加入《巴黎协定》,推动全球气候治理,试图在全球解决气候变化问题的过程中占据领导地位。拜登政府还制定了气候融资计划以减少国际高碳项目、增加气候融资,这些行为表明拜登政府在气候问题上采取了积极合作的方式,希望通过应对气候危机的行为来巩固美国盟友体系,并且重塑美国的国际领导力。

在国内,拜登政府恢复了奥巴马政府时期的积极态度,甚至有过之而无不及,提出"3550"目标,即到2035年通过可再生能源实现无碳发电,到2050年实现碳中和。拜登政府为了消除特朗普执政带来的影响,推出了一系列的行政命令来推进碳减排工作,例如,发布了《应对国内外气候危机的行政命令》《清洁未来法案》等,通过推动新能源技术创新、实施绿色清洁能源解决方案、加大清洁能源投资、利用绿色金融优化市场资源配置等途径来促进能源转型,将发展清洁能源与美国经济发展相结合,加速各部门的低碳发展。具体而言,拜登政府计划投资4 000亿美元对技术进行创新与应用,降低清洁能源、碳捕集、燃料替代等技术的应用成本。同时,拜登政府还计划投资16 000亿美元兴建基础建设,其中包括了建设充电桩、优化交通路线、优化电网布局、实现清洁能源发电、升级改造现有高耗能建筑物、发展气候智能型农业。

1.4.2 交通港口

交通运输领域是美国最大的温室气体排放源,占所有排放量的三分之一。为了应对日益严重的气候危机,实现2050年美国温室气体净零排放的目标,美国能源部、交通部、环境保护署、住房和城市发展部共同制定了《美国国家交通运输脱碳蓝图——交通运输转型联合战略》,确定了一整套涵盖客运与货运、多种车辆类型和技术路线的解决方案。

1. 交通运输脱碳政策框架

1) 协调合作机制

为了全面实施脱碳战略,美国正积极构建跨领域的协同框架,涵盖联邦、地区、州及地方政府、非营利与慈善机构以及私营企业的紧密合作。在此背景下,美国能源部、交通部、环境保护署及住房和城市发展部已签署了一项联合谅解备忘录,旨在深化交通运输领域的脱碳合作,通过高级别的协调机制引领政策规划、科研创新、技术开发、示范项目及实际应用等全方位工作。

尤为值得一提的是,2021 年 11 月 15 日,《基础设施投资和就业法案》(又称《两党基础设施法案》,BIL)作为一项具有历史意义的立法在美国联邦政府获得通过,该法案不仅标志着能源与交通联合办公室的成立,还划拨了高达 75 亿美元的资金,专项用于推动电动汽车(EV)及其充电设施(EVSE)的广泛建设与普及。

在这一协调合作机制下,各部门各司其职,共同推进脱碳进程:

• 美国能源部携手国家实验室,致力于通过前沿科技与基础设施的革新,促进交通及其他行业的清洁化与高效化转型。

• 美国交通部则专注于向各州投资,加速交通基础设施的电动化改造,同时利用监管政策与燃油经济性标准等手段,激励交通出行方式的优化,并加大对交通领域减排相关研发、示范及创新项目的支持力度。

• 美国环境保护署则提供包括建模工具、政策分析、技术援助及公众信息在内的全方位支持,特别是在新车燃油经济性与排放标准的制定与宣传方面发挥关键作用。

• 美国住房和城市发展部则聚焦于促进住房投资的能效提升,通过增加中低收入家庭的出行选择,改善其就业、教育、公共服务及生活便利设施的可达性,推动以公共交通为导向的公平发展模式,进一步助力脱碳目标的实现。

2) 五项指导原则

一是实施果断行动,追求可量化成效。鉴于气候危机的严峻性与紧迫性,美国提出首要任务是聚焦于那些能够迅速削减温室气体排放并改善公众健康的举措,尤其针对那些承受沉重减排与污染压力的地区,力求实现立竿见影的效果。

二是积极拥抱创新,探索多元减排路径。采取一系列广泛而深入的减排策略,包括但不限于优化土地使用规划、加大基础设施投资力度、推动客运与货运领域的清洁出行方式革新,以及出台支持零排放车辆(如纯电动车、插电式混合动力车及氢燃料电池车)的新政策、新技术与商业模式,以创新驱动减排进程。

三是保障安全公平,促进广泛准入。致力于构建气候韧性强的基础设施体系,同时拓宽交通出行的可达性与可负担性边界,确保每个人都能享有便捷的出行权利。通过减少消费者需求与排放、优化利益分配机制,特别关注提升贫穷及公共服务薄弱社区的生活质量、健康水平与就业机会,促进社会的全面公平与包容。

四是深化多方协作,共筑脱碳合力。进一步加强美国能源部、交通部、环境保护署、住房和城市发展部等联邦机构间的紧密合作,并拓展与地区、州、地方政府,以及私营企业、社区组织等多元利益相关者的合作网络,共同支持脱碳项目与倡议,形成全社会共同参与的良好局面。

五是引领全球潮流,彰显美国领导力。旨在通过创造高质量的国内就业机会,增强美国的能源自主性与安全性,同时构建强大且可持续的国内外清洁交通技术供应链,推动美国在全球清洁交通解决方案的竞争中脱颖而出,成为引领全球绿色转型的先锋力量。

3) 政策工具

一是政策与监管引导。为加速交通领域脱碳进程,美国将综合运用多样化的政策与监管手段,包括但不限于实施购买可持续燃料车辆的税收抵免政策、制定严格的温室气体排放与燃油经济性标准、确立基础设施兼容性规范、在资金分配中倾斜支持零排放交通项目、推广公共交通导向的发展策略以保障其可靠性与经济性、实施交通需求管理方案以鼓励拼车与出行减量,并加大对步行与自行车基础设施的投资力度,同时不断优化交通规划策略。

二是基础设施与工业投资驱动。美国致力于构建全面的基础设施体系,涵盖电动汽车及其他电池驱动车辆的充电站、零排放燃料供应站的建设,加速电网现代化改造以支撑交通电气化发展。同时,加大对零排放汽车制造、电池技术、燃料电池研发及氢能与可持续生物燃料生产的投资,扩展公交与轨道交通网络,完善步行、自行车及电动自行车等非机动出行设施,并运用智能技术优化交通运营与路权管理。

三是科研与创新引领。鉴于清洁技术创新对于实现气候目标的至关重要性,美国能源部技术转移办公室(OTT)将深化与美国能源部国家实验室的合作,加速研发进程与成果部署,旨在提升清洁能源解决方案的性能并降低成本。同时,美国鼓励与私营部门、教育机构及非营利组织携手,共同探索高风险高回报的新兴技术领域。

四是数据与分析支撑。为了增强公众与决策者对清洁出行益处的认识,美国将提供及时、准确且易于获取的数据与分析工具,全面展现清洁出行在改善空气质量、提升公众健康与生活品质方面的贡献,以及其对能源系统与经济格局的积极影响,为科学决策与政策调整提供坚实依据。

五是人才教育与培训保障。随着清洁能源经济的蓬勃发展,美国将聚焦人才培养,通过政府与私营部门的紧密合作,制定并实施高质量的教育与培训计划,旨在培养一支多元化、专业化的清洁能源人才队伍,为行业转型与发展注入强大动力。

六是公私合作与利益协同。在推动交通脱碳的过程中,美国强调各级政府、国际组织、私营部门及社会各界的协同合作,通过技术援助与策略协同制定切实可行的解决方案。联邦政府将扮演领导角色,明确发展方向,并采取措施增强从化石燃料向清洁燃料过渡过程中的信心与稳定性,共同促进全球交通领域的绿色转型。

2. 各运输方式减碳目标

1) 轻型车

到 2030 年,在电动汽车和电池开发上投入超过 5 000 亿美元。2030 年

50%的新车销售为零排放,其中到2027年100%的联邦车队采购车辆为零排放车型。部署50万个纯电动汽车充电设施。支持全方面路径研发应用,确保新的内燃机汽车尽可能高效燃烧、节能减排。

2) 中型和重型卡车和公共汽车

2030年30%的新车销售为零排放车辆,2040年实现100%为零排放车辆。2035年中型和重型卡车的零排放车辆的总成本将与传统柴油车辆持平,100%的联邦车队采购车辆为零排放车辆。在内燃机中推广使用氢燃料,改善部署并支持氢燃料基础设施的建设。

3) 越野车及工程车辆

加强研究和创新,以确定零排放车辆替代化石燃料车辆的可行技术途径。制定越野车辆和移动设备温室气体排放和能效标准,并制定零排放或向零排放过渡的雄心目标。

4) 轨道交通

努力建立具体目标,加速部署减少排放和提高效率的铁路技术研究,使用更高效、更清洁的列车,设定效率目标以及零排放车辆目标,扩建电力机车的基础设施投资和电气化走廊。鼓励更多地使用轨道交通,以减少公路车辆的碳排放。

5) 海运

继续支持零排放航运任务(ZESM)的目标,以确保到2030年至少有200艘主要使用零排放燃料的船舶在主要深海航线上运营,全球5%的远洋船队能够使用氢基零排放燃料,至少覆盖三大洲的10个大型贸易港口可供应零排放燃料。通过对可持续燃料和技术进行更多的研发和示范来激励美国商船运营商朝着降低温室气体排放的方向努力。与国际海事组织及相关国家合作,制定2050年实现国际航运零排放的目标。

6) 航空

引进更多新的节油型飞机,到2030年飞机技术与当今的一流飞机相比,燃油效率提高30%。到2030年,美国航空温室气体排放量减少20%,2050年实现净零排放。到2030年每年生产至少30亿加仑(合1 045万吨)可持续航空燃料,到2050年达到约350亿加仑(合12 194万吨)。加快国际航空碳抵消和减排计划(CORSIA)战略实施。

7) 管道

努力建立具体目标,继续提高管道甲烷排放限值标准。到 2036 年,修复或更换 1 000 英里(1 英里≈1.61 公里,约合 1 610 公里)高风险、易泄漏的天然气配送管道,估计减少 1 000 吨甲烷排放。消除泄漏并允许使用管道输送清洁可持续燃料。

3. 港口减碳

美国在环境保护领域,特别是在港口环境的维护上,构建了多层次的法律框架,其中联邦层面的法律包括《国家环境政策法》《联邦水污染控制法》《清洁空气法》《有毒物质控制法》及《1990 油污法》等,而各州也依据自身情况制定了相应的法规,确保港口管理与运营严格遵守国家及地方环保标准。

为了应对国际航运带来的环境挑战,美国积极响应国际海事组织(IMO)的号召,依据《国际防止船舶造成污染公约》(MARPOL),于 2012 年 8 月 1 日正式设立了北美排放控制区(ECA)。该区域对进入美国、加拿大及法属圣皮埃尔和密克隆岛沿岸水域的国际贸易船舶实施了更为严格的硫氧化物(SO_X)、氮氧化物(NO_X)及特殊物质排放限制。具体而言,船舶在排放控制区内使用的燃油硫含量上限从 1.00% m/m 逐步降至 0.10% m/m,自 2015 年起执行更严格标准。此外,船舶还可采取替代性减排措施,如安装先进设备或采用特定程序,以满足 MARPOL 公约附则 Ⅵ 的要求。针对氮氧化物排放,新安装的船舶柴油引擎需分阶段达到"二级"及更为严格的"三级"排放标准。

在地方层面,加州以其严格的空气质量标准和经济发达背景,对港口船舶排放提出了更高要求。加州法典第 17 篇第 1 节明确规定了挂靠加州港口的特定类型船舶(如集装箱船、邮轮及冷藏货物运输船)在靠泊期间需逐步增加关闭辅助柴油引擎、转而使用岸电的比例。该法律通过港务局与船公司签订的协议具体执行,要求船舶使用岸电的次数逐年提升,至 2020 年后需达到总挂靠次数的 80%。对于未能达标的船舶,每次停靠将面临高额罚款。洛杉矶港与长滩港作为加州的主要集装箱港口,已率先实现集装箱岸电使用比例达到 80%,这充分展示了加州对港口环境保护的坚定决心与有效执行。

1.5 加拿大

1.5.1 宏观战略

1. 增强版气候计划蓝图

2020 年 12 月 11 日,加拿大政府正式推出了强化版气候行动计划——"健康的环境与健康的经济"蓝图,该计划旨在通过加速低碳产业的转型进程,为经济复苏注入新动力,同时设定了雄心勃勃的目标:至 2030 年将温室气体排放量削减至 2005 年水平的 32% 至 40% 区间内,并承诺在 2050 年前实现碳中和。2024 年 12 月,加拿大政府宣布设立新的温室气体减排目标,争取到 2035 年,将排放量在 2005 年排放水平基础上减少 45% 至 50%。

为实现这一目标,加拿大政府规划了包含 64 项新举措的详细路线图,并配套约 150 亿加元(相当于人民币 758 亿元)的庞大投资规模。该计划的核心策略构建于五大支柱之上:第一,促进节能型住宅与建筑的发展,提升能源利用效率;第二,扩大清洁电力的供应范围,并倡导低排放及零排放交通工具的使用,包括电动汽车和公共交通;第三,实施逐步递增的碳定价机制,确保碳税收入回馈给民众家庭;第四,构建清洁产业竞争优势,助力工业部门脱碳进程,同时加大对低碳经济的投资力度;第五,通过植树造林 20 亿棵、湿地恢复与保护,以及推广农业自然气候解决方案等措施,推动农业领域的可持续发展。

尤为引人注目的是,碳税的上调成为该计划中的关键一环,对加拿大能源消费市场构成显著影响。当前,加拿大的碳排放价格已调整至每吨 40 加元,并计划于 2022 年提升至 50 加元,随后每年递增 15 加元,预计到 2030 年将达到每吨 170 加元的高位。这一渐进式增税策略,不仅将加大对高碳排放行业的减排压力,还将激励能源结构的优化升级,激发低碳技术的创新活力,从而在低碳产业领域内催生新的投资与就业机遇,引领加拿大迈向绿色、低碳的经济增长新纪元。

2. 减排重点领域

加拿大政府在其增强版气候计划中,精准锁定了建筑、交通、电力、能源及工业五大关键领域,作为推动国家迈向碳中和目标的核心战场。针对这些领域,加拿大政府制定了一系列详尽且具前瞻性的减排策略。

在建筑领域,加拿大政府致力于提升房屋能源效率,推动构建低碳建筑材料供应链,如研发并推广低碳水泥、高效节能窗户及先进绝缘材料等,以期从源头上减少建筑行业的碳排放。

在交通领域,加拿大政府积极鼓励绿色出行方式,重点扶持电动车与氢燃料电池车等清洁能源交通工具的发展,并设定了雄心勃勃的目标——至2035年全面禁止销售汽油动力新车,以此引领交通行业的深刻变革。

电力领域同样是减排的重点之一,加拿大政府大力支持可再生能源发电项目的建设与智能电网技术的创新应用,力求构建更加清洁、高效的电力供应体系。

在能源及工业领域,加拿大政府则聚焦于促进低碳燃料的研发、生产与应用,包括氢气、生物原油、可再生天然气、低碳柴油及纤维素乙醇等,旨在通过能源结构的优化调整,推动工业部门实现深度脱碳。

通过上述领域的精准施策,加拿大联邦政府不仅为相关行业企业指明了低碳转型的方向,还激发了它们加强技术创新、提升减排效率的动力,有望在未来几年内显著扩大低碳产业的规模,并培育出一批以低碳排放为显著特征的新兴经济增长点,为国家的可持续发展奠定坚实基础。

3. 投资和财税支持

在明确减排重点领域的基础上,加拿大联邦政府采取了一系列强有力的财税激励措施与投资策略,以加速减排进程并推动绿色经济转型。这些举措紧密契合增强版气候计划的核心理念,具体体现在以下几个方面。

首先,政府为家庭住宅能源改造划拨了高达 26 亿加元的专项资金,计划在七年内实施,旨在显著提升建筑能效,减少能源消耗与碳排放。

其次,针对零排放汽车及其配套设施的发展,政府不仅额外投资了2.87亿加元用于激励计划,还在三年内追加1.5亿加元用于充电站与加氢站的建设,以加快零排放交通工具的普及与基础设施的完善。

同时,政府设立了15亿加元的低碳和零排放燃料基金,专项支持国内低碳燃料的研发、生产与应用,促进能源结构的绿色转型。

最后,政府还向净零加速器基金注入了30亿加元的巨额投资,这笔投资将覆盖未来五年的时间,旨在加速大型排放源的脱碳进程,扩大清洁技术规模,并引领加拿大各行业的深度工业转型。

在更广泛的财政政策层面,2021年财政预算案进一步凸显了减排作为经济重建核心路径的重要性,承诺向绿色复苏与清洁经济领域投资176亿加元。这包括引入联邦绿色债券框架,为气候变化相关项目提供融资支持;提供无息贷款促进环保住宅改造;实施税收优惠激励零排放技术企业创新;以及设立专项基金吸引私人资本进入清洁技术领域等。

综上所述,加拿大政府通过大规模的资金投入与创新的财税政策,不仅为清洁能源、智能电网、能效提升、交通电动化等关键领域提供了坚实的资金支持,还极大地降低了企业与个人在减排过程中的成本负担。这一系列举措有望激发清洁技术的推广应用与产品的广泛生产,减少对化石燃料的依赖,从而推动加拿大经济向更加绿色低碳的方向迈进。

4. 建立新的联邦温室气体抵消系统

在加拿大综合减排策略中,碳定价机制作为关键的市场调节工具,旨在通过经济杠杆减少碳排放。该机制主要由碳税和碳排放交易体系构成,当前以碳税为主导,全面覆盖碳排放主体,并规划在全国范围内引入碳排放交易,以追求成本效益最优的减排路径。

2020年12月19日,加拿大环境与气候变化部公布了《清洁燃料法规》(CFR)草案(《清洁燃料法规》于2023年7月1日生效),设定了到2030年液体燃料碳强度较2016年降低约13%的目标,并创新性地提出建立基于产出分配的温室气体抵消系统。该系统允许供应商通过创建或购买信用额度来满足减排要求,为减排项目(如碳捕获与储存、可再生能源发电)提供了经济价值,同时也鼓励了低碳燃料的生产与使用。具体而言,减排项目可生成信用,供超额排放的工业设施(如水泥、炼油行业)购买以抵消其排放,信用额度可储存、交易,每单位信用代表减少一吨二氧化碳当量,其价格由市场供需决定,而联邦碳税则作为价格上限。

此外,CFR 还明确了三种信用创造途径:一是实施降低化石燃料全生命周期碳强度的项目;二是推广低碳强度燃料;三是投资于先进汽车技术。这些措施不仅激励了高排放、高污染、高能耗的大型企业采取减排行动,还促进了清洁燃料产业的发展,加速了清洁技术和燃料的普及,为可再生燃料生产商及其原料供应商(如农民和林农)开辟了新机遇,并推动了零排放汽车的广泛应用。

5. 下一步行动:《2030 年减排计划:清洁空气和强劲经济的下一步行动》

2022 年 3 月,加拿大出台《2030 年减排计划:清洁空气和强劲经济的下一步行动》,介绍了许多已经在推动减排的行动,并以 2005 年为基准,确保到 2030 年减排 40% 至 45%,到 2050 年实现全国净零排放。这一计划包括 72 亿美元的新投资,包括在碳定价和清洁燃料等方面采取措施,对从建筑到车辆再到工业和农业等部门采取行动。这些措施将推动减排,同时为工人创造就业机会,为企业创造商业机会。加拿大政府正与全国各地合作,以实现加拿大的气候目标,并抓住新的经济机遇。新计划提出了碳减排 9 项举措。

1) 减少建筑能源消耗

制定 1.5 亿加元建筑战略,来提高气候适应能力。该战略将制定新的政策、计划、激励和标准,推动现有建筑大规模改造,按照最高零碳标准建设,减少能源消耗。该《计划》特别提出,加拿大绿色家园贷款计划将获得 4.585 亿加元的额外投资,将帮助加拿大人减少排放,节省装修和供暖、制冷成本,并刺激经济中的高薪工作。

2) 支持社区采取减排行动

制定 22 亿加元低碳经济基金,投入到各省和地区、直辖市、学校、医院、企业、非营利组织以及土著社区的进一步气候行动。此外,加拿大政府将通过对区域战略计划的 2 500 万加元投资,支持区域增长机会和能源系统转型,这将推动经济繁荣,在净零经济中创造可持续的就业机会。

3) 让加拿大人更容易改用电动汽车

通过为零排放汽车(ZEV)充电站追加 4 亿加元,增加 5 万个 ZEV 充电桩。此外,加拿大基础设施银行还将投资 5 亿美元用于 ZEV 充电和加油基础设施。政府提供 17 亿加元延长零排放汽车激励计划(iZEV),使加拿大人更容易购买和驾驶新的电动轻型汽车。为了减少中型和重型汽车碳排放,政府还将制定一项销售任务,以确保到 2026 年达到 20% 的汽车销售是零排放汽车,到 2030 年达到 60%,到 2035 年实现 100%。

4) 减少石油和天然气的碳排放

国际能源署(IEA)的净零排放情景(NZE)认为,全球石油和天然气将继续使用,但未来几十年需求会大幅下降。这不仅意味着加拿大的能源结构多样化,还意味着向世界提供低碳石油和天然气。到 2030 年,石油和天然气减排贡献将比 2005 年的水平低 31%(或比 2019 年的水平低 42%)。这将指导加拿大确定和实施石油和天然气行业排放上限。政府还致力于到 2030 年将石油和天然气甲烷的排放量减少至少 75%,支持清洁技术,以进一步实现该行业的脱碳,并致力于创造可持续的就业机会。

5) 用可再生电力为经济提供动力

到 2050 年,加拿大将需要使更多的活动电气化——从车辆到供暖和制冷建筑物再到各种工业过程——才能过渡到净零排放。为此,加拿大需要增加电力供应并确保所有发电净零排放。

虽然加拿大已经拥有世界上最清洁的电网之一,超过 80% 由非排放源生产,但将剩余的发电转换为清洁能源将减少温室气体(GHG)排放,改善当地空气质量,并创造就业机会,随着新能源的建设以及对现有发电厂和建筑物的改造和燃料转换,实现经济增长。

为确保目标完成,加拿大政府将额外投资 6 亿加元用于智能可再生能源和电气化计划,支持可再生电力和电网现代化项目以及大型清洁电力项目的前期开发工作。

6）帮助各行业开发和采用清洁技术

加拿大正在将其产业定位为绿色和有竞争力的。这包括制定碳捕获、利用和封存（CCUS）战略；引入投资税收抵免以激励这一重要技术的开发和采用；并投资 1.94 亿美元扩展工业能源管理系统，以支持 ISO50001 认证、能源经理、基于队列的培训、审计和以能源效率为重点的关键中小型项目的改造。

7）投资于自然和自然气候解决方案

以通过基于自然的气候解决方案实现额外的减排，提供额外投资 7.8 亿加元基金。该基金支持保护、恢复和增强加拿大在全球范围内重要的湿地、泥炭地和草原资源，以储存和捕获碳。为刺激加拿大各地对减少温室气体排放、固碳和创造经济机会的其他项目的需求，加拿大将继续在联邦温室气体抵消系统下制定协议，包括专注于基于自然的气候解决方案的项目。

8）支持农民作为合作伙伴建设清洁、繁荣的未来

农民是实现加拿大气候目标的关键，确保家族企业能够在不断变化的气候中取得成功，并将食物留在人们的盘子里。这就是为什么加拿大政府正在进行一项重大的新投资，支持农民的可持续未来。其中包括向农业气候解决方案投资 4.7 亿加元：农场气候行动基金，帮助农民采用覆盖作物、轮牧和肥料管理。政府还投资 3.3 亿加元，为农业清洁技术计划提供三倍资金，支持农民开发和购买更节能的设备。

9）维持加拿大对污染定价的方法

为污染定价，被广泛认为是减少温室气体排放的最有效手段。如果没有对污染的高价格，实现加拿大的环境目标将需要采取额外的行动。为了提高长期确定性，2030 年减排计划要求加拿大政府探索有助于保证污染价格的措施。这包括投资方法，如差价碳合同，将未来价格水平写入政府与低碳项目投资者之间的合同中，从而降低私营部门低碳投资的风险。这还包括探索立法方法来支持持久的污染价格。

此外，该《计划》还对如何降低甲烷使用、减少浪费、发展可持续金融等设计了全面的路线图。

1.5.2 交通港口

1. 铁路

《2030 年减排计划：清洁空气和强劲经济的下一步行动》要求加拿大政府为航空、船舶和铁路部门制定气候行动计划。这些行业行动计划旨在通过确定转型部门以实现更可持续的未来所需的具体措施和行动，确定通往 2050 年的具体路径。加拿大交通部与加拿大铁路协会合作，续签 2023—2030 年期间的谅解备忘录（MOU），该谅解备忘录将成为协调政府和行业努力推动该行业向更可持续未来过渡的关键工具。同时，交通部正在与主要利益相关者合作制定铁路气候行动计划，该计划将包括 2030 年的减排目标，并为该行业到 2050 年实现净零排放奠定基础。

2. 水运

2022 年 11 月，加拿大政府发布了《加拿大绿色航运走廊框架》，以指导和授权港口航运企业共同努力建立绿色航运走廊。随着几条绿色航运走廊的宣布，加拿大鼓励《克莱德班克宣言》的签署国继续共同努力，以实现到 2030 年建立至少 6 条绿色航运走廊的目标。在联合国气候变化大会（COP27）上，加拿大和美国宣布了五大湖-圣劳伦斯航道系统的绿色航运走廊网络倡议。通过这项倡议，加拿大和美国正在与工业界合作，帮助促进整个地区绿色走廊的建立。这项倡议建立在加拿大与美国在《关于运输与气候变化之间联系的联合声明》（Joint Statement on the Nexus between Transportation and Climate Change）下更广泛的联合承诺之上，以支持沿边境绿色运输基础设施的发展，并推动使用更清洁、可持续和可再生的航运燃料。为了支持在加拿大建立绿色航运走廊，2023 年预算宣布从 2023 年开始的七年内提供 1.654 亿加元，用于新的绿色航运走廊计划，以帮助推出下一代清洁船舶，投资岸电技术，并优先考虑港口的低排放和低噪声船舶。

3. 航空

加拿大于 2022 年 9 月 27 日在国际民航组织大会上发布了其航空气候行动计划。该行动计划为加拿大航空设定了到 2050 年实现净零排放的愿景,并包括一个雄心勃勃的目标,即到 2030 年使用 10%的可持续航空燃料(SAF)。

在实施 2022 年行动计划的同时,加拿大交通部还与各级政府、行业、原住民团体、非政府组织和学术界合作,制定 2024 年行动计划,该计划将侧重于设定 2030 年减排目标,并降低整个航空生态系统的排放,包括飞机、空中导航服务和机场运营。这项工作将包括制定 SAF 蓝图,该蓝图将概述如何确保加拿大有足够的 SAF 供应来实现雄心勃勃的 10%使用目标。

4. 道路

在加拿大,交通运输领域是温室气体(GHG)排放的第二大来源,占加拿大温室气体排放总量的 22%。这些排放中的大部分(超过 84%)归因于地面运输方式(包括轻型车辆、货运卡车和铁路)。按照减排计划(ERP),加拿大承诺通过一系列措施来减少道路排放,以加速向零排放汽车的过渡。这包括:

(1) 制定轻型零排放汽车(ZEV)销售指令,以确保到 2035 年轻型汽车销量的 100%是 ZEV。加拿大环境和气候变化部于 2022 年 12 月 31 日通过《加拿大公报》第 1 部分发布了拟议法规。

(2) 制定中型和重型零排放汽车销售授权,以确保到 2040 年,根据可行性,从一部分车辆类型的 ZEV 销量到 2040 年实现 ZEV。

(3) 扩展和扩大加拿大的零排放车辆激励计划(iZEV),使加拿大人更实惠地购买或租赁符合条件的零排放轻型车辆。

(4) 制定中重型 ZEV 的购买/租赁激励计划(该计划于 2022 年 7 月 11 日启动)。

(5) 对联邦计划的额外投资,以支持 ZEV 基础设施、意识和零排放公共交通。

2022 年 12 月发布的《加拿大清洁公路运输行动计划》概述了加拿大迄今为止在政府范围内采取的脱碳努力。这些努力包括实施受监管的 ZEV 销售目标、投资联邦 ZEV 激励计划和相应的 ZEV 充电基础设施、确保监管准备、促进消费者教育和意识、利用清洁增长机会以及与其他领先司法管辖区合作。

2022 年预算中宣布的公路运输脱碳投资包括：

(1) 零排放车辆激励措施(iZEV)。扩大零排放汽车激励计划(17 亿美元)，使加拿大人更能负担得起购买或租赁符合条件的零排放轻型车辆。

(2) 中型和重型零排放车辆(iMHZEV)激励措施。为中型和重型零排放车辆推出购买/租赁激励措施(iMHZEV 计划)，四年内提供 5.475 亿美元的资金。该计划于 2022 年 7 月 11 日启动。iMHZEV 计划为加拿大企业和组织购买或租赁符合条件的中型和重型零排放车辆(MHZEV)提供高达 200 000 加元的激励措施。

(3)《绿色货运计划》。《绿色货运计划》(1.996 亿美元)，用于改造目前在道路上行驶的大型卡车。

(4)《零排放卡车运输计划》。《零排放卡车运输计划》(7 580 万美元)，帮助建立必要的监管和安全基础，以增加加拿大道路上的中型和重型零排放车辆(MHZEV)的数量。

(5) ZEV 基础设施投资。通过 NRCan 的《零排放车辆基础设施计划》(4 亿加元)部署 ZEV 充电基础设施，并通过加拿大基础设施银行额外投资 5 亿加元，用于大型零排放汽车充电和加油基础设施，以产生收入并符合公共利益。

(6) 支持绿色政府战略的车队电气化承诺(220 万美元)。

1.6　日本

1.6.1　宏观战略

1. 政策沿革

《联合国气候变化框架公约》作为首个全球性协议，旨在全面管控二氧化碳等温室气体排放,以应对全球变暖对经济社会的负面影响,它奠定了国际合作应对气候变化的基石,截至 2016 年 6 月底已吸引 197 个国家成为其缔约成员。在此基础上,《京都议定书》于 1997 年 12 月 11 日在东京诞生,该议定书是依据公约首次缔约方大会的柏林授权,历经三年艰苦谈判达成的。它设定了发达国家(工业化国家)在 2008 至 2012 年间相对于 1990 年水平需实现的 5% 减排目标,并创新性地引入了三项灵活减排机制。随着《京都议定书》的生效,这些机制及清洁发展机制下的林业碳汇项目得以激活,推动了林业碳汇市场的蓬勃发展及国际贸易的增长。

日本在推动碳中和方面,通过立法手段如 1997 年的《关于促进新能源利用措施法》及 2002 年的《新能源利用的措施法实施令》等,为新能源发展及减排行动提供了坚实的法律支撑。前者明确了新能源发展目标与责任分配,后者则有效促进了太阳能、核能等清洁能源及可再生能源的广泛应用,显著减少了化石能源使用带来的温室气体排放。

此外,日本政府还发布了一系列旨在促进低碳经济与绿色发展的政策文件,如《面向低碳社会的十二大行动》与《绿色经济与社会变革》政策草案。前者全面概述了实现低碳社会的路径、技术选择、社会改革及政策措施;后者则进一步提出通过减少温室气体排放、发展绿色经济等手段,构建人与自然和谐共生的社会愿景,其涵盖社会资本、消费模式、投资导向、技术创新等多个维度,并探索了温室气体排放权交易与环境税等创新机制。

2. 主要政策措施

日本在 2008 年碳排放达峰,全年约 13 亿吨,占全球总排放量 4.3%。为应对气候变化,日本政府于 2020 年 10 月 25 日公布"绿色增长战略",提出"2050 年实现碳中和目标",除确认碳中和目标外,该战略还提出了对日本海上风能、电动汽车、氢燃料等 14 个重点领域的具体计划目标和年限设定,提出财政预算、税收、金融、法规和标准化、国际合作五个方面的政策措施,通过技术创新和绿色投资的方式确保社会平稳实现脱碳转型。2023—2024 年,日本进一步明确各领域的"工程表",划分开发、实证、商用化阶段,并配套法规、税收、预算等政策工具。

1) 税收制度

推出税制优惠,支持私营企业脱碳投资,预计在 10 年内创造约 1.7 万亿日元的私人投资(见表 1-2)。

表 1-2 投资项目

项目	内容
建立碳中和投资促进税收制度	按照《产业竞争力强化法》新建立的计划认证体系,根据引入生产设备的脱碳效果,最多可享受 10% 的税收抵免或 50% 的特殊折旧
设立亏损结转特别扣除限额	基于《产业竞争力强化法》的计划认证体系,对于因碳中和投资或商业转型而产生亏损的企业,将亏损的结转扣除上限从 50% 提高到最高 100%(最大扣除上限增加期为 5 年)
扩大研发税收减免	将研发税收减免额度从企业税额的 25% 提高到 30%

2) 法律法规和标准化

通过对脱碳技术构建完善的法规制度以及引入碳定价机制,确保社会有序、高效完成低碳转型。例如,引入碳定价机制,在碳排放上限确定的基础上,通过市场手段解决排放权的有效分配。自 2012 年 10 月起,日本开始实行碳税制度。同时,通过国际合作,以确保与不愿采取措施应对全球变暖的国家的国际贸易公平,防止碳泄漏。此外,《全球气候变暖对策推进法》于 2022年 4 月施行,这是日本首次将温室气体减排目标写进法律,为 2050 年实现碳中和目标奠定了基础。

1.6.2 交通港口

1. 综合交通减碳

2020 年末,日本政府正式揭晓了其脱碳路线图草案,明确设定了 2050 年实现净零排放的宏伟目标。在交通运输领域,日本政府采取了一系列前瞻性的举措,以加速汽车产业的电动化转型为核心,规划自 2035 年起禁止销售燃油乘用车,而商用车如卡车等的禁售时间则定于 2040 年。为实现这一目标,日本不仅实施了"领跑者"计划,还广泛采用智能交通技术,并着手调整运输结构,辅以财税激励政策,成效显著。

"领跑者"计划自 1999 年启动以来,通过树立能效标杆企业及产品,结合科技进步动态调整燃油经济性和排放标准,并对车辆实施能效标签制度,有效推动了节能低碳技术的研发与应用,显著降低了交通运输领域的能耗与碳排放。

智能化交通产品的广泛应用,成为提升交通效率的关键。鉴于日本城市布局已趋稳定,通过大规模基础设施建设提升效率的空间有限,日本交通管理部门转而聚焦于智能交通系统的建设,如智能监控设备、动态红绿灯控制、实时道路信息指示等,有效缓解了交通拥堵,提高了车辆通行效率,尤其是在城际与城市内部交通中,通过 VICS 系统、ETC 等智能化手段,显著降低了车辆能耗与碳排放。

针对货物运输领域,日本积极调整运输结构,优化资源配置。鉴于公路运输的高碳排放特性,日本政府依据《土地、基础设施、运输和旅游白皮书》的指导,推动货物运输向铁路和水路转移,旨在通过提升综合运输效率、降低物流成本,实现节能减排的目标。

此外,日本还致力于完善公共交通系统,提升绿色出行的便捷性与吸引力。通过优化轨道交通网络、提高换乘效率、提供多样化的票务服务等措施,东京等城市成功打造了高效、便捷的绿色出行体系,鼓励居民选择低碳环保的出行方式,有效降低了城市出行碳排放。

2. 港口减碳

日本于 2023 年修订《港口法》,成立"碳中和港口推进委员会",制定碳中和港口(CNP)建设指南,要求港口管理者联合企业制定脱碳计划,并选定京滨港、阪神港为"国际集装箱战略港",重点推进氢能基础设施与岸电系统建设。同时,日本推进港口零碳能源转型,扩大氢能进口与储运能力,推广海上风电与光伏发电,计划到 2030 年港口氢能供应占比达 25%,港口可再生能源覆盖 90% 电力需求。同时,日本积极参与绿色航运走廊建设,参与国际海事组织(IMO)规则制定,推动"绿色航运走廊"试点,与欧美合作建立跨太平洋零排放航线。日本还通过 J Blue Credit® 制度认证港口蓝碳项目,累计发行

21 个碳信用额度,促进蓝碳生态系统商业化。在资金层面,日本设立"绿色创新基金",2023 年追加 2 万亿日元支持港口脱碳技术研发。

1.7 新加坡

1.7.1 宏观战略

自 1965 年实现独立以来,新加坡政府展现出前瞻性的眼光,在气候变化成为全球议题之前,便已着手实施一系列举措,力求在经济增长与环境保护之间找到和谐共生的路径。2020 年 3 月,新加坡在国际舞台上迈出了更加坚定的步伐,郑重承诺到 2030 年左右将碳排放量控制在 6 500 万吨的峰值水平,并计划在 2050 年前将这一峰值减半至 3 300 万吨,同时致力于在 21 世纪下半叶尽早实现碳中和的宏伟目标。为实现这一承诺,新加坡政府随后发布了《规划新加坡低碳和适应气候的未来》长期低排放发展战略(LEDS),该战略全面而细致地规划了六大关键领域的节能减排策略:能源、工业、交通、建筑、居民生活以及垃圾与水管理,为新加坡勾勒出一幅清晰、可行的低碳未来图景。

1. 能源策略

新加坡因能源替代能力受限,高度依赖进口化石燃料。政府正从四方面推进能源低碳化:一是优先发展太阳能,简化监管、推广 SolarNova 计划、增强输出预测;二是利用区域电网,与邻国合作共享清洁能源;三是投资新兴低碳技术,如 CCUS 和氢气;四是优化天然气利用,通过技术创新提升发电效率和减排能力,确保其在过渡期的绿色高效应用。

2. 工业策略

工业是新加坡经济增长的关键,占 GDP 的 20.9% 并贡献 12.9% 的就业。

但工业碳排放占碳排放总量的 60%,炼油与石化燃料为主要源头。为减排,新加坡采取多项措施:出台《能源节约法案》强化监管,提升能效标准;征收碳排放税并提供技术补贴;政府通过与 IES 合作,设定能源效率评估员认证计划,并设立 EETC,为中小企业提供专业培训和能效评估服务,以促进工业部门的能源效率持续提升。

3. 建筑策略

新加坡作为高度城市化国家,建筑行业碳排放占比显著(14.6%)。为减少碳排放,新加坡聚焦于建筑绿化,采取三大策略:一是源头低碳化,选用低碳建材、优化设计减少浪费、利用可再生能源;二是实施绿建标准,通过《绿色建筑标志认证计划》评估并奖励环保建筑,目标至 2030 年达标率提升至80%;三是持续更新绿色建筑蓝图,结合法规与激励措施,推动新建与既有建筑向绿色转型,并引入超低能耗计划,利用物联网、大数据等先进技术提升建筑能效。

4. 家庭策略

新加坡在家电能效提升、生态社区构建及绿色城镇建设方面积极行动:实施《能源标签计划》淘汰低效家电,通过优惠券推广节能产品,增强公众低碳意识;开展生态小镇示范循环生态系统建设,利用垂直农场、食物回收及低能耗数字生态板促进资源高效利用;绿色城镇计划则聚焦太阳能、智能照明、雨水回收等技术,旨在 2030 年前将组屋能耗较 2020 年削减 15%,提升居住可持续性。

5. 废物和水

新加坡践行"3R"原则,减少垃圾产生并促进循环利用,通过减少包装、焚化减容及高回收(如建筑垃圾 98%再循环)实现。同时,制定严格固废法规,促进垃圾处理规范化。在水资源管理上,新加坡提升家庭与工商业用水效率,减少海水淡化能耗,并通过技术改进与节水激励措施促进节水。

1.7.2　交通港口

1. 地面交通减碳

2017 年,新加坡国内交通运输的碳排放量约占新加坡全国碳排放量的 15.2%,其中私家车占的比重最大。新加坡通过车辆配额制、道路收费、清洁能源汽车购车返点等综合措施来降低汽车碳排放量。在此基础上,新加坡提出了更有力的措施,打造更低碳的交通环境。

"20 分钟市镇、45 分钟城市"优化基础设施及交通设施布局,缩短通勤距离减少碳排放。到 2040 年,新加坡的目标是建立 WCR 出行方式,即步行-骑行-公交出行(WALK-CYCLY-RIDE),实现社区中心 WCR 出行 20 分钟可达。上班高峰时段,工作地 90% WCR 出行 45 分钟可达。

1) 自行车及步行基础设施建设

到 2040 年,自行车道网络将从 2019 年的 440 公里扩展到 1 000 多公里。遮蔽人行道由 2013 年的 200 公里增加到 350 公里,串联主要交通节点及公共设施。此外,开发商在提交开发申请时必须提交自行车及步行方案,保证自行车及步行设施按要求建设实施。

2) 鼓励公交优先汽车共享

开设公交专用道,保证公交车路权,并部署智能交通方案,优化行车路线。鼓励共享经济,鼓励私家车共享,为出行者提供多样的选择。

3) 使用更清洁、更环保的交通工具

新加坡宣布计划在 2040 年前逐步淘汰化石燃料汽车,鼓励使用清洁能源汽车。新加坡推出车辆排碳量税务计划,以此鼓励公众购买低碳排量的汽车。同时,加大对充电站的投资预算。目标在 2030 年前,把充电站数量从现有的 1 600 个左右增加到 2.8 万个。

4) 绿色交通基础设施

新加坡通过升级绿色设施,更换低效设备,应用节能新技术等改善现有的交通设施,使其更加环保。并通过结合节能和碳减排的技术,设计和建造了一批绿色的新交通站点、机场及港口设施。

2. 港口减碳

2011 年,为减少航运及相关活动对环境的影响,促进新加坡的清洁和绿色航运发展,新加坡海事及港务管理局(MPA)推出了"新加坡海事绿色倡议"(MSGI)。新加坡政府承诺五年内为该倡议投资 1 亿新加坡元(约合 4.96 亿元人民币)。该倡议包含多个项目发展,如绿色船舶计划(Green Ship Programme, GSP)、绿色港口计划(Green Port Programme, GPP)及绿色科技计划(Green Tech Programme, GTP)。2016 年,在业界支持下,该倡议进一步加强,MSGI 项目延长至 2019 年 12 月 31 日,并于 2016 年 7 月 1 日起将 LNG 船舶纳入 GSP 计划中,同时新增了绿色意识项目(Green Awareness Programme, GAP)和绿色能源项目(Green Energy Programme, GEP)两个项目。其中,新加坡 GAP 项目主要关注对可持续运输方式的探索;GEP 项目旨在促进海洋清洁燃料的使用及节能操作措施的运用,以迎合全球航运限硫的规定。为顺应全球降低碳排放量的趋势,新加坡作为全球最大的燃料港口,计划到 2020 年向船舶提供 LNG 作为燃料,并拟成为全球最大 LNG 船用燃料加气港。MPA 还预留了 840 万美元作为海事创新和科技基金,以支持新 LNG 供气船建造。新加坡把环境可持续性意识纳入港口设计和建设,对港口发展项目的环境影响极为关注,并在启动一切港口项目时进行环境影响评估。如裕廊海港(Jurong Port)翻新的两个码头,采用环保洋灰水泥、钢网及螺纹钢筋等获认证的绿色建筑材料;采用绿色设施,包括使用在码头收集的天然雨水进行灌溉、以缓慢速度排水到主要沟渠的预防水灾系统、安装在仓库屋顶的太阳能电池板,以及空气质量监管系统。

2022 年,新加坡发布《新加坡海事脱碳蓝图:迈向 2050》,明确港口减排分阶段目标:2030 年港口码头碳排放较 2005 年减少 60%,2050 年实现港口净零排放。为实现上述目标,新加坡推出了覆盖港口码头、国内港口船舶、船用燃料与基础设施、碳核算、绿色金融等领域的全链条脱碳框架。其中,港口部门采用经济激励手段,大力推动港口船舶减碳,自 2024 年 1 月 1 日起,使用零碳技术或燃料的船舶可获 100% 港口费豁免,采用低碳燃料的船舶享受阶梯式费用减免,并设立 3 亿新元专项资金支持港口脱碳技术研发,另投入 4 000 万新元推动低碳燃料试点。同时,新加坡注重港口脱碳的国际合作,与鹿特丹港、洛杉矶港等共建"零排放航线",试点氢燃料船舶跨洋运输,计划 2027 年开通新加坡和鹿特丹之间的首条亚欧绿色走廊。联合国际海事组织(IMO)制定氨燃料安全规范,主导东南亚港口脱碳标准。

1.8 澳大利亚

1.8.1 宏观战略

澳大利亚,作为人均能源消耗与温室气体排放的领先国之一,面临严峻的碳减排挑战。自 2015 年起,该国政府积极推行新能源发展战略,澳大利亚迅速崛起为太阳能、风能等新能源领域的全球领军者。据清洁能源局数据显示,2018 至 2020 年间,澳大利亚太阳能与风能部署总量突破 17 吉瓦,人均年发电量远超国际平均水平,彰显了其新能源发展的显著成效。

与此同时,澳大利亚人均碳排放量自 2017 年起持续下降,至 2020 年已回落至 1985 年水平(约 15.37 吨),反映出其减排努力的初步成果。鉴于其地理与能源结构同我国相似,特别是丰富的光伏资源和漫长的海岸线,澳大利亚的经验对我国具有重要参考价值。

2019 年,澳大利亚政府发布了"气候变化战略",标志着在国家层面开启全面应对气候变化的新篇章。该战略通过"气候变化解决方案"与一系列具体行动计划,明确了以技术创新为驱动的低碳发展战略,旨在通过投资低碳技术、制定减排政策及加强国际合作,加速实现 2050 年净零排放目标。为实现这一目标,澳大利亚于 2020 年制定了"技术投资路线图",规划了从愿景设定到技术投资效果评估的 8 个阶段低碳技术发展路径,并设定了至 2030 年累计 200 亿澳元的低碳技术投资目标,以降低技术成本并促进市场普及。进一步地,2021 年 10 月推出的"净零计划:澳大利亚之路"则提出了更为详细的碳中和蓝图,计划在未来二十年投资约 200 亿澳元于低碳技术,预计吸引额外 800 亿澳元的公私投资,旨在推动低碳产业繁荣,预计至 2050 年将带动人均收入增长近 2 000 澳元并创造 10 万个新就业岗位。

2022 年,澳大利亚制定《气候变化法案 2022》,通过立法明确减排目标:2030 年温室气体排放较 2005 年减少 43%,2050 年实现净零排放。该法案引入"保障机制"(Safeguard Mechanism),要求 215 家碳排放大户(涵盖矿业、制造业、交通等)每年至少减排 4.9%,预计 2030 年前累计减少 2.05 亿吨碳排放。同年,澳大利亚修订《碳定价法案》,税率从 5 澳元/吨分阶段提高至 2026 年的 45 澳元/吨,覆盖能源、工业、交通部门。此外,澳大利亚还成立清洁能源金融公司(CEFC),提供低息贷款支持可再生能源和电动汽车普及,2023 年绿色汽车贷款规模达 2 050 万澳元。

1.8.2　交通港口

2023 年,澳大利亚发布"海事减排国家行动计划"(Maritime Emissions Reduction National Action Plan,MERNAP)。澳大利亚政府致力于制定 MERNAP 符合各国政府的气候变化议程,并回应、支持工业界和国际海事组织(IMO)的呼吁。

1. MERNAP 制定目标

1) 支持澳大利亚的国家减排目标,为减少全球碳排放作出贡献

在国内背景下,澳大利亚政府已立法确定其目标,即到 2030 年减少 43% 的碳排放量,到 2050 年实现净零排放,并承诺为全球应对气候变化的努力作出贡献。虽然航运目前只占国内温室气体(GHG)排放总量的一小部分(2020 年为 1.9%),但由于依赖航运进行进出口,澳大利亚是全球航运温室气体排放的重要贡献者。全球航运碳排放通常被认为难以减排,占全球温室气体排放量的近 3%。减排挑战是源于对船舶购买的大量投资、船舶的长寿命(长达 30 年)以及低排放和零排放推进技术和燃料的新兴水平。道路运输和航空部门对低碳和零碳海上燃料来源的需求也存在竞争。然而,近年来,对低排放和零排放技术、政策的投资不断增加,港口和航运业也进行了新的投资。MERNAP 将有助于指导国内海事部门的脱碳,以及澳大利亚在减少国际航运排放方面可以发挥的作用。

2) 发现并支持航运业脱碳的机会

澳大利亚各行业从航运和海事部门脱碳中获得了巨大的发展机会。MERNAP 的设计将旨在寻找并利用绿色航运的机会。这些机会与澳大利亚成为未来零排放燃料主要出口国的意图相一致。这可以通过为新的零排放船舶燃料加油、促进"绿色出口"、港口脱碳、提供就业机会和发展新产业等方法来促进。MERNAP 将帮助确定国内海事和能源部门如何利用这些新的经济机会并吸引投资到澳大利亚。

3) 协助澳大利亚海事部门面向未来

不仅绿色航运存在重大机遇,而且海事部门也存在不作为的重大风险。全球供应链和主要贸易伙伴正在实施低排放和零排放目标和政策。如果国内海事部门不作出相应反应,就有可能出现更无序和更紧迫的转型,这可能导致未来更大的成本和风险。制定 MERNAP 旨在设计一个有序的转型,包括确定所需克服的障碍、技能和投资,支持改进规划,并降低行业的整体转型成本。

4) 向全球贸易伙伴发出信号,表明澳大利亚在航线水域实现净零排放航运的切实途径

2018 年 4 月,国际海事组织(IMO)通过了关于减少船舶温室气体排放的 IMO 初始战略的 MEPC.304(72)号决议。该战略确定了雄心壮志,包括尽快达到国际航运温室气体排放的峰值,并减少年度温室气体总量,与 2008 年相比,到 2050 年排放量至少减少 50%,同时努力在 21 世纪尽快淘汰这些排放。MERNAP 将概述澳大利亚如何与国际合作伙伴有效接触,包括通过绿色航运合作,使全球航运在 2050 年之前实现净零排放。

2. 战略举措

1) 战略考量

澳大利亚这项"海事减排国家行动计划"将与航运业相关方密切协商制

定,以明确澳大利亚自己的战略方向,使其国内航运业顺利实现能源转型。在制定 MERNAP 时,主要考虑:

- 政府如何降低海事部门脱碳的先行者的风险;
- 如何改善国内政策环境以支持海事脱碳,政府如何优先考虑最具成本效益的措施来减少海事排放;
- 确定澳大利亚工业和澳大利亚创新的机会;
- 澳大利亚如何利用其作为重要全球贸易伙伴的地位为脱碳世界作出贡献;
- 政府和行业联合,如何进一步扩展当前的国际参与战略(例如绿色航运走廊),以确保在"能源-港口-航运"关系上进行有效合作;
- 拟议的行动、倡议和投资的总和如何协同作用,以创造更大的海上减排。除了制定切实可行的前瞻性计划外,共同设计过程还将增进政府和行业利益相关者之间的理解,从而持续加强合作。

2)战略框架

认识到海上排放的跨国性质,调查、讨论、咨询和政策行动的范围将采取"能源-港口-航运"的方法。这种方法将寻求利用国内脱碳活动来支持国际行动和参与。MERNAP 将考虑从港口到海上的海事部门的所有方面。MERNAP还将关注能源供应链,将燃料运输到港口场地用于加油。该计划将不包括燃料的生产,或将燃料作为商品出口。这些领域为其他现有的政府举措所涵盖。

政府酝酿主导的举措:

- 激励开发和采用替代性低排放和零排放燃料;
- 投资于创新海事技术的研究和开发;
- 调查并确定海事部门内成本最低的减排领域;
- 为国内海事部门实施碳定价、排放交易或排放监管计划;
- 投资发展绿色港口并促进陆上电力供应利用可再生能源;
- 与国际组织建立伙伴关系,推动全球减排努力;
- 为利用节能技术改造现有船舶提供财政支持;
- 通过区域合作鼓励建设绿色航运走廊;
- 确保政府投资带来更广泛的社会效益。

行业主导的举措:

- 采用节能或低排放的船舶设计和技术来减少燃料消耗和排放;

- 与替代燃料供应商合作,建立清洁的船用燃料供应链;

- 部署可再生能源解决方案为港口和港口设备提供动力;

- 实施自愿减速举措以减少排放;

- 与研究机构合作探索和开发替代船用燃料;

- 制定行业主导的减排目标并监测进展情况;

- 参与知识共享和协作平台,推广绿色航运的最佳实践;

- 设定追求对环境负责的运营认证和认可计划;

- 投资于与可持续航运实践相关的船员培训和技能发展。

1.9 国际组织

1.9.1 国际海事组织(IMO)

1.《国际防止船舶造成污染公约》(MARPOL)(EEDI 和 SEEMP)

国际海事组织(International Maritime Organization,IMO)是联合国负责海上航行安全和防止船舶造成海洋污染的一个专门机构,总部设在英国伦敦。1948 年在联合国支持下召开,通过了《政府间海事协商组织公约》,1959年 1 月 6 日在英国伦敦正式成立政府间海事协商组织(IMCO),并召开了第一届大会。1982 年 5 月 22 日改名为"国际海事组织"。截至 2014 年 8 月,IMO 已有 170 个成员国和 3 个联系会员。而中国于 1973 年开始成为会员国,正式参加 IMCO 活动。国际海事组织运作之初,主要致力于创制有关海上安全和防止海洋污染的国际公约。到 20 世纪晚期,这一工作已基本上完成,此后,国际海事组织的工作主要集中于不断地发展海运业的国际立法以及促进更多的国家通过这些方法。目前该组织的工作重点是保证以及促进更多的国家通过这些立法。目前该组织的工作重点是保证《国际海事组织公约》及其他条约被已经接受的国家正确地履行。该组织的主要活动是召开全体成员国大会,制定和修改有关海上安全、防止海洋污染、便利海上运输和提高航行效率及与此有关的海事责任方面的公约、规则、议定书和建议案,交流在上述事项方面的实际经验,研究相关海事报告,利用联合国开发计划署等国际组织提供的经费和捐助国的捐款,向发展中国家提供技术援助;召开各委员会会议,研究与各专业委员会业务有关的事务并提出建议。

1973 年 IMO 通过了《国际防止船舶造成污染公约》,俗称《防污公约》。从一开始,《防污公约》就不仅应对由船舶造成的石油污染(附件一),也应对:批量运输的有毒液体物质,如化学品(附件二);以包装形式运输的有害物质(附件三);排入海洋的污水(附件四);以及船舶产生的垃圾(附件五)。附件五包含禁止船舶排放垃圾的一般性条款,塑料排放则遭到全球适用的全面禁令禁止。之后,在 1997 年,海事组织在《防污公约》中新增了附件六,应对船舶造成的大气污染。如今,附件六主要应对硫及其他有害排放造成的空气污染,如氮氧化物和微粒物质。2011 年,海事组织成为第一个推动运输行业通过并接受具有全球约束力的节能要求的国际监管机构。这些要求适用于全球所有船舶,不论交易模式或船旗国,旨在减少国际航运造成的温室气体排放。

《防污公约》附件六也包含关于臭氧消耗物质、挥发性有机化合物、船载焚烧炉、接收设备及燃料油质量的法规。所有这些措施对大气环境以及对居住在或靠近港口城市和沿海社区的人口健康具有显著的积极影响。《防污公约》附件六指定了氧化硫和氧化氮的排放控制区,将燃料油中排放的硫含量上限定为 0.10%(m/m)。排放控制区之外的全球硫含量排放上限将从 3.5%(m/m)下降到 0.50%(m/m),并于 2020 年 1 月 1 日生效,这更表明了海事组织决心保证航运行业履行其环境义务。经过扩充、修订和更新的《防污公约》仍是当今致力于防止船舶由于作业或事故原因而造成海洋和大气污染的最重要且最全面的国际条约。《防污公约》为显著、持续减少船舶造成的污染奠定了坚实的基础,如今仍然具有重大意义。

《防污公约》也认识到,由于特别海区的生态条件和海上交通,需要实施更为严格的特别海区管理和保护。目前共有 19 个特别海区,包括封闭海和半封闭海,如地中海、波罗的海、黑海和红海地区,以及更开阔的海洋,如南非南部海域和欧洲西部海域。设定特别海区,辅之全球监管,明确表明了海事组织对保护和保存世界海洋作为生命支持系统的重要性有着高度的认识和完全的承诺。

2. 国际海事组织温室气体战略

2018 年,国际海事组织推出了全球航运业温室气体减排战略规定。按照计划,到 2030 年,国际航运业碳强度将比 2008 年至少下降 40%,到 2050 年,碳强度下降幅度将达到 70%,温室气体总排放量至少下降 50%。2023 年,国际海事组织通过了 2023 年温室气体战略,为国际航运温室气体减排设定了新的愿景目标和指标性校核点。新的目标明确,国际航运温室气体排放应尽快达峰,并到 2050 年或 2050 年左右(接近 2050 年)达到净零排放,"2023 战略"还指出到 2030 年,零/近零排放技术、燃料和/或能源在国际航运总用能中的占比至少达到 5%,并力争达到 10%。与此同时,"2023 战略"设定了两个"指标性校核点",即:到 2030 年,国际航运温室气体年度排放总量相比 2008 年至少降低 20%,并力争降低 30%;到 2040 年,国际航运温室气体年度排放总量相比 2008 年应至少降低 70%,并力争降低 80%。2028 年,国际海事组织还将视情对战略目标进行修订(见图 1-2)。

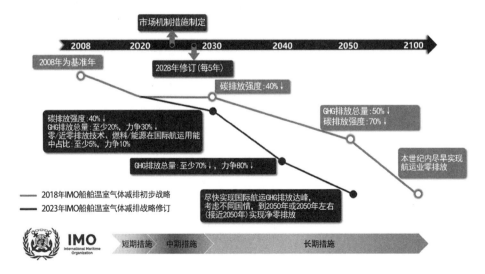

图 1-2 国际海事组织温室气体战略对比

1.9.2　国际港口协会(IAPH)

国际港口协会(IAPH)是一个非政府组织(NGO),总部设在日本东京。1955 年 11 月,约 100 名世界港口领导人聚集在洛杉矶,宣布成立 IAPH。在过去的六十年中,IAPH 已发展成为一个全球港口联盟,截至 2022 年 8 月 31 日,它吸纳了 84 个国家的 168 个港口和 134 个港口相关企业。各成员港口共同处理全球 60%以上的海上贸易和 60%以上的集装箱运输量。为使 IAPH 的工作章程与其成员更相关,并在世界港口和海事界得到更广泛的推广,它于 2016 年通过了新章程。IAPH 致力于推动港口和航运业的发展与协作。该协会在全球范围内拥有广泛的成员,涵盖了世界上大多数主要港口,是国际海事领域的重要"声音",为全球港口绿色可持续发展和更高效运营作出积极贡献。

世界港口可持续发展计划(World Ports Sustainability Program,WPSP)是 2017 年 5 月 12 日,国际港口协会发起设立的,旨在展示港口在为联合国可持续发展目标作出贡献方面的全球领导地位。该计划希望赋予全球港口社区参与者权利,使其能够与企业、政府和社会利益相关者合作,为当地社区和港口所在的更广泛地区创造可持续的附加值。在联合国 17 个可持续发展目标(SDGS)的指导下,该计划希望加强和协调全球港口未来的可持续发展工作,并促进与供应链合作伙伴的国际合作。世界港口可持续发展计划建立在 IAPH 于 2008 年启动的"世界港口气候倡议"(WPCI)的基础上,并将其扩展到可持续发展的其他领域。美国港务局协会(AAPA)、欧洲海港组织(ESPO)、AIVP(全球港口城市网络)和世界水上交通基础设施协会(PIANC)签约成为世界港口可持续发展计划的创始合作伙伴。

WPSP 建立并维持了一个全球最佳做法图书馆;它为作为合作伙伴加入该计划的国际港口相关组织的项目和倡议提供了一个门户;它发挥着智囊团和新合作项目的温床的作用,并将定期报告全球港口部门的可持续发展表现。该计划围绕五个主题制定。

(1)有弹性的基础设施。港口和与港口有关的基础设施旨在预测海上运输和陆上物流的需求,能够适应气候变化和天气条件的变化,并与当地社区、自然和遗产和谐发展。潜在主题包括:港口规划和设计、公私伙伴关系、融资、数字化和自动化、气候适应力、与自然合作、生态系统管理。

(2)气候和能源。港口遵守《巴黎协定》气候目标,旨在将全球变暖控制在2℃以内。在世界港口气候倡议的成果基础上,港口社区参与者可以合作改进和开发工具,以促进减少航运、港口和陆侧运营的二氧化碳排放。此外,他们可以采取措施促进能源转型,改善空气质量并刺激循环经济。潜在主题包括:能源效率、循环经济、生物基经济、可再生能源、二氧化碳和基础设施、清洁船舶激励措施、替代运输燃料的部署。

(3)社区外展和港口城市对话。港口社区参与者可以发挥协同作用,解决港口区域内外的集体经济问题,例如腹地瓶颈、培训和教育、IT、营销和推广以及创新和国际化。同样地,港口社区参与者努力与城市利益相关者进行对话,以提供创新的交叉服务,从而提高港口城市的吸引力和复原力。潜在主题包括:利益相关者管理、可持续性报告、社区发展、城市与港口的关系、就业、教育、空间规划、港口性质、港口文化、港口运营的外部性。

(4)安全和保障。在港口,在确保港口内船舶和货物业务的安全和保障以及执行这些领域的适用法律和法规方面,存在着混合的监管义务和责任。随着全球恐怖主义和数字化的发展,安全问题已经获得了一个全新的维度。潜在主题包括:网络安全、关键基础设施保护、国际船舶和港口设施保安规则(ISPS)、航海安全、劳动安全、责任关怀。

(5)治理和道德。无论港务局的所有权如何,都越来越多地采用良好的公司治理原则。此外,应鼓励所有港口社区行为者坚持高标准的道德操守和透明度。潜在主题包括:透明度、诚信、平等权利和机会、公平贸易、反腐败、负责任的供应链。

1.9.3 欧洲海港组织(ESPO)

欧洲海港组织(European Sea Ports Organization,ESPO)是欧洲海港与欧洲机构及其政策制定者之间的主要接口。ESPO成立于1993年,在欧盟政治层面上代表欧盟 22 个成员国和挪威海港的港务局、港口协会和港口管理机构。ESPO 还有六个观察员成员：阿尔巴尼亚、冰岛、以色列、黑山、乌克兰和英国联合王国。作为欧洲运输政策制定者在布鲁塞尔的第一站，ESPO 是一个知识网络，推动港口表现得更好。在环境管理方面，ESPO 协调港口部门的协作努力，以制定监测、环境保护和可持续性政策。为让港口积极主动关注环境问题和履行环境责任，ESPO 特别发布一个环境实施法则，并要求所有成员国签署，继而成立专门检查环境政策和实施方式的委员会。各个签署的成员国也草拟和执行各自的环境计划，并且成为其他成员国的参考。该欧洲生态港项目得到欧盟委员会理事会资助，项目预算大约 41 亿欧元，其中欧盟委员会资助 27 亿欧元。

在欧洲生态港认证体系（EcoPorts' environmental management standard，简称 EcoPorts）形成之前，国际上的生态港口管理系统认证主要包括 ISO9001（质量管理）、ISO14001（环境管理）和 OHSAS18001（职业健康与安全管理）3 个认证体系，涵盖了港口营运的质量、环境、安全与健康，从硬体设备到人以及环境的保护层面，但这些认证体系并非专门为港口设计的机制。目前欧美地区真正具有权威性及专门用于绿色港口认证的体系，是由欧盟生态港基金会（EcoPortsFoundation，简称 EPF）主导的欧洲生态港认证机制。EPF 的认证机制包括两个系统：自我诊断方法（Self-Dianogsis Method，简称 SDM）及港口环境审查系统（Port Environmental Review System，简称 PERS），这两项系统均获得欧洲海港组织（ESPO）的支持，并得到北美航运组织的认可。

欧洲生态港认证体系的关注重点随着全球环保形势的变化不断更新，例如 2016 年的 10 项关注重点依次为空气质量、能源消耗、噪声、社区影响、港口固体废物、船舶废物、土地开发等港口发展资源、水环境质量、粉尘和疏浚影响，2018 年度的 10 项关注重点更新为空气质量、能源消耗、噪声、社区影响、土地开发等港口发展资源、气候变化、疏浚影响和港口固体废物。2020 年度 10 项关注重点为空气质量、气候变化、能源效率、噪声、社区影响、船舶废物、水质、港口废弃物、疏浚影响、土地开发等港口发展资源。2022 年度 10 项关注重点为气候变化、空气质量、能源效率、噪声、水质、社区影响、船舶废弃物、港口废弃物、土地开发等港口发展资源、疏浚影响（见图 1-3）。

	1996	2009	2013	2018	2019	2020	2021	2022
1	Port development (water)	Noise	Air quality	Air quality	Air quality	Air quality	Air quality	Climate change
2	Water quality	Air quality	Garbage/Port waste	Energy consumption	Energy consumption	Climate change	Climate change	Air quality
3	Dredging disposal	Garbage/Port waste	Energy consumption	Noise	Climate change	Energy efficiency	Energy efficiency	Energy efficiency
4	Dredging operations	Dredging operations	Noise	Relationship with the local community	Noise	Noise	Noise	Noise
5	Dust	Dredging disposal	Ship waste	Ship waste	Relationship with the local community	Relationship with the local community	Relationship with the local community	Water quality
6	Port development (land related)	Relationship with the local community	Relationship with the local community	Port development (land related)	Ship waste	Ship waste	Water quality	Relationship with the local community
7	Contaminated land	Energy consumption	Dredging operations	Climate change	Garbage/Port waste	Water quality	Ship waste	Ship waste
8	Habitat loss/degradation	Dust	Dust	Water quality	Port development (land related)	Garbage/Port waste	Dredging operations	Garbage/Port waste
9	Traffic volume	Port development (water)	Port development (land related)	Dredging operations	Dredging operations	Dredging operations	Port development (land related)	Port development (land related)
10	Industrial effluent	Port development (land related)	Water quality	Garbage/Port waste	Water quality	Port development (land related)	Garbage/Port waste	Dredging operations

图 1-3 欧洲生态港认证体系关注重点变化趋势

1.9.4 北美绿色航运协会(GM)

2007 年由美国和加拿大的航运公司发起成立的北美绿色航运协会(Green Marine,简称 GM)创建了北美绿色航运计划(Green Marine Environmental Program,简称 GMEP),GMEP 体系提供了一个减少航运业对环境影响的框架,该项目的参与者需要针对特定环境评价指标,保持逐年改进的状态,以保持绿色港口认证许可状态。GMEP 认证参与港口需要完成年度自我评估,并根据评估结果确定不同水平分级(1—5 级),GM 每两年对参与 GMEP 项目的港口开展一次核查认证,以确保认证结果严格规范,每年都会公布认证结果以保证透明公开。GM 得到由环保组织和政府机构组织搭建的多元化网络的支持,从而顺利推进 GMEP 实施(见表 1-3)。

表 1-3　北美绿色航运计划(GMEP)评价体系评估指标

评价指标	船东	港口航道	码头	船厂
废气排放—CO_2	√	√	√	√
废气排放—NO_X	√			
废气排放—SO_X 和 PM	√			
水生生态系统		√		
水生入侵物种	√			
城市影响	√	√	√	√
城市关系		√	√	√
干散货处理和储存		√	√	
环保影响力		√	√	√
含油污水排放	√			
船舶资源循环利用	√			
泄漏预防和雨水管理		√	√	√
水下噪声	√	√		
废弃物管理	√	√	√	√

1.9.5　亚太港口服务组织(APSN)

亚太港口服务组织(APSN)成立于 2008 年 5 月 18 日,是由中国领导人倡议成立的第一个致力于推动亚太地区港口行业发展与合作的国际组织。APSN 旨在通过加强本地区港口行业的经济合作、能力建设、信息交流和人员往来,推动投资和贸易的自由化与便利化,实现亚太经合组织(APEC)成员经济体的共同繁荣。目前,APSN 理事会成员几乎涵盖了 APEC 所有经济体,包括澳大利亚、加拿大、中国、中国香港、印度尼西亚、日本、韩国、马来西亚、巴布亚新几内亚、秘鲁、菲律宾、新西兰、新加坡、俄罗斯、中国台北、泰国、美国和越南 18 个成员。

亚太绿色港口奖励计划（Green Port Award System，简称 GPAS）是由亚太港口服务组织制定的一个针对亚太港口的绿色港口评估机制。亚太绿色港口奖励计划的评价体系，重点关注申请单位建设绿色港口的承诺和意愿、行动和实施情况以及实施效率效果 3 个领域（见表 1-4）。

表 1-4　亚太绿色港口奖励计划评价体系、评估指标及权重

一级指标		二级指标	
名称	权重	名称	权重
承诺和意愿	25%	绿色港口发展意识和意愿	60%
		绿色港口宣传和推广	40%
行动和实施	50%	清洁能源	15%
		节能措施	30%
		环保措施	40%
		绿色管理	15%
效率和效果	25%	节能表现	40%
		环保表现	60%

第 2 章
国内港口脱碳政策

2.1 我国"双碳"战略政策概述

2.1.1 我国低碳政策发展沿革

1. 低碳发展重点政策

自 1992 年起,中国便以前瞻性的姿态,成为最早签署《联合国气候变化框架公约》(UNFCCC)的国家之一,彰显了其在全球气候治理中的积极立场。随后,中国不仅建立了国家层面的气候变化对策协调机制,还紧密围绕国家可持续发展战略,部署了一系列旨在减缓和适应气候变化的政策措施,为全球气候治理贡献了中国智慧与力量。

中国始终秉持共同但有区别的责任原则、公平原则和各自能力原则,坚定维护发展中国家权益,积极参与全球气候治理进程。2002 年,中国正式核准《京都议定书》,进一步体现了其参与国际合作、共同应对气候变化的决心。2007 年,中国发布《中国应对气候变化国家方案》,明确了阶段性减排目标,并配套出台了《中国应对气候变化科技专项行动》,旨在通过科技创新提升应对气候变化能力,规划至 2020 年的科技发展蓝图。

进入 21 世纪第二个十年,中国在气候治理领域的举措更加系统化和具体化。2013 年,《国家适应气候变化战略》的发布,标志着中国在适应气候变化方面迈出了重要一步,制度与政策体系更加完善。2015 年,中国向国际社会提交了《强化应对气候变化行动——中国国家自主贡献》文件,明确了 2030 年前的一系列雄心勃勃的气候目标,展现了负责任大国的担当。这些目标不仅涵盖了碳排放峰值、能源结构调整、森林蓄积量增加等关键领域,还强调了适应气候变化、提升防灾减灾能力的重要性。

在《巴黎协定》的谈判与落实过程中,中国发挥了不可或缺的推动作用,为发展中国家争取了更多权益。中国不仅是首批签署并推动《巴黎协定》的国家之一,还提前超额完成了 2020 年气候行动目标,为全球气候治理树立了典范。通过大力发展风能、光伏和电动车产业,中国不仅促进了自身经济的绿色低碳转型,还为全球提供了高质量的可再生能源产品,增强了全球实现能源革命和应对气候变化的信心。

2020 年,习近平主席在第七十五届联合国大会一般性辩论上的讲话中宣布了中国的新气候目标,即力争 2030 年前实现碳达峰、2060 年前实现碳中和,标志着中国正式迈入"双碳"时代。这一宣示不仅体现了中国对全球气候治理的坚定承诺,也为中国乃至全球的绿色低碳发展指明了方向。中国正以实际行动,引领全球向更加清洁、低碳、可持续的未来迈进。

2. 低碳政策演变特点

1) 政策重心逐步转移

在 2007 年至 2021 年的十四年间,我国构建了一个涵盖广泛、种类繁多的低碳发展政策体系,总计出台了 168 项相关政策,彰显了国家对推动绿色低碳转型的坚定决心。具体而言,这一政策体系在"十二五"与"十三五"两个关键阶段展现出了不同的侧重点与发展趋势。

"十二五"期间(2011—2015 年),我国共发布了 32 项低碳发展政策,主要聚焦于能效提升领域,这一领域的政策占比高达 56%,反映了当时我国节能减排潜力巨大,通过提高能效是实现低碳目标的重要途径。

进入"十三五"时期(2016—2020 年),低碳政策的数量显著跃升,达到了

106 项,是"十二五"期间的三倍有余,显示出我国在低碳发展道路上加速前行的步伐。此时,政策重心逐步向能源结构调整转移,相关政策的占比攀升至59%,这一转变紧密关联于我国低碳发展的潜力变化与技术进步的新趋势。随着节能提效的空间逐渐缩小,新能源(包括可再生能源)与新能源汽车技术的快速发展与成熟,为能源结构的优化调整提供了强大动力,进而推动了相应政策的密集出台。这一系列变化不仅促进了我国能源体系的绿色转型,也为全球低碳发展贡献了宝贵的中国经验。

2) 政府调控与市场手段相结合

从政策架构的视角审视,我国低碳政策体系的核心主要由国务院及其各组成部门发布的战略规划、政策指导性文件及行业标准所构成。过去,我国在推动低碳发展的过程中,长期依赖于行政指令的强制力作为主要驱动力,特别是在"十一五"期间,节能目标责任制的深入实施,成为驱动能源强度显著下降的关键因素之一。

然而,随着时代的变迁与低碳发展实践的深化,我国政策制定逐渐转向更加注重市场机制的有效运用,力求在保障政策目标实现的同时,激发市场主体的内在活力与创新能力。自"十三五"规划实施以来,一系列旨在强化市场功能的政策措施相继出台,包括但不限于建立国家绿色技术交易中心、优化抽水蓄能价格形成机制,以及通过加大金融支持力度以促进风电、光伏等可再生能源产业的蓬勃发展。这些政策不仅体现了我国在低碳转型道路上策略的调整与深化,也实际取得了显著的成效,为推动我国经济社会绿色低碳发展奠定了坚实的基础。

3) 科技创新政策缺乏统筹

目前,我国在推动低碳科技创新的政策制定上虽已取得一定进展,但相关政策内容仍较为分散,尚未构建起一个系统、协同的低碳科技创新政策体系。这一现状主要体现在两个方面:

一是,尽管几乎所有涉及低碳发展的政策文件都或多或少地提及了科技创新的重要性,并为此作出了相应的规划与安排,但这些政策之间往往缺乏有效的沟通与衔接机制,导致它们在实施过程中难以形成合力,影响了低碳科技创新的整体效能。这种政策间的孤立性,不仅使得科技创新资源难以得到高效配置,也可能造成重复建设或资源浪费的现象。

二是,从科技创新政策的层面来看,目前尚未有针对低碳发展的全面、系统的统筹安排。以《国家重大科技基础设施建设中长期规划(2012—2030年)》为例,该规划虽然明确了核能、化石能源、可再生能源等领域的重大科技基础设施布局,但在储能、智能电网等同样对低碳发展至关重要的领域却鲜有涉及。这种政策覆盖的不完整性,反映出科技政策与低碳政策之间在融合形式上的欠缺,限制了科技创新在推动低碳发展方面的潜力释放。

2.1.2 我国"双碳"政策框架体系

1. "1+N"政策体系

"双碳"目标提出以来,我国立足能源资源禀赋,坚持先立后破,构建起目标明确、分工合理、措施有力、衔接有序的碳达峰碳中和"1+N"政策体系。其中,"1"是国家层面相继发布的《中共中央 国务院关于完整准确全面贯彻新发展理念做好碳达峰碳中和工作的意见》(以下简称《意见》)和《2030年前碳达峰行动方案》(以下简称《方案》),作为"1+N"政策体系的顶层设计;"N"是包括能源、工业、交通运输、城乡建设等12份分领域分行业碳达峰实施方案,以及科技支撑、能源保障、碳汇能力、财政金融价格政策、标准计量体系、督察考核等11份保障方案。此外,31个省、自治区、直辖市制定了本地区碳达峰实施方案,"双碳"政策体系构建完成并持续落实(见图2-1)。

2. "1+N"政策体系之"1"

《中共中央 国务院关于完整准确全面贯彻新发展理念做好碳达峰碳中和工作的意见》(以下简称《意见》)和《2030年前碳达峰行动方案》(以下简称《方案》)作为顶层设计文件先后于2021年10月24日、10月26日印发,是"双碳""1+N"政策体系中的"1"。

1)《意见》主要内容

《意见》提出了构建绿色低碳循环发展经济体系、提升能源利用效率、提

图 2-1 我国碳达峰碳中和"1+N"政策体系示意图

高非化石能源消费比重、降低二氧化碳排放水平、提升生态系统碳汇能力五个方面主要目标。

（1）到 2025 年,绿色低碳循环发展的经济体系初步形成,重点行业能源利用效率大幅提升。单位国内生产总值能耗比 2020 年下降 13.5%;单位国内生产总值二氧化碳排放比 2020 年下降 18%;非化石能源消费比重达到 20% 左右;森林覆盖率达到 24.1%,森林蓄积量达到 180 亿立方米,为实现碳达峰、碳中和奠定坚实基础。

（2）到 2030 年,经济社会发展全面绿色转型取得显著成效,重点耗能行业能源利用效率达到国际先进水平。单位国内生产总值能耗大幅下降;单位国内生产总值二氧化碳排放比 2005 年下降 65% 以上;非化石能源消费比重达到 25% 左右,风电、太阳能发电总装机容量达到 12 亿千瓦以上;森林覆盖率达到 25% 左右,森林蓄积量达到 190 亿立方米,二氧化碳排放量达到峰值并实现稳中有降。

（3）到 2060 年,绿色低碳循环发展的经济体系和清洁低碳安全高效的能源体系全面建立,能源利用效率达到国际先进水平,非化石能源消费比重达到 80%以上,碳中和目标顺利实现,生态文明建设取得丰硕成果,开创人与自然和谐共生新境界。

为了实现这一系列目标,《意见》提出了 10 个方面、31 项重点任务。

(1)推进经济社会发展全面绿色转型,强化绿色低碳发展规划引领,优化绿色低碳发展区域布局,加快形成绿色生产生活方式。

(2)深度调整产业结构,加快推进农业、工业、服务业绿色低碳转型,坚决遏制高耗能高排放项目盲目发展,大力发展绿色低碳产业。

(3)加快构建清洁低碳安全高效能源体系,强化能源消费强度和总量双控,大幅提升能源利用效率,严格控制化石能源消费,积极发展非化石能源,深化能源体制机制改革。

(4)加快推进低碳交通运输体系建设,优化交通运输结构,推广节能低碳型交通工具,积极引导低碳出行。

(5)提升城乡建设绿色低碳发展质量,推进城乡建设和管理模式低碳转型,大力发展节能低碳建筑,加快优化建筑用能结构。

(6)加强绿色低碳重大科技攻关和推广应用,强化基础研究和前沿技术布局,加快先进适用技术研发和推广。

(7)持续巩固提升碳汇能力,巩固生态系统碳汇能力,提升生态系统碳汇增量。

(8)提高对外开放绿色低碳发展水平,加快建立绿色贸易体系,推进绿色"一带一路"建设,加强国际交流与合作。

(9)健全法律法规标准和统计监测体系,完善标准计量体系,提升统计监测能力。

(10)完善投资、金融、财税、价格等政策体系,推进碳排放权交易、用能权交易等市场化机制建设。

2)《方案》主要内容

《方案》聚焦"十四五"和"十五五"两个碳达峰关键期,提出了提高非化石能源消费比重、提升能源利用效率、降低二氧化碳排放水平等方面主要目标。比如,到 2025 年,非化石能源消费比重达到 20%左右,单位国内生产总值能源消耗比 2020 年下降 13.5%,单位国内生产总值二氧化碳排放比 2020 年下降 18%,为实现碳达峰奠定坚实基础。到 2030 年,非化石能源消费比重达到 25% 左右,单位国内生产总值二氧化碳排放比 2005 年下降 65% 以上,顺利实现 2030 年前碳达峰目标。

《方案》提出,将碳达峰贯穿于经济社会发展全过程和各方面,重点实施"碳达峰十大行动"。

(1) 能源绿色低碳转型行动。推进煤炭消费替代和转型升级,大力发展新能源,因地制宜开发水电,积极安全有序发展核电,合理调控油气消费,加快建设新型电力系统。

(2) 节能降碳增效行动。全面提升节能管理能力,实施节能降碳重点工程,推进重点用能设备节能增效,加强新型基础设施节能降碳。

(3) 工业领域碳达峰行动。推动工业领域绿色低碳发展,实现钢铁、有色金属、建材、石化化工等行业碳达峰,坚决遏制高耗能高排放项目盲目发展。

(4) 城乡建设碳达峰行动。推进城乡建设绿色低碳转型,加快提升建筑能效水平,加快优化建筑用能结构,推进农村建设和用能低碳转型。

(5) 交通运输绿色低碳行动。推动运输工具装备低碳转型,构建绿色高效交通运输体系,加快绿色交通基础设施建设。

(6) 循环经济助力降碳行动。推进产业园区循环化发展,加强大宗固废综合利用,健全资源循环利用体系,大力推进生活垃圾减量化资源化。

(7) 绿色低碳科技创新行动。完善创新体制机制,加强创新能力建设和人才培养,强化应用基础研究,加快先进适用技术研发和推广应用。

(8) 碳汇能力巩固提升行动。巩固生态系统固碳作用,提升生态系统碳汇能力,加强生态系统碳汇基础支撑,推进农业农村减排固碳。

(9) 绿色低碳全民行动。加强生态文明宣传教育,推广绿色低碳生活方式,引导企业履行社会责任,强化领导干部培训。

(10) 各地区梯次有序碳达峰行动。科学合理确定有序达峰目标,因地制宜推进绿色低碳发展,上下联动制定地方达峰方案,组织开展碳达峰试点建设。

3)《意见》和《方案》综合分析

两大顶层设计文件最大的亮点在于目标更为清晰、概念把握越发明确、路径方案加速落地。对之前出现的"运动式""冲锋式"减碳作出回应,同时纠正以偏概全、曲解目标的情况。相较于"低碳"时代,"双碳"的政策体系不再局限于保护环境、防治污染等领域,而是将"双碳"作为一场社会性的革命,将其纳入经济社会发展全局中去,从顶层设计文件中我们可以看到"1 + N"政策体系涵盖了社会发展各大方面,明确处理了局部与整体、近期与远期、发展与减排的关系。两大顶层设计文件共同确定了中国碳达峰碳中和主要目标(见表 2-1)。

表 2-1　中国碳达峰碳中和主要目标

主要目标	2025 年	2030 年	2060 年
单位国内生产总值能耗下降(%)	13.5	大幅下降	—
单位国内生产总值二氧化碳排放下降(%)	18	65 以上	—
非化石能源消费比重(%)	20 左右	25 左右	80 以上
森林覆盖率(%)	24.1	25 左右	—
森林蓄积量(亿立方米)	180	190	—
其他	—	风电、太阳能发电总装机容量达到 12 亿千瓦以上;二氧化碳排放量达到峰值并实现稳中有降	碳中和目标顺利实现

　　《意见》和《方案》在重点任务方向上一致,但是在任务的编排顺序上有所不同。《意见》是对碳达峰、碳中和两个阶段工作的整体部署,因此《意见》更多明确的是国家实现碳达峰和碳中和两个目标的步调,更多体现的是国家对于本项工作安排的整体框架和逻辑。《方案》是对《意见》的具体部署和落实,因此,其主要明确的是我国为实现 2030 碳达峰阶段目标需要完成的重点任务和实现的主要目标。考虑能源、工业排放占我国排放的大头,是碳达峰之前的重点领域,所以《方案》在内容编排上,将能源绿色低碳转型、节能降碳增效及工业领域碳达峰行动放在了文本最靠前、最显著的位置,再一次旗帜鲜明地明确了开展以上三项工作,是保障我国实现 2030 年前碳达峰目标最主要也

是最重要的任务。而未来要实现碳中和,"经济社会发展全面绿色转型""深度调整产业结构"是基础,将深刻影响我国经济、社会的发展,需要全民进行长期卓绝的努力。另外,需要关注的是,《方案》对"碳达峰十大行动"在最后提出"各地区梯次有序碳达峰行动",不仅给各级政府及社会各界吃了一颗保发展的"定心丸",也再一次强调绝不能出现"一刀切"限电限产和"运动式"减碳,碳达峰工作的开展是要在分类施策,在保障高质量发展的前提下,有层次、分阶段、科学制定发展目标,积极培育绿色发展动能,探索绿色发展机遇,在有序完成碳达峰工作的同时,实现经济社会全面高质量发展。

3. "1＋N"政策体系之"N"

部委层面出台的"双碳"重点领域、重点行业实施方案及相关支撑保障方案,对应"双碳""1＋N"政策体系中的"N"。其中,重点领域包括能源、工业、交通运输、城乡建设、农业农村、减污降碳等;重点行业包括煤炭、石油、天然气、钢铁、有色金属、石化化工、建材等;支撑保障涉及法律法规、财政税收、金融支持、市场体制、科技创新、统计核算等。

1) 重点领域

"双碳"目标提出后,国家发展改革委、生态环境部、自然资源部、国家能源局、工业和信息化部、住房和城乡建设部、农业农村部、交通运输部等多个部委,针对能源、工业、交通运输、城乡建设、农业农村、循环经济、生态碳汇、减污降碳、全民行动等重点领域,提出了碳达峰重点任务和措施。同时,强化务实行动,有力有序有效推进各项重点工作(见表 2-2)。

表 2-2　中国重点领域"双碳"任务和措施

序号	重点领域	重点任务和措施
1	能源	■ 大力发展非石化能源 ■ 化石能源清洁高效利用 ■ 构建新能源占比逐渐提高的新型电力系统 ■ 氢能产业和储能技术 ■ 能源绿色低碳转型体制机制 ■ 标准化提升

(续表)

序号	重点领域	重点任务和措施
2	工业	■ 产业结构优化调整 ■ 节能和循环促进能效提升 ■ 加强完善绿色制造体系
3	交通运输	■ 优化交通运输结构 ■ 推广节能低碳型交通工具 ■ 绿色交通基础设施建设
4	城乡建设	■ 绿色低碳城市、县城和乡村 ■ 绿色低碳建筑 ■ 建筑节能 ■ 农村能源转型
5	农业农村	■ 推广清洁能源 ■ 优化农业产业结构 ■ 低碳技术研发和应用
6	循环经济	■ 废旧物资循环利用 ■ 行业废弃物循环利用和资源化利用 ■ 农业循环经济 ■ 塑料污染治理和过度包装等
7	生态碳汇	■ 生态补偿制度改革 ■ 生态保护和修复 ■ 生态产品价值实现机制 ■ 碳汇核算 ■ 国土绿化
8	全民行动	■ 公共机构节能降碳 ■ 引导企业做好"双碳"工作 ■ 倡导公众参与和绿色消费 ■ 加强人才培养
9	减污降碳	■ 加强源头防控协同 ■ 突出重点领域协同 ■ 加强环境治理协同 ■ 创新管理模式协同

2）重点行业

中国坚持分业施策、持续推进,降低碳排放强度,控制碳排放量。提出开展重点行业碳达峰行动,制定钢铁、建材、石化化工、有色金属等行业碳达峰实施方案或指导意见,明确了碳达峰路径。此外,还推动制定消费品、装备制造、电子等行业的低碳发展路线图(见表2-3)。

表 2-3　中国重点行业"双碳"任务和措施

序号	重点行业	重点任务和措施
1	钢铁	■ 深化供给侧结构性改革 ■ 持续深化工艺流程结构 ■ 创新发展绿色低碳技术 ■ 共建绿色低碳产业链
2	建材	■ 强化总量控制 ■ 推动原料替代 ■ 转换用能结构 ■ 加快技术创新
3	石化化工	■ 提高低碳原料比重 ■ 合理控制煤制油气产能规模 ■ 开发可再生能源制取高值化学品技术 ■ 推广应用绿色低碳技术装备
4	有色金属	■ 优化冶炼产能规模 ■ 调整优化产业结构 ■ 强化技术节能降碳 ■ 推进清洁能源替代 ■ 建设绿色制造体系

3）支撑保障

为确保"双碳"目标顺利实现，生态环境部、财政部、科技部、国家统计局、市场监管总局等，围绕法律法规、财政金融、市场体制、科技创新、统计核算等重点方面，制定了一系列制度保障和政策支撑，为推动"双碳"工作任务落地见效提供了有力保障（见表 2-4）。

表 2-4　中国"双碳"支撑保障方面重点任务和措施

序号	重点方面	重点任务和措施
1	法律法规	■ 为积极稳妥推进碳达峰碳中和提供司法服务 ■ 修订污染防治、自然资源、能源等现有相关法律 ■ 加快制定应对气候变化法等综合性法律法规
2	财政金融	■ 加大财政资金支持力度 ■ 扩大政府绿色采购覆盖范围 ■ 落实税收优惠政策 ■ 给予专项贷款 ■ 促进绿色债券、绿色信贷、绿色保险、绿色基金等绿色金融产品和市场发展

(续表)

序号	重点方面	重点任务和措施
3	市场机制	■ 施行《碳排放权交易管理暂行条例》和《温室气体自愿减排交易管理办法(试行)》 ■ 建立完善碳排放权登记、交易、结算、企业温室气体排放、报告、核查等配套制度 ■ 加快制定完善《温室气体自愿减排交易管理办法(试行)》相关配套技术规范 ■ 对绿色电力交易和电力市场运行等进行指导
4	科技创新	■ 加强基础研究 ■ 强化技术研发 ■ 加大应用示范 ■ 进行成果推广 ■ 加强人才培养
5	国际合作	■ 深度参与全球气候治理 ■ 加强能源领域合作 ■ 加强低碳科技创新合作 ■ 开展绿色经贸、金融等国际合作 ■ 加强低碳标准和碳计量等方面合作

2.1.3 我国"双碳"政策主要特点

1. 具有清晰的目标路径

《意见》明确了"双碳"目标的内涵、基本路径和重点任务,为"十四五"规划和"2035年远景目标"提供了指导和保障,为"N"系列政策的制定提供了依据。"双碳"目标是力争于2030年前二氧化碳排放达到峰值,努力争取在2060年前实现碳中和。这是中国对全球气候治理的负责任态度和积极贡献,也是中国绿色发展的战略选择。

基本路径是要优化能源结构和产业结构,提高能源效率和资源利用效率,加强科技创新和人才培养,加强国际合作和社会共治。重点任务是指加强顶层设计和制度建设,制定一系列的"N"政策,即以"N"开头的政策,如能源政策、产业政策、交通政策、建筑政策、农业政策、林业政策等,同时也包括各个地方政府根据当地的条件制定的地方性"双碳"政策。这些政策从不同的角度和层面,对碳排放的源头、过程和终点进行了规划和控制,提出了具体的目标、措施和任务,涵盖了能源供给、能源消费、能源利用、能源存储等环节。

2. 注重系统性和协调性

各部门和地方政府的"N"政策相互补充,形成了系统性的政策体系,为"双碳"目标的实现提供了有力的保障。在实现"双碳"目标的过程中,各部门和地方政府密切合作、相互协调,共同制定和实施相关政策。这些政策相互补充,形成了一个完整的政策体系,涵盖从能源转型到碳减排的各个方面。通过这个系统性的政策体系,中国可以更加全面地推进"双碳"目标的实现,确保各项政策的协同效应和整体效果。同时,这个政策体系也为各部门和地方政府提供了明确的指导,使他们能够有针对性地开展工作。

为了实现"双碳"目标,各部门和地方政府都制定了相应的"N"政策,如能源政策、产业政策、交通政策、建筑政策、农业政策、林业政策等。这些"N"政策相互补充,形成了系统性的政策体系,为"双碳"目标的实现提供了有力的保障。

在主线的指引下,各部门和地方政府根据自身的实际情况和发展需求,提出了更加具体的"双碳"目标,即在什么时间、以什么方式、达到什么程度的碳排放控制和减少。这些具体的"双碳"目标既符合主线的指引,又体现了各部门和地方政府的主动性和创造性。例如,能源部门提出到 2030 年非化石能源占一次能源消费比重达到 25%、风电和太阳能发电装机容量分别达到 12 亿千瓦和 11 亿千瓦的目标;交通部门提出到 2030 年公共交通出行比例达到 40%、新能源汽车占汽车销售比重达到 50% 的目标;北京市提出到 2025 年,全市二氧化碳排放总量比 2015 年下降 20% 以上、单位地区生产总值二氧化碳排放比 2015 年下降 50% 以上的目标;海南省提出到 2030 年全省二氧化碳排放力争于 2025 年前达到峰值、努力争取更早达峰、到 2060 年实现碳中和的目标。这些具体的"双碳"目标为各部门和地方政府的节能降碳工作指明了发展方向、提出了明确的要求,也为全国"双碳"目标的实现提供了有力的支撑和保障。

3. 以引导型措施为主

《意见》作为"1＋N"政策体系的顶层设计,对于配套政策有着纲领性的指导意义。从《意见》的主要内容来看,35 项具体举措中,引导鼓励性质的举措为 30 项,限制型的仅有 5 项。引导鼓励措施包括推广新能源和新技术、提高能源利用效率、推进经济社会发展全面绿色转型等,限制措施主要集中在严格控制化石能源、遏制高耗能高排放项目盲目发展、加快淘汰高耗能高排放老旧车船等方面。在具体措施方面,"1＋N"政策体系中的法规大部分是绝对指标与相对指标相结合,从综合角度促进产业结构升级。绝对指标是指直接衡量和评估目标的数量或质量,如减少碳排放量、提高能源利用效率等;相对指标是指将目标与其他相关指标进行比较和评估,如产业比较、技术进步等。

4. 将总体目标与各个行业具体规划相结合

"1＋N"政策体系中的"N",除了前面提到的中央政策和各个地方政府政策之间的引领及配套,也包括各个行业的政策。在我国,能源、工业、建筑和交通运输是四大重点碳排放行业。《意见》明确要求,制定能源、钢铁、有色金属、石化化工、建材、交通、建筑等行业和领域碳达峰实施方案。对此,《方案》规定的重点任务即"碳达峰十大行动"中,能源领域、工业领域、城乡建设领域以及交通运输领域作为碳排放的重点行业都被纳入。根据《意见》和《方案》的部署,涉及各个领域针对各行业提出具体的碳达峰实施方案,继而各地方的有关部门也结合本地区实际情况制定相应的规划。可以看出,这一系列政策形成了一个从中央到地方、从大类行业到细分行业的围绕不同角度展开的政策体系,便于各执行部门目标明确、有的放矢地推进碳达峰碳中和行动。

此外,在这一整套行业政策体系中,每一个政策都有具体明确的目标指引。如《工业领域碳达峰实施方案》提出,到 2025 年,规模以上工业单位增加值能耗较 2020 年下降 13.5％,确保工业领域二氧化碳排放在 2030 年前达峰。《城乡建设领域碳达峰实施方案》提出,2030 年前城乡建设领域碳排放达到峰值,力争到 2060 年前城乡建设领域全面实现绿色低碳转型。具体指标提到 2025 年城镇新建建筑全面执行绿色建筑标准,星级绿色建筑占比达到

30%以上,新建政府投资公益性公共建筑和大型公共建筑全部达到一星级以上。

2.2　我国交通运输行业脱碳政策概述

2.2.1　交通运输绿色低碳发展政策沿革

交通运输是我国国民经济中基础性、先导性、战略性产业和重要的服务性行业,更是碳排放的重要领域之一。推动交通运输绿色低碳转型一直是政府部门长期推动的一项重要工作。近年来,我国交通运输部门围绕完善低碳发展顶层设计、推广新能源装备设施加快应用、推动运输结构调整、开展绿色出行行动等方面开展了一系列政策布局与行动部署,并取得良好成效。

1. 完善绿色低碳发展顶层设计

交通运输部先后制定《推进交通运输生态文明建设实施方案》《关于全面深入推进绿色交通发展的意见》《交通运输部关于全面加强生态环境保护坚决打好污染防治攻坚战的实施意见》《推进长江经济带绿色航运发展的意见》,联合相关部门印发《绿色出行行动计划(2019—2022 年)》《贯彻落实国务院办公厅〈推进运输结构调整三年行动计划(2018—2020 年)〉的通知》等政策文件,行业绿色发展路径日渐清晰,目标任务要求更加明确。

2. 推广新能源和清洁能源应用

大力推动靠港船舶使用岸电,全国港口岸电设施覆盖泊位约 7 500 个,其中五类专业化泊位(集装箱、客滚、邮轮、3 000 吨级以上客运、5 万吨级以上干散货)岸电设施覆盖率达 75%;2020 年长江经济带岸电使用约 23 万次,用电量约 5 000 万度。积极推进水运行业应用液化天然气(LNG),内河船舶 LNG 加注站达到 20 个,现有 LNG 动力船舶 290 余艘。国家铁路电气化率达到

74.9%。飞机辅助动力装置(APU)替代设施全面使用。全国 31 个省份(21 个省、5 个自治区、4 个直辖市)已有 1 500 对高速公路服务区(含停车区)实现充换电设施覆盖。持续加快新能源汽车推广应用,公交、出租和城市物流配送新能源汽车数量分别达到 40.9 万辆、14.2 万辆和 43 万辆。港口新增及更新机械设备优先使用新能源或清洁能源。公路建设施工期集中供电技术应用率超过 90%。全国高速公路充电站总数超过 2 000 座,充电桩约 8 000 个,覆盖 26 个省、自治区、直辖市的 1 100 余对服务区。积极开展交通运输节能减排试点示范,先后推进 6 批共 130 个部级节能减排示范项目,深入开展"车船路港"千家企业低碳交通运输专项行动。发布了 2016 年度、2019 年度交通运输行业重点节能低碳技术推广目录。组织开展绿色交通省(城市)、绿色公路、绿色港口等示范工程,年节能量超过 63 万吨标准煤,逐步形成了一套绿色交通发展的管理理念和模式。交通运输能源消耗和碳排放强度持续下降,与 2015 年相比,2020 年交通运输二氧化碳排放强度下降 7.5%。

3. 推动运输结构调整

深入实施铁路运能提升、水运系统升级等"六大行动",推进大宗货物及中长距离货物运输向铁路和水运有序转移。落实《"十三五"港口集疏运系统建设方案》,加快集疏港铁路和铁路专用线建设。环渤海、长三角地区等 17 个沿海主要港口矿石疏港采用铁路、水运和皮带运输的比例比 2017 年提高约 20%,截至 2023 年底,全国铁路货运量 50.1 亿吨,水路货运量 93.67 亿吨。先后组织实施了四批共 11 670 个多式联运示范工程,三批共 77 个城市绿色货运配送示范工程创建。2023 年全国港口完成集装箱铁水联运量 11 702 万标箱。

4. 推广绿色出行

倡导绿色出行理念,发挥政府、企业、社会组织等多元主体作用,提高公众对绿色出行方式的认知度和接受度,推动形成绿色发展方式和生活方式。制定了《绿色出行行动计划(2019—2022 年)》,开展绿色出行创建行动,逐步构建以轨道交通为骨干、地面公交为主体、社区公交、定制公交、慢行交通等多样化绿色出行体系,全国已有 109 个城市开展绿色出行创建行动。2020—2023 年,新增地铁运营里程超 3 000 公里,全国城市轨道交通日均客运量突破 1 亿人次。截至 2023 年,共有 55 个城市开通运营城市轨道交通线路 306 条,运营里程 10 165.7 公里,车站 5 897 座;出租车、网约车新能源比例分别达 60% 和 40%;全国建成公共充电桩超 200 万台,车桩比达 2.5∶1,超 80% 高速公路服务区覆盖快充桩。许多城市开展改造提升城市慢行系统行动,例如北京建成超 1.2 万公里自行车道,上海打造"15 分钟社区生活圈"。

2.2.2　现阶段交通运输脱碳政策重点

1. 国家层面

1)《中共中央　国务院关于完整准确全面贯彻新发展理念做好碳达峰碳中和工作的意见》

2021 年 10 月,《中共中央　国务院关于完整准确全面贯彻新发展理念做好碳达峰碳中和工作的意见》印发,作为我国"双碳"战略"1＋N"政策体系中的顶层设计文件,从以下三个方面提出加快推进低碳交通运输体系建设工作部署。

(1) 优化交通运输结构。加快建设综合立体交通网,大力发展多式联运,提高铁路、水路在综合运输中的承运比重,持续降低运输能耗和二氧化碳排放强度。优化客运组织,引导客运企业规模化、集约化经营。加快发展绿色物流,整合运输资源,提高利用效率。

(2) 推广节能低碳型交通工具。加快发展新能源和清洁能源车船,推广智能交通,推进铁路电气化改造,推动加氢站建设,促进船舶靠港使用岸电常态化。加快构建便利高效、适度超前的充换电网络体系。提高燃油车船能效标准,健全交通运输装备能效标识制度,加快淘汰高耗能高排放老旧车船。

(3) 积极引导低碳出行。加快城市轨道交通、公交专用道、快速公交系统等大容量公共交通基础设施建设,加强自行车专用道和行人步道等城市慢行系统建设。综合运用法律、经济、技术、行政等多种手段,加大城市交通拥堵治理力度。

2)《2030 年前碳达峰行动方案》

2021 年 10 月印发的《2030 年前碳达峰行动方案》细化了交通运输行业碳达峰工作目标与具体路径措施,提出加快形成绿色低碳运输方式,确保交通运输领域碳排放增长保持在合理区间。

(1) 推动运输工具装备低碳转型

积极扩大电力、氢能、天然气、先进生物液体燃料等新能源、清洁能源在交通运输领域的应用。大力推广新能源汽车,逐步降低传统燃油汽车在新车产销和汽车保有量中的占比,推动城市公共服务车辆电动化替代,推广电力、氢燃料、液化天然气动力重型货运车辆。提升铁路系统电气化水平。加快老旧船舶更新改造,发展电动、液化天然气动力船舶,深入推进船舶靠港使用岸电,因地制宜开展沿海、内河绿色智能船舶示范应用。提升机场运行电动化智能化水平,发展新能源航空器。到 2030 年,当年新增新能源、清洁能源动力的交通工具比例达到 40%左右,营运交通工具单位换算周转量碳排放强度比 2020 年下降 9.5%左右,国家铁路单位换算周转量综合能耗比 2020 年下降 10%。陆路交通运输石油消费力争 2030 年前达到峰值。

(2) 构建绿色高效交通运输体系

发展智能交通,推动不同运输方式合理分工、有效衔接,降低空载率和不合理客货运周转量。大力发展以铁路、水路为骨干的多式联运,推进工矿企业、港口、物流园区等铁路专用线建设,加快内河高等级航道网建设,加快大宗货物和中长距离货物运输"公转铁""公转水"。加快先进适用技术应用,提升民航运行管理效率,引导航空企业加强智慧运行,实现系统化节能降碳。加快城乡物流配送体系建设,创新绿色低碳、集约高效的配送模式。打造高效衔接、快捷舒适的公共交通服务体系,积极引导公众选择绿色低碳交通方式。"十四五"期间,集装箱铁水联运量年均增长 15%以上。到 2030 年,城区常住人口 100 万以上的城市绿色出行比例不低于 70%。

(3) 加快绿色交通基础设施建设

将绿色低碳理念贯穿于交通基础设施规划、建设、运营和维护全过程,降低全生命周期能耗和碳排放。开展交通基础设施绿色化提升改造,统筹利用综合运输通道线位、土地、空域等资源,加大岸线、锚地等资源整合力度,提高利用效率。有序推进充电桩、配套电网、加注(气)站、加氢站等基础设施建设,提升城市公共交通基础设施水平。到 2030 年,民用运输机场场内车辆装备等力争全面实现电动化。

3)《中共中央　国务院关于加快经济社会发展全面绿色转型的意见》

2024 年 8 月,中共中央、国务院印发《关于加快经济社会发展全面绿色转型的意见》,这是国家层面首次对全面绿色转型进行系统部署,涵盖了区域发展、产业结构、能源、交通运输、城乡建设等不同领域。针对交通运输领域,《关于加快经济社会发展全面绿色转型的意见》从优化交通运输结构、建设绿色交通基础设施、推广低碳交通运输工具三个方面提出绿色转型要求。

(1) 优化交通运输结构。构建绿色高效交通运输体系,完善国家铁路、公路、水运网络,推动不同运输方式合理分工、有效衔接,降低空载率和不合理客货运周转量。大力推进多式联运"一单制""一箱制"发展,加快货运专用铁路和内河高等级航道网建设,推进主要港口、大型工矿企业和物流园区铁路专用线建设,提高绿色集疏运比例,持续提高大宗货物的铁路、水路运输比重。优化民航航路航线,提升机场运行电动化智能化水平。

(2) 建设绿色交通基础设施。提升新建车站、机场、码头、高速公路设施绿色化智能化水平,推进既有交通基础设施节能降碳改造提升,建设一批低碳(近零碳)车站、机场、码头、高速公路服务区,因地制宜发展高速公路沿线光伏。完善充(换)电站、加氢(醇)站、岸电等基础设施网络,加快建设城市智慧交通管理系统。完善城乡物流配送体系,推动配送方式绿色智能转型。深入实施城市公共交通优先发展战略,提升公共交通服务水平。加强人行步道和自行车专用道等城市慢行系统建设。

(3) 推广低碳交通运输工具。大力推广新能源汽车,推动城市公共服务车辆电动化替代。推动船舶、航空器、非道路移动机械等采用清洁动力,加快淘汰老旧运输工具,推进零排放货运,加强可持续航空燃料研发应用,鼓励净零排放船用燃料研发生产应用。到 2030 年,营运交通工具单位换算周转量碳排放强度比 2020 年下降 9.5% 左右。到 2035 年,新能源汽车成为新销售车辆的主流。

4)《中共中央 国务院关于全面推进美丽中国建设的意见》

2024年1月,《中共中央 国务院关于全面推进美丽中国建设的意见》发布,提出统筹推进重点领域绿色低碳发展。针对交通运输领域,提出大力推进"公转铁""公转水",加快铁路专用线建设,提升大宗货物清洁化运输水平。推进铁路场站、民用机场、港口码头、物流园区等绿色化改造和铁路电气化改造,推动超低和近零排放车辆规模化应用、非道路移动机械清洁低碳应用。到2027年,新增汽车中新能源汽车占比力争达到45%,老旧内燃机车基本淘汰,港口集装箱铁水联运量保持较快增长;到2035年,铁路货运周转量占总周转量比例达到25%左右。

5)《交通强国建设纲要》

2019年9月,中共中央、国务院印发《交通强国建设纲要》,对面向2050年的交通运输工作擘画了蓝图。《交通强国建设纲要》提出交通运输"绿色发展节约集约、低碳环保",对强化节能减排和污染防治作出部署:优化交通能源结构,推进新能源、清洁能源应用,促进公路货运节能减排,推动城市公共交通工具和城市物流配送车辆全部实现电动化、新能源化和清洁化;打好柴油货车污染治理攻坚战,统筹油、路、车治理,有效防治公路运输大气污染;严格执行国家和地方污染物控制标准及船舶排放区要求,推进船舶、港口污染防治;降低交通沿线噪声、振动,妥善处理好大型机场噪声影响;开展绿色出行行动,倡导绿色低碳出行理念。

6)《国家综合立体交通网规划纲要》

2021年2月,中共中央、国务院印发《国家综合立体交通网规划纲要》,提出推进交通绿色低碳发展,促进交通基础设施与生态空间协调,最大限度保护重要生态功能区、避让生态环境敏感区,加强永久基本农田保护。实施交通生态修复提升工程,构建生态化交通网络。加强科研攻关,改进施工工艺,从源头减少交通噪声、污染物、二氧化碳等排放。加大交通污染监测和综合治理力度,加强交通环境风险防控,落实生态补偿机制。优化调整运输结构,推进多式联运型物流园区、铁路专用线建设,形成以铁路、水运为主的大宗货物和集装箱中长距离运输格局。加强可再生能源、新能源、清洁能源装备设施更新利用和废旧建材再生利用,促进交通能源动力系统清洁化、低碳化、高效化发展,推进快递包装绿色化、减量化、可循环。

7)《"十四五"现代综合交通运输体系发展规划》

2021 年 12 月,国务院印发《"十四五"现代综合交通运输体系发展规划》,用了专门的篇章对推进交通运输低碳转型提出要求。要求主要分为以下五个方面:

(1)优化调整运输结构。深入推进运输结构调整,逐步构建以铁路、船舶为主的中长途货运系统。加快铁路专用线建设,推动大宗货物和中长途货物运输"公转铁""公转水"。优化"门到门"物流服务网络,鼓励发展城乡物流共同配送、统一配送、集中配送、分时配送等集约化配送模式,提高工矿企业绿色运输比例,扩大城市生产生活物资公铁联运服务供给。

(2)推广低碳设施设备。规划建设便利高效、适度超前的充换电网络,重点推进交通枢纽场站、停车设施、公路服务区等区域充电设施设备建设,鼓励在交通枢纽场站以及公路、铁路等沿线合理布局光伏发电及储能设施。推动交通用能低碳多元发展,积极推广新能源和清洁能源运输车辆,稳步推进铁路电气化改造,推动内河船舶更多使用清洁能源,进一步降低交通工具能耗。持续推进港口码头岸电设施、机场飞机辅助动力装置替代设施建设,推进船舶受电设施改造,不断提高岸电使用率。

(3)加强重点领域污染防治。落实船舶大气污染物排放控制区制度。推动船舶污染物港口接收设施与城市公共转运处置设施有效衔接,健全电子联单监管制度。完善长江经济带船舶和港口污染防治长效机制。开展港区污水、粉尘综合治理,推进生产生活污水、雨污水循环利用,完善干散货码头堆场防风抑尘设施。开展交通运输噪声污染治理,妥善处理大型机场噪声影响,积极消除现有噪声污染。

(4)全面提高资源利用效率。推动交通与其他基础设施协同发展,打造复合型基础设施走廊。统筹集约利用综合运输通道线位、桥位、土地、岸线等资源,提高国土空间综合利用率。推进科学选线选址,推广节地技术,强化水土流失防护和生态保护设计,优先避让具有重要生态功能或者生态环境敏感脆弱的国土空间,尽量避让噪声敏感建筑物集中区域。推进快递包装减量化、标准化、循环化。推动废旧设施材料等资源化利用。

（5）完善碳排放控制政策。实施交通运输绿色低碳转型行动。研究制定交通运输领域碳排放统计方法和核算规则,加强碳排放基础统计核算,建立交通运输碳排放监测平台,推动近零碳交通示范区建设。建立绿色低碳交通激励约束机制,分类完善通行管理、停车管理等措施。

同时,《"十四五"现代综合交通运输体系发展规划》从五个方面部署了交通运输绿色低碳发展行动。

（1）充换电设施网络构建。完善城乡公共充换电网络布局,积极建设城际充电网络和高速公路服务区快充站配套设施,实现国家生态文明试验区、大气污染防治重点区域的高速公路服务区快充站覆盖率不低于80%、其他地区不低于60%。大力推进停车场与充电设施一体化建设,实现停车和充电数据信息互联互通。

（2）新能源和清洁能源运输装备推广。推动城市公共服务车辆和港口、机场场内车辆电动化替代,百万人口以上城市(严寒地区除外)新增或更新地面公交、城市物流配送、邮政快递、出租、公务、环卫等车辆中电动车辆比例不低于80%。在长江干线、京杭运河和西江航运干线等开展液化天然气加注站建设。

（3）超标排放汽车船舶污染治理。建立健全汽车排放闭环管理机制。加快淘汰高耗能、高排放的老旧汽车,全面提升船舶设计能效和营运能效水平,鼓励购置低能耗、低排放运输装备。

（4）绿色交通基础设施建设。推动既有交通运输设施绿色化改造,加快港口船舶岸电设施和机场电动设施设备建设使用。推进京杭运河现代绿色航运综合整治工程。

（5）近零碳交通示范区建设。选择条件成熟的生态功能区、工矿区、城镇、港区、机场、公路服务区、交通枢纽场站等区域,建设近零碳交通示范区,优先发展公共交通,倡导绿色出行,推广新能源交通运输工具。

2. 部委层面

1) "双碳"交通运输工作实施意见

2022年4月,交通运输部、国家铁路局、中国民用航空局、国家邮政局四部门出台《贯彻落实〈中共中央　国务院关于完整准确全面贯彻新发展理念做好碳达峰碳中和工作的意见〉的实施意见》(以下简称《实施意见》),为加快推进交通运输绿色低碳转型,切实做好碳达峰碳中和交通运输工作明确方向。该《实施意见》提出四项重点工作。

一是优化交通运输结构。《实施意见》提出加快建设综合立体交通网,将绿色理念贯穿于交通运输基础设施规划、建设、运营和维护全过程,切实提升综合交通运输整体效率。要提高铁路水路在综合运输中的承运比重,完善干线铁路集疏运体系,持续推进大宗货物和中长途货物运输"公转铁""公转水",大力发展高铁快递。要优化客货运组织,推进城乡交通运输一体化发展,推动城市绿色货运配送示范工程创建,推广智能交通。

二是推广节能低碳型交通工具。《实施意见》提出积极发展新能源和清洁能源运输工具,有序开展纯电动、氢燃料电池、可再生合成燃料车辆、船舶的试点。推动新能源车辆的应用。探索甲醇、氢、氨等新型动力船舶的应用,推动液化天然气动力船舶的应用。积极推广可持续航空燃料的应用。要加强交通电气化替代。推进铁路电气化改造,深入推进机场运行电动化。推进船舶靠港使用岸电。推进高速公路服务区快充网络建设,鼓励开展换电模式应用。要提高燃油车船能效标准。

三是积极引导低碳出行。《实施意见》提出全面推进国家公交都市建设,指导各地加快城市轨道交通、公交专用道、快速公交系统等大容量城市公共交通系统发展,提高公共交通供给能力,推动自行车、步行等城市慢行系统发展。积极开展绿色出行创建行动,引导公众优先选择公共交通、步行和自行车等绿色出行方式,整体提升各城市的绿色出行水平。

四是增强交通运输绿色转型新动能。《实施意见》提出强化绿色低碳发展规划引领,提升交通运输技术创新能力,发挥市场机制推动作用,加强国际交流合作。

2)《绿色交通"十四五"发展规划》

我国交通运输进入加快建设交通强国、推动交通运输高质量发展的新阶段,服务国家碳达峰碳中和目标,深入打好污染防治攻坚战,必须完整、准确、全面贯彻新发展理念,统筹污染治理、生态保护、应对气候变化,采取更加强有力的措施,大幅提升交通运输绿色发展水平,不断降低二氧化碳排放强度、削减主要污染物排放总量,加快形成绿色低碳运输方式。2021 年 10 月,交通运输部印发的《绿色交通"十四五"发展规划》提出了七项主要任务。

一是优化空间布局,建设绿色交通基础设施。强化国土空间规划对交通基础设施规划建设的指导约束作用,推动形成与生态保护红线相协调、与资源环境承载力相适应的综合立体交通网。因地制宜推进新开工的高速公路全面落实绿色公路建设要求,鼓励普通国省干线公路按照绿色公路要求建设,引导有条件的农村公路参照绿色公路要求协同推进"四好农村路"建设。

二是优化交通运输结构,提升综合运输能效。加快推进港口集疏运铁路、物流园区及大型工矿企业铁路专用线建设,推动大宗货物及中长距离货物运输"公转铁""公转水"。深入推进多式联运发展,推进综合货运枢纽建设,推动铁水、公铁、公水、空陆等联运发展。因地制宜构建以城市轨道交通和快速公交为骨干、常规公交为主体的公共交通出行体系,强化"轨道 + 公交 + 慢行"网络融合发展。

三是推广应用新能源,构建低碳交通运输体系。加快推进城市公交、出租、物流配送等领域新能源汽车推广应用,国家生态文明试验区、大气污染防治重点区域新增或更新的公交、出租、物流配送等车辆中新能源汽车比例不低于 80%。鼓励开展氢燃料电池汽车试点应用。加快现有营运船舶受电设施改造,不断提高受电设施安装比例。有序推进现有码头岸电设施改造,主要港口的五类专业化泊位,以及长江干线、西江航运干线 2 000 吨级以上码头(油气化工码头除外)岸电覆盖率进一步提高。

四是坚持标本兼治,推进交通污染深度治理。严格落实船舶大气污染物排放控制区各项要求,会同相关部门保障船用低硫燃油供应,降低船舶硫氧化物、氮氧化物、颗粒物和挥发性有机物等排放,适时评估排放控制区实施效果。推进船舶大气污染物监测监管试验区建设,加强船舶污染设施设备配备及使用情况监督检查。深入推进在用车辆污染治理。加快建立超标排放汽车闭环管理联防联控机制,强化在用汽车排放检验与维修治理。研究完善道路运输车辆燃料消耗量限值准入制度。

五是坚持创新驱动,强化绿色交通科技支撑。构建市场导向的绿色技术创新体系,支持新能源运输装备和设施设备、氢燃料动力车辆及船舶、LNG 和生物质燃料船舶等应用研究。修订绿色交通标准体系,加强新技术、新设备、新材料、新工艺等方面标准的有效供给。

六是健全推进机制,完善绿色交通监管体系。健全完善交通运输部碳达峰碳中和工作组织领导体系,强化部门协同联动。制定交通运输绿色低碳发展行动方案等政策文件。完善绿色交通统计体系,推进公路、水运、城市客运等能耗、碳排放及污染物排放数据采集。

七是完善合作机制,深化国际交流与合作。深度参与国际海运温室气体减排谈判,主动研提中国方案,加强船舶低碳技术国际合作,引导国际规则与国内发展目标对接,推动形成公正、合理的国际制度安排。依托联合国全球可持续交通大会等,宣传中国绿色交通发展理念,推动全球生态环境治理体系建设。推动中国绿色交通标准国际化。

3)《公路水路行业绿色低碳发展行动方案》

2022 年 3 月,交通运输部印发《公路水路行业绿色低碳发展行动方案》,提出以交通运输全面绿色低碳转型为引领,以提升交通运输装备能效利用水平为基础,以优化交通用能结构、提高交通运输组织效率为关键,确保碳达峰碳中和交通运输工作取得实效。

一是推动运输车辆低碳转型。加快运输服务领域新能源的推广应用,鼓励公交、出租、城市物流配送(接入城配平台)领域新增及更新车辆优先选用新能源车型,推动城市公共服务车辆电动化替代。积极推广新能源重型货运车辆和城市货运配送车辆,打造氢燃料电池车辆推广应用试点示范区,在钢铁等工矿企业场内短途运输推广应用纯电动重卡、氢燃料汽车。继续优化小客车调控政策,合理控制燃油机动车保有量。有序推进汽车排放检验与维护制度实施,加快推进在用机动车排放检验信息系统和汽车维修电子健康档案系统的联网对接,加强超标排放汽车闭环管理。二是大力发展清洁能源船舶。加快老旧船舶更新,严格执行船舶强制报废制度,引导高污染高排放的老旧运输船舶加快淘汰。发展新能源和清洁能源动力船舶,探索甲醇、氢、氨等新型动力船舶的应用,推动液化天然气动力船舶的应用。三是推动车船配套设施建设。加快构建便利高效、适度超前的充换电网络体系,推动高速公路服务区、港区、交通枢纽等公共充电设施建设。有序推进天津港已建泊位的岸电设施改造,到2025年天津港靠港船舶岸电使用率力争达到100%。四是推进港口低碳设备应用。新增、更换大型港口作业机械、集装箱水平运输设备等优先使用电能、天然气等清洁能源,到2025年低排放港作机械占比达到90%,场内新能源、清洁能源集卡占比达到60%,到2030年除消防、救护等应急保障外,具备条件的港口内部车辆装备和场内作业机械等总体完成新能源、清洁能源动力更新替代。降低集疏港中重型营运柴油货车比重,2023年底前,滨海新区制定国四及以下排放标准中重型柴油、燃气货车限行方案,天津港地区停止使用国四及以下排放标准柴油、燃气货车集疏港。五是优化港口货物运输结构。落实天津港铁路集装箱箱源保障,特别是敞顶集装箱的箱源支持,满足大宗货物"散改集"增量的需求。完善港口集疏运铁路运价形成和动态调整机制,构建更加稳固的港口短距离大宗货物"量价互保"模式。到2025年,港口煤炭、铁矿石、焦炭等大宗货物采用铁路、水运、封闭式皮带管廊、新能源汽车运输的比例力争达到80%。六是积极创建"低碳码头"试点。推进港口太阳能、风能利用及分布式能源建设,实现码头绿色能源供应。构建一体化储能系统,推动多种清洁能源相互补充,实现清洁能源稳定供应,大型装卸设备、水平运输设备以及生产辅助设备实现清洁化转型。开发智能水平运输系统,推动港口基础设施智能化建设。提高能耗在线监测能力,能源动态管理网络系统覆盖率力争到2025年达到100%。到2025年,天津港生产综合能源单耗小于2.74吨标准煤/万吨吞吐量。建成"低碳码头"试点,实现码头装卸生产低碳排放。

4) 绿色低碳交通强国建设专项试点

2023年10月,交通运输部印发了《关于开展绿色低碳交通强国建设专项试点工作的通知》,旨在通过示范项目带动,提升行业的绿色低碳水平,为加快建设交通强国、推动交通运输绿色低碳转型和高质量发展提供有力支撑。2024年8月,61项绿色低碳交通强国建设专项试点任务入选第一批试点名单。试点工作提出通过2—3年时间取得阶段性成果,建成一批绿色低碳交通运输试点企业及项目,碳排放强度显著下降;用4—5年时间取得相对完善的系统性成果,培育若干具有引领示范作用的试点企业及项目,形成一批可复制、可推广的先进经验和典型成果,出台一批推动交通运输行业绿色低碳发展的政策规划、标准规范、管理制度等,在交通强国建设绿色低碳领域取得显著成效。专项试点的主要内容包括运输结构调整优化、城市绿色出行推广、公路水路基础设施资源节约集约利用、公路水路基础设施节能降碳、新能源和清洁能源车辆装备推广应用、新能源和清洁能源船舶推广应用等方面。

5) 公路水路典型运输和设施零碳试点

2023 年 10 月,交通运输部印发工作通知,开展公路水路典型运输和设施零碳试点工作,力求通过 3—5 年时间,组织开展零碳运输线路、零碳货运枢纽(物流园区)、零碳高速公路服务区和(近)零碳码头等试点工作,形成一批可复制、可推广的经验和典型成果,探明公路水路交通关键领域零碳排放实现路径和发展模式,构建公路水路交通近零碳排放制度标准体系,引领绿色交通运输体系建设,促进交通运输绿色低碳转型,加快形成绿色低碳生产生活方式。该项试点工作安排了四个方面的任务:一是零碳道路运输线路试点,建立零碳车队,优化货物配置和车辆管理,加强协同推进;二是零碳货运枢纽(物流园区)试点;三是零碳高速公路服务区试点;四是推进零碳码头试点。试点要求实施电能和清洁能源替代,实施自洽发电供给,加强污染物防治,提升能源管理水平。

6) 交通运输大规模设备更新行动

2024 年 5 月,交通运输部、国家发展改革委、财政部等 13 部门联合印发了《交通运输大规模设备更新行动方案》,推动交通运输大规模设备更新。行动方案明确,到 2028 年,国三及以下排放标准营运类柴油货车加快淘汰;船舶运力结构有效改善;新能源公交车辆推广应用持续推进;重点区域老旧机车基本淘汰,新能源机车规模化替代应用;邮件快件智能安检设备广泛推广使用,寄递领域安检能力大幅提升;北斗终端应用进一步提升;交通运输行业碳排放强度和污染物排放强度不断降低,污染物排放总量进一步下降。行动方案提出实施城市公交车电动化替代行动、老旧营运柴油货车淘汰更新行动、老旧营运船舶报废更新行动、老旧机车淘汰更新行动、邮政快递老旧设备替代行动、物流设施设备更新改造行动、标准提升行动七大行动,以进一步促进交通能源动力系统清洁化、低碳化、高效化发展,有序推进交通运输行业绿色低碳转型。

7）支持类政策

（1）部委职能分工

交通运输行业减排涉及领域广，协调部门多，涵盖营业性车辆、船舶、铁路、民航以及非营业性车辆、私家车等。整个交通领域的碳达峰工作由国家发展改革委和交通运输部牵头，涉及交通、铁路、民航、生态环境、工业和信息化、公安等部门。相关部门为交通运输行业脱碳提供支持保障（见表2-5）。

表 2-5　推动交通运输碳达峰工作的主要政府主管部门

序号	部门	主要工作
1	国家发展改革委	履行碳达峰碳中和工作领导小组办公室日常工作职能。承担国家应对气候变化及节能减排工作领导小组有关节能方面具体工作。涉及完善电价优惠政策，加气站、充换电站建设的政策审批和相关促进政策，运输结构优化中铁路、水路货运运价相关政策以及"十四五"后期绿色出行促进政策。
2	交通运输部	涉及营运车辆燃料消耗量限制标准、新能源车辆使用环节路权便利和停车保障等方面的政策、加气站和充换电站建设审批和财政补贴政策、燃料电池技术在行业内推广应用的相关促进政策、"十四五"后期绿色出行促进政策，以及延续"十三五"期间车辆购置税资金支持、集疏港铁路建设政策等。
3	财政部	涉及老旧车辆淘汰、新能源车辆推广应用、加气站和充换电站建设、燃料电池核心技术研发、运输结构调整中强制"公转铁"的大宗货物、物流园区和工矿企业铁路专用线建设的相关财政补贴。
4	生态环境部	涉及老旧车辆淘汰补贴政策、加气站建设审批和财政补贴政策、将铁路专用线建设纳入国家绿色发展基金支持范围，以及企业运输结构调整的激励与督查政策等。
5	工业和信息化部	涉及新车燃料消耗量限值标准、新能源车双积分政策、天然气车出厂的燃料消耗量限值标准和天然气车辆维修保养标准规范等。
6	住房和城乡建设部	涉及加气站、充换电站建设审批和财政补贴政策。
7	国家能源局	涉及加气站、充换电站建设审批和财政补贴政策。
8	科技部	涉及车辆、船舶核心技术研发的促进政策。例如：燃料电池技术。

（2）配套支持政策

除交通运输部外,其他相关部委也陆续印发了相关文件,聚焦促进新能源发展、鼓励绿色出行、推动新能源基础设施建设等方面,提供配套政策支持(见表 2-6)。

表 2-6　近年来部委层面交通碳减排重点支持政策

发布时间	发布部门	政策名称	相关内容
2023 年 5 月	国家发展改革委、国家能源局	《关于加快推进充电基础设施建设　更好支持新能源汽车下乡和乡村振兴的实施意见》	通过创新农村地区充电基础设施建设、运营、维护模式,逐步破解农村地区充电基础设施建设不足、经济实用车型供给不足、销售服务能力不足等问题;在建设环节,重点在公共充电设施与社区充电设施上发力;在运营环节,重点加大充电网络建设运营支持力度;在维护环节,重点提升充电基础设施运维服务体验。产品供应上,鼓励企业针对农村地区消费者特点,开发更多经济实用、适销对路的车型;支持政策上,鼓励有条件的地方对农村户籍居民在户籍所在地县域内购买新能源汽车,给予消费券等支持;推广应用上,促进新能源汽车在县乡党政机关、学校、医院等单位应用;销售服务上,鼓励新能源汽车企业下沉销售服务网络;安全监管上,引导农村居民安装使用独立充电桩,提升用电安全水平。
2023 年 1 月	工业和信息化部、交通运输部、发展改革委、财政部、生态环境部、住房城乡建设部、国家能源局、国家邮政局	《关于组织开展公共领域车辆全面电动化先行区试点工作的通知》	开展公共领域车辆全面电动化先行区试点,推动提升车辆电动化水平,试点车辆包括公务用车、城市公交车、环卫车、出租车、邮政快递车、城市物流配送车、机场用车七个领域,按照定量和定性相结合的方式提出电动化比例、充换电建设数量、新技术新模式创新应用工作目标要求,推动试点车辆实现质的有效提升和量的合理增长。
2022 年 9 月	财政部、税务总局、工业和信息化部	《关于延续新能源汽车免征车辆购置税政策的公告》	购置日期在 2023 年内的新能源汽车免征车辆购置税。

（续表）

发布时间	发布部门	政策名称	相关内容
2022 年 5 月	国家发展改革委、国家能源局	《关于促进新时代新能源高质量发展实施方案的通知》	创新新能源开发利用模式,加快构建适应新能源的新型电力系统,完善相关政策支持,促进新时代新能源高质量发展。
2021 年 12 月	财政部、工业和信息化部、科技部、国家发展改革委	《关于 2022 年新能源汽车推广应用财政补贴政策的通知》	2022 年,新能源汽车补贴标准在 2021 年基础上退坡 30%;城市公交、道路客运、出租(含网约车)、环卫、城市物流配送、邮政快递、民航机场以及党政机关公务领域符合要求的车辆,补贴标准在 2021 年基础上退坡 20%。
2021 年 10 月	工业和信息化部	《关于启动新能源汽车换电模式应用试点工作的通知》	决定启动新能源汽车换电模式应用试点工作。纳入此次试点范围的城市共有 11 个,其中综合应用类城市 8 个(北京、南京、武汉、三亚、重庆、长春、合肥、济南),重卡特色类 3 个(宜宾、唐山、包头)。预计推广换电车辆 10 万辆以上,换电站 1 000 座以上。
2021 年 8 月	工业和信息化部、科技部、生态环境部、商务部、市场监管总局	《新能源汽车动力蓄电池梯次利用管理办法》	加强新能源汽车动力蓄电池梯次利用管理,提升资源综合利用水平,保障梯次利用电池产品的质量,保护生态环境。
2020 年 12 月	国家发展改革委、国家邮政局、工业和信息化部、司法部、生态环境部、住房城乡建设部、商务部、市场监管总局	《关于加快推进快递包装绿色转型的意见》	分两步在快递包装领域全面建立与绿色理念相适应的法律、标准和政策体系,强化快递包装绿色治理,推进快递包装材料源头减量,提升快递包装产品规范化水平,减少二次包装。
2019 年 3 月	财政部、工业和信息化部、科技部、国家发展改革委	《关于进一步完善新能源汽车推广应用财政补贴政策的通知》	制定新能源汽车推广补贴方案,对新能源乘用车、新能源客车、新能源货车进行补贴。

2.3　我国港口领域脱碳政策

2.3.1　政策总体布局

进入 21 世纪以来,特别是党的十八大以来,港口的绿色低碳发展,在发展理念转变、政策体系完善、技术标准制定、技术创新应用、"龙头"港口企业示范引领等方面持续发力,取得积极成效。经过多年的实践探索和政策布局,目前我国港口领域脱碳工作主要形成了以运输结构调整、船舶排放控制区、靠港船舶使用岸电、水运行业推广 LNG 和打造近零碳排放港区等为重点的政策体系,并在全行业开展了绿色港口等级评价,以发挥示范导向作用。在"双碳"战略背景下,交通运输作为中国式现代化的开路先锋,港口当好这个开路先锋的"排头兵",应发挥其在绿色低碳领域的引领作用。

2.3.2　具体实施政策

1. 运输结构调整

1) 政策概述

运输结构调整是打赢蓝天保卫战的关键举措,也是推动交通运输高质量发展的重要内容。《交通强国建设纲要》就优化运输结构,推进大宗货物及中长距离货物运输向铁路和水运有序转移提出了明确要求,运输结构调整工作将是今后相当长一段时间内交通运输绿色发展和高质量发展的关键抓手。

长期以来,我国港口疏港方式以公路疏港为主,严重依赖柴油货车,部分区域铁路运输能力不足,港口和大型企业铁路专用线建设滞后,通达性不高,所以公路运输成为部分企业唯一的选择,承担了大量的大宗物资中长途运输任务,铁路和水运输成本低、低能耗的优势没有得到充分发挥。因此,以推动铁水联运加快发展为重点,我国制定了一系列运输结构调整的政策措施(见表2-7)。

表 2-7 近年来我国推动运输结构调整的主要政策

时间	发布部门	政策名称	主要内容
2011 年	交通运输部、原铁道部	《关于开展集装箱铁水联运示范项目的通知》	选定 6 条集装箱铁水联运通道开展示范项目。
2011 年	交通运输部、原铁道部	《关于加快铁水联运发展的指导意见》	合理布局联运通道和网络,加强铁水联运基础设施和运输装备建设,完善铁水联运相关标准、制度,加强先进技术的研发和推广,推进铁水联运信息化建设,积极引导铁水联运市场发展,大力培育铁水联运市场主体,实施铁水联运示范工程等。
2014 年	国务院	《国务院关于促进海运业健康发展的若干意见》	明确提出大力加强铁水联运 3 个通道建设(由大连港到东北满洲里,以连云港、陇海兰新线向西,以天津港为中心辐射华北),把铁水联运作为"一带一路",特别是"21 世纪海上丝绸之路"与海运衔接的通道加快建设,再次加大铁水联运的推进力度。
2015 年	交通运输部、国家发展改革委	《交通运输部国家发展改革委关于开展多式联运示范工程的通知》	开展多式联运示范工程,完善联运基础设施,推动多式联运政策、关键技术和服务创新,优化运输组织,逐步破解多式联运发展的瓶颈。
2017 年	交通运输部、国家铁路局、中国铁路总公司联合印发	《"十三五"港口集疏运系统建设方案》	明确了车辆购置税资金支持集疏运铁路、公路建设的重点和投资标准,将重点突破铁路、公路进港"最后一公里",加快推进港口集疏运系统建设,为促进港口转型升级、多式联运发展、物流业"降本增效"以及推进交通运输供给侧结构性改革、服务"三大战略"提供支撑和保障。

（续表）

时间	发布部门	政策名称	主要内容
2017 年	交通运输部等 18 部门联合印发	《关于进一步鼓励开展多式联运工作的通知》	明确了 5 个方面 18 条举措，提出了我国多式联运发展的目标，指明多式联运发展的行动路线，是我国第一个多式联运纲领性文件，标志着我国多式联运发展上升为国家战略。
2018 年	国务院	《打赢蓝天保卫战三年行动计划》	大力发展多式联运。依托铁路物流基地、公路港、沿海和内河港口等，推进多式联运型和干支衔接型货运枢纽（物流园区）建设，加快推广集装箱多式联运。建设城市绿色物流体系，支持利用城市现有铁路货场、物流货场转型升级为城市配送中心。鼓励发展江海联运、江海直达、滚装运输、甩挂运输等运输组织方式。降低货物运输空载率。
2018 年	交通运输部	《关于深入推进长江经济带多式联运发展三年行动计划的通知》	明确到 2020 年，长江经济带主要港口铁路进港率达到 80% 以上，大宗散货铁路、水运集疏港比例力争达到 90% 以上，重点集装箱港口铁水联运量年均增长 15% 以上，力争上海洋山集装箱江海直达比例达到 20%。
2018 年	国务院	《推进运输结构调整三年行动计划（2018—2020 年）》	加快联运枢纽建设和装备升级；加快发展集装箱铁水联运，鼓励铁路、港口、航运等企业加强合作，促进海运集装箱通过铁路集疏港；深入实施多式联运示范工程。
2018 年	国家发展改革委、交通运输部	《国家物流枢纽布局和建设规划》	到 2025 年，多式联运、甩挂运输等先进运输组织方式广泛应用，各种运输方式衔接更加紧密，联运换装转运效率显著提高，集疏运体系更加完善，国家物流枢纽单元化、集装化运输比重超过 40%。
2019 年	交通运输部等 9 大部门	《关于建设世界一流港口的指导意见》	指出我国建设世界一流港口，要补齐港口多式联运的短板，着力提升港口的综合服务功能。通过不断完善港口集疏运体系，促进水路与其他运输方式之间的有效衔接，解决铁路装卸线进港"最后一公里"问题，实现港口集装箱铁水联运比例显著提升。

（续表）

时间	发布部门	政策名称	主要内容
2019 年	国家发展改革委等 5 部委	《关于加快推进铁路专用线建设的指导意见》	推动铁路场站向重点港口、枢纽机场、产业集聚区、大宗物资主产区延伸；各主要港口在编制港口规划或集疏运规划时，原则上要明确联通铁路，确定集疏运目标。
2020 年	国家发展改革委、交通运输部	《关于进一步降低物流成本的实施意见》	破除多式联运"中梗阻"。中央和地方财政加大对铁路专用线、多式联运场站等物流设施建设的资金支持力度，研究制定铁路专用线进港口设计规范，促进铁路专用线进港口、进大型工矿企业、进物流枢纽。持续推进长江航道整治工程和三峡翻坝综合转运体系建设，进一步提升长江等内河航运能力。加快推动大宗货物中长距离运输"公转铁""公转水"。
2022 年	交通运输部、国家发展改革委	《多式联运示范工程管理办法（暂行）》	为加强多式联运示范工程管理的规范化、制度化，不断提升多式联运发展水平，更好服务加快建设交通强国等国家战略实施。
2022 年	国务院	《推进多式联运发展优化调整运输结构工作方案（2021—2025 年）》	到 2025 年，多式联运发展水平明显提升，基本形成大宗货物及集装箱中长距离运输以铁路和水路为主的发展格局，全国铁路和水路货运量比 2020 年分别增长 10%和 12%左右，集装箱铁水联运量年均增长 15%以上。重点区域运输结构显著优化，京津冀及周边地区、长三角地区、粤港澳大湾区等沿海主要港口利用疏港铁路、水路、封闭式皮带廊道、新能源汽车运输大宗货物的比例力争达到 80%；晋陕蒙煤炭主产区大型工矿企业中长距离运输（运距 500 公里以上）的煤炭和焦炭中，铁路运输比例力争达到 90%。
2022 年	国家发展改革委、工业和信息化部、交通运输部等 15 个部门联合	《柴油货车污染治理攻坚行动方案》	明确"十四五"期间，全国铁路货运量增长 10%，水路货运量增长 12%左右。推进多式联运、大宗货物"散改集"，集装箱铁水联运量年均增长 15%以上。京津冀及周边地区、长三角地区、粤港澳大湾区等沿海主要港口利用集疏港铁路、水路、封闭式皮带廊道、新能源汽车运输铁矿石、焦炭大宗货物比例力争达到 80%。

（续表）

时间	发布部门	政策名称	主要内容
2022 年	财政部、交通运输部	《关于支持国家综合货运枢纽补链强链的通知》	打造互联互通、便捷顺畅、经济高效、绿色集约、智能先进、保障有力的综合货运枢纽体系，增强互联互通和网络韧性，有力支撑产业链供应链稳定，更好促进经济高质量发展。用 3 年左右时间集中力量支持 30 个左右城市实施国家综合货运枢纽补链强链。在支持类型中提出：优先支持铁水联运型、空铁联运型枢纽，西部地区可优先支持陆空联运型、公铁联运型枢纽。推进基础设施及装备硬联通、规则标准及服务软联通、运营机制一体化。支持枢纽及集疏运体系项目改扩建和相关设施装备购置；支持多式联运信息平台建设、多式联运服务模式和服务产品创新、相关标准规范制定和应用；支持企业间、区域间合作，创新投融资模式。
2023 年	交通运输部	《水运工程节能设计规范》(JTS/T150—2022)	提出港口集疏运体系设计应充分发挥多式联运优势，综合考虑公路、铁路、水运等运输条件，提高水水中转、铁水联运比例，港口铁路宜直通港区的要求。
2023 年	交通运输部、自然资源部、海关总署、国家铁路局、中国国家铁路集团有限公司	《推进铁水联运高质量发展行动方案（2023—2025 年）》	到 2025 年，长江干线主要港口铁路进港全覆盖，沿海主要港口铁路进港率达到 90% 左右。全国主要港口集装箱铁水联运量达到 1 400 万标箱，年均增长率超过 15%；京津冀及周边地区、长三角地区、粤港澳大湾区等沿海主要港口利用疏港水路、铁路、封闭式皮带廊道、新能源汽车运输大宗货物的比例达到 80%，铁水联运高质量发展步入快车道。
2023 年	交通运输部、国家铁路局、中国民用航空局、国家邮政局、中国国家铁路集团有限公司	《加快建设交通强国五年行动计划（2023—2027 年）》	开展运输结构调整专项行动，促进重点区域运输结构调整，持续推动大宗物资"公转铁、公转水"，积极推动铁路专用线建设，加快发展铁水联运、江海直达运输，提升城市绿色货运配送能力。

　　2011 年 5 月，我国交通运输部和原铁道部签署了《关于共同推进铁水联运发展合作协议》，同年 10 月又共同发布了《关于加快铁水联运发展的指导意

见》，首批选定 6 条集装箱水铁联运通道开展示范项目。2012 年，交通运输部下发了《交通运输部办公厅关于开展集装箱海铁联运物联网应用示范工程建设的通知》，国家集装箱海铁联运物联网应用示范工程正式启动。2014 年，国务院下发了《国务院关于促进海运业健康发展的若干意见》，明确提出大力加强铁水联运。交通运输部为落实该意见，把铁水联运作为支撑"一带一路"陆海衔接的重要通道，重点推动 3 条通道建设：一是以大连港和营口港为枢纽，经东北到满洲里口岸；二是以连云港港和青岛港为枢纽，经过陇海线、南新线，到阿拉山口，以及霍尔果斯口岸；三是以天津港为枢纽，辐射华北、西北，连接阿拉山口通道。2015 年，交通运输部和国家发展改革委联合下发了《交通运输部 国家发展改革委关于开展多式联运示范工程的通知》，共同启动多式联运示范工程，首批选出 16 个多式联运示范工程项目，其中涉及铁水联运的有 11 个项目，标志着我国多式联运进入关注内贸多式联运为主的新阶段。2016 年以来，推进多式联运上升到国家层面，以中共中央、国务院名义出台了多份鼓励铁水联运发展的重磅文件，交通运输部、国家发展改革委等多个部门也联合发布鼓励政策，努力形成多部委共同推进铁水联运发展的合力。这一时期，政策出台密集程度达到历史最高，多式联运成为当前经济高质量发展和运输结构调整的重点任务。

2) 政策措施

(1) 推动大宗货物中长距离运输"公转铁""公转水"

合理引导各种运输方式充分发挥比较优势，全面加快铁路货运、内河水运发展，推进多式联运型物流园区、铁路专用线建设，在运输结构调整重点区域，加强港口资源整合，形成以铁路、水运为主的大宗货物、集装箱中长距离货物运输格局。加快发展集装箱铁水联运。鼓励铁路、港口、航运等企业加强合作，促进海运集装箱通过铁路集疏港，加快推进港口集疏运铁路、物流园区及大型工矿企业铁路专用线等"公转铁"重点项目建设，促进大宗货物及中长距离货物运输向铁路和水运有序转移。

(2) 推进铁路进港，补齐基础设施短板

一是聚焦港口疏港铁路、综合物流园区等重点区域，开展铁路专用线项目建设，解决港口疏港铁路建设滞后等突出问题，破解铁路进港"最后一公里"瓶颈。二是将铁路专用线建设纳入港口规划、集疏运规划之中,明确联通铁路,确定集疏运目标,同步做好铁路用地规划预留控制。在新建或改扩建集装箱、大宗干散货作业区时,同步建设进港铁路,配足到发线、装卸线,实现铁路深入码头堆场,形成能力充分、布局合理、结构优化、衔接顺畅的铁路集疏运体系。三是完善铁路与水路联运设施建设。加强港口堆场的铁路集疏运和分拨站配套建设,进一步支持吊装、滚装、平移等快速换装转运设施建设,提升铁路、水路间的衔接水平。

(3) 推动多式联运标准化建设,提升各运输方式衔接效率

一方面,加强物流单元、运载单元、运输工具、转运装备等运输装备标准化建设,提高运输装备的匹配性、专业化和标准化水平。积极推动标准化托盘在铁水联运中都有应用,提高标准化托盘在多式联运企业中的普及率及循环共用。加快铁路、水路运输物流技术装备研发,完善多式联运转运、装卸场站等物流设施标准,形成统一的多式联运标准和规则,加快不同运输方式标准统筹协调,构建符合高质量发展的标准体系,推动铁水联运发展。另一方面,推广多式联运"一单制",推进运输服务规则衔接。深入推进多式联运"一单制",形成多式联运单证、铁路货票物流单证等行业标准单据,鼓励物流企业围绕"一单制"创新业务模式,拓展统一单证的功能,扩大单证的应用范围。以铁路与海运衔接为重点,推动建立与多式联运相适应的规则协调和互认机制。在货物认定、货物交接、支付结算等方面形成完善的规则体系,推动铁水联运有效衔接。

(4) 推动信息资源交互共享,提升服务水平

依托现有的交通运输物流信息平台,打破物流信息壁垒,推动铁路、水路等跨方式运输的信息资源汇集和整合利用,加强铁路、港口、船公司等企业信息系统对接和数据共享,开放列车时刻表、船期表、货物装卸等信息,实现铁路现车、装卸车、货物在途、到达预确报以及港口装卸、货物堆存、船舶进出港、船期舱位预订等铁水联运信息互联共享。加强企业与政府部门的信息资源共享力度。加快交通、海事、气象等政府部门公共数据开放共享,为多式联运企业生产经营提供便利服务。构建货物监控信息平台。加大铁水联运货物轨迹全程动态追踪,推动物流服务安全监管和物流跟踪检测,实现货物来源可追溯、责任可倒查。

2. 船舶排放控制区

1) 政策概述

为了减少船舶大气污染物排放,有效改善船舶活动区域的空气质量,国际海事组织于 2008 年 10 月通过《国际防止船舶造成污染公约》附则Ⅵ,对船舶排放废气中的硫氧化物含量作出限制,并对船用燃油中的硫含量上限和硫排放控制区作出规定。目前,全球共有 4 个经国际海事组织批准设立的船舶排放控制区,分别是 2006 年 5 月 19 日生效的波罗的海硫氧化物排放控制区、2007 年 11 月 22 日生效的北海硫氧化物排放控制区、2012 年 8 月 1 日生效的北美硫氧化物、氮氧化物和颗粒物排放控制区以及 2014 年 1 月 1 日生效的美国加勒比海硫氧化物、氮氧化物和颗粒物排放控制区。另外,欧洲海域排放控制区和美国加利福尼亚排放控制区分别由欧盟和美国自行设立。

近年来,我国对船舶大气污染物排放控制监管也逐步加强。2015 年,交通运输部印发《珠三角、长三角、环渤海(京津冀)水域船舶排放控制区实施方案》,设立珠三角、长三角、环渤海(京津冀)水域船舶排放控制区,要求排放控制区内的船舶使用硫质量分数不高于 0.5%m/m 的船用燃油。2018 年,交通运输部印发《船舶大气污染物排放控制区实施方案》,扩大排放控制区范围并强化控制要求,提出连接岸电、使用清洁能源、尾气后处理等与《船舶大气污染物排放控制区实施方案》要求等效的替代措施。2021 年,交通运输部、国家发展改革委、国家能源局、国家电网有限公司等部门联合印发了《关于进一步推进长江经济带船舶靠港使用岸电的通知》,旨在贯彻落实《中华人民共和国长江保护法》等法律法规要求,进一步推进长江经济带船舶靠港使用岸电。

为控制船舶污染物排放,除交通运输部外,生态环境部也开展了一系列工作:一是推进船舶排放标准制定和实施,2016 年联合原国家质量监督检验检疫总局印发《船舶发动机排气污染物排放限值及测量方法(中国第一、二阶段)》,要求自 2022 年 7 月 1 日起,所有销售、进口和投入使用的船机,其排气污染物排放应满足第二阶段排放标准限值。二是推动港口船舶绿色发展。2018 年联合多部门印发《柴油货车污染治理攻坚战行动计划》,要求加快推进老旧船舶改造及淘汰,推广使用纯电动和天然气船舶,推动港口岸电建设和使用。三是开展港口空气质量监测,分别于 2019 年、2021 年印发《生态环境监测规划纲要(2020—2035 年)》《"十四五"生态环境监测规划》,明确提出开展移动源大气污染监控监测,建立涵盖机动车、非道路移动机械、船舶的移动源监测体系。

2) 重点要求

(1) 硫氧化物和颗粒物排放控制要求

2019 年 1 月 1 日起,海船进入排放控制区,应使用硫含量不大于 0.5%m/m 的船用燃油,大型内河船和江海直达船舶应使用符合新修订的船用燃料油国家标准要求的燃油;其他内河船应使用符合国家标准的柴油。2020 年 1 月 1 日起,海船进入内河控制区,应使用硫含量不大于 0.1%m/m 的船用燃油。

2020 年 3 月 1 日起,未使用硫氧化物和颗粒物污染控制装置等替代措施的船舶进入排放控制区只能装载和使用其按照本方案规定应当使用的船用燃油。

2022 年 1 月 1 日起,海船进入沿海控制区海南水域,应使用硫含量不大于 0.1%m/m 的船用燃油。

适时评估船舶使用硫含量不大于 0.1%m/m 的船用燃油的可行性,确定是否要求自 2025 年 1 月 1 日起,海船进入沿海控制区使用硫含量不大于 0.1%m/m 的船用燃油。

(2) 氮氧化物排放控制要求

2000 年 1 月 1 日及以后建造(以铺设龙骨日期为准,下同)或进行船用柴油发动机重大改装的国际航行船舶,所使用的单台船用柴油发动机输出功率超过 130 千瓦的,应满足《国际防止船舶造成污染公约》第一阶段氮氧化物排放限值要求。

2011 年 1 月 1 日及以后建造或进行船用柴油发动机重大改装的国际航行船舶,所使用的单台船用柴油发动机输出功率超过 130 千瓦的,应满足《国际防止船舶造成污染公约》第二阶段氮氧化物排放限值要求。

2015 年 3 月 1 日及以后建造或进行船用柴油发动机重大改装的中国籍国内航行船舶,所使用的单台船用柴油发动机输出功率超过 130 千瓦的,应满足《国际防止船舶造成污染公约》第二阶段氮氧化物排放限值要求。

2022年1月1日及以后建造或进行船用柴油发动机重大改装的、进入沿海控制区海南水域和内河控制区的中国籍国内航行船舶,所使用的单缸排量大于或等于30升的船用柴油发动机应满足《国际防止船舶造成污染公约》第三阶段氮氧化物排放限值要求。

适时评估船舶执行《国际防止船舶造成污染公约》第三阶段氮氧化物排放限值要求的可行性,确定是否要求2025年1月1日及以后建造或进行船用柴油发动机重大改装的中国籍国内航行船舶,所使用的单缸排量大于或等于30升的船用柴油发动机满足《国际防止船舶造成污染公约》第三阶段氮氧化物排放限值要求。

3. 靠港船舶使用岸电

1) 政策概述

岸电全称为"船舶岸电系统",指船舶在靠泊期间停止使用船上的自备辅助发电机,转而使用陆地电源向主要船载系统供电。船舶通过使用岸电代替船舶柴油发电,以电代油,既可以降低船舶营运成本,又可以大大减少船舶自发电产生的硫氧化物、氮氧化物、颗粒物等大气污染和船舶噪声污染,减少碳排放。2017年,交通运输部印发《港口岸电布局方案》,提出到2020年底前在全国主要港口和船舶排放控制区内港口共计布局493个具备向船舶供应岸电能力的专业化泊位。2019年,交通运输部、财政部、国家发展改革委、国家能源局、国家电网、南方电网联合发布《关于进一步共同推进船舶靠港使用岸电工作的通知》,旨在统一岸电标准,加快岸电设施建设,推动岸电可持续发展及常态化和便利化应用。2019年,交通运输部出台《港口和船舶岸电管理办法》,要求地方各级交通运输(港口)主管部门积极争取地方人民政府出台扶持政策,支持码头岸电设施改造和船舶受电设施安装,鼓励船舶靠港使用岸电,并鼓励有关单位对使用岸电的船舶实施优先靠泊、减免岸电服务费、优先过闸或优先通行等措施。同时,交通运输部修订船舶法定检验技术规则,对新建船舶加装岸电受电设施提出要求。不断健全岸电标准体系,并在船舶大气污染物排放控制区政策中明确了船舶岸电船载装置的改造和靠港使用岸电的要求。2023 年,交通运输部联合国家电网、南方电网印发了《关于示范推进国际航线集装箱船舶和邮轮靠港使用岸电行动方案(2023—2025 年)》,10家国际集装箱班轮公司、7 家国际邮轮公司、14 家国际集装箱港口企业,9 家邮轮港口企业自愿参与船舶靠港使用岸电示范推进工作。鼓励其他国际集装箱班轮公司、国际邮轮公司、国际集装箱港口企业、邮轮港口企业参与示范推进。

2)重点要求

(1)《船舶大气污染物排放控制区实施方案》

2019 年 1 月 1 日及以后建造的中国籍公务船、内河船舶(液货船除外)和江海直达船舶应具备船舶岸电系统船载装置,2020 年 1 月 1 日及以后建造的中国籍国内沿海航行集装箱船、邮轮、客滚船、3 千总吨及以上的客船和 5 万吨级及以上的干散货船应具备船舶岸电系统船载装置。

2019 年 7 月 1 日起,具有船舶岸电系统船载装置的现有船舶(液货船除外),在沿海控制区内具备岸电供应能力的泊位停泊超过 3 小时,或者在内河控制区内具备岸电供应能力的泊位停泊超过 2 小时,且不使用其他等效替代措施的(包括使用清洁能源、新能源、船载蓄电装置或关闭辅机等,下同),应使用岸电。2021 年 1 月 1 日起,邮轮在排放控制区内具备岸电供应能力的泊位停泊超过 3 小时,且不使用其他等效替代措施的,应使用岸电。

2022 年 1 月 1 日起,使用的单台船用柴油发动机输出功率超过 130 千瓦、且不满足《国际防止船舶造成污染公约》第二阶段氮氧化物排放限值要求的中国籍公务船、内河船舶(液货船除外),以及中国籍国内沿海航行集装箱船、客滚船、3 千总吨及以上的客船和 5 万吨级及以上的干散货船,应加装船舶岸电系统船载装置,并在沿海控制区内具备岸电供应能力的泊位停泊超过3 小时,或者在内河控制区内具备岸电供应能力的泊位停泊超过 2 小时,且不使用其他等效替代措施时,应使用岸电。

(2)《港口和船舶岸电管理办法》

码头工程项目单位应当按照法律法规和强制性标准等要求,对新建、改建、扩建码头工程(油气化工码头除外)同步设计、建设岸电设施。

港口经营人应当按照法律法规、强制性标准和国家有关规定,对已建码头(油气化工码头除外)逐步实施岸电设施改造。长江流域的港口经营人应当按照所在地人民政府制定的港口岸电设施建设和改造计划实施建设和改造。

码头岸电设施的供电能力应当与靠泊船舶的用电需求相适应。

为保障船舶靠港使用岸电安全,码头工程项目单位或者港口经营人在岸电设施投入使用前,应当按照相关强制性标准组织对岸电设施检测,其中高压岸电设施投入使用前,应当由具备相应能力的专业机构检测。

新建和已建中国籍船舶受电设施安装应当符合船舶法定检验技术规则,投入使用前需经船舶检验机构检验合格。

在船舶大气污染排放控制区靠泊的中国籍船舶,需要满足大气污染排放要求加装船舶受电设施的,相应水路运输经营者应当制定船舶受电设施安装计划并组织实施。长江流域的水路运输经营者应当按照所在地人民政府制定的船舶受电设施建设和改造计划实施建设和改造。

具备受电设施的船舶(液货船除外),在沿海港口具备岸电供应能力的泊位靠泊超过3小时,在内河港口具备岸电供应能力的泊位靠泊超过2小时,且未使用有效替代措施的,应当使用岸电;船舶、码头岸电设施临时发生故障,或者恶劣气候、意外事故等紧急情况下无法使用岸电的除外。船舶靠泊不足前款规定时间的,鼓励使用岸电。

船舶靠港使用岸电的用电量不计入港口能耗统计范围。

(3)《关于进一步推进长江经济带船舶靠港使用岸电的通知》

《关于进一步推进长江经济带船舶靠港使用岸电的通知》(以下简称《通知》)旨在贯彻落实《中华人民共和国长江保护法》等法律法规要求,进一步推进长江经济带船舶靠港使用岸电,助推交通运输行业碳达峰碳中和。

该《通知》提出力争到2025年底前,长江经济带船舶受电设施安装率大幅提高,港口和船舶岸电设施匹配度显著提升,岸电使用成本进一步降低,岸电服务更加优质,岸电监管进一步强化,基本实现长江经济带船舶靠港使用岸电常态化。为实现上述目标,《通知》提出了5个方面、15项措施。一是协同推进船舶和港口岸电设施建设,包括加快推进船舶受电设施安装、有序推进码头岸电设施建设、强化船港岸电设施技术衔接匹配等3项措施;二是进一步降低岸电建设和使用成本,包括加强资金政策支持、完善岸电使用价格收费政策、完善激励措施 3 项措施;三是强化岸电建设和使用监管,包括完善监管制度、强化监督管理 2 项措施;四是优化提升岸电服务水平,包括加强船岸信息共享、加强船岸协作、发挥央企示范带头作用、加大新技术新装备的研发和应用 4 项措施;五是切实落实各方责任,包括推动落实属地政府责任、压实企业主体责任、严格落实部门责任 3 项措施。

(4)《关于示范推进国际航线集装箱船舶和邮轮靠港使用岸电行动方案(2023—2025 年)》

《关于示范推进国际航线集装箱船舶和邮轮靠港使用岸电行动方案(2023—2025 年)》(以下简称《行动方案》)提出了船舶靠港使用岸电行动目标:船舶受电设施安装率方面,到 2024 年底,国际邮轮公司在具备岸电供应能力的邮轮港口靠泊的邮轮具备受电设施。到 2025 年底,国际集装箱班轮公司挂靠具备岸电供应能力的港口的国际干线集装箱船舶(含自有及租赁船舶)的 40% 具备受电设施。港口码头岸电设施安装覆盖率方面,力争到 2024 年底,邮轮港口企业停靠邮轮的码头实现高压岸电设施 100% 全覆盖;到 2025 年底,国际枢纽海港相关集装箱港口企业停靠国际干线集装箱船舶的码头实现高压岸电设施 90% 覆盖。船港岸电常态化使用方面,到 2023 年底,具备使用条件的船舶和港口企业实现岸电常态化使用。码头岸电用电量方面,到 2025 年,国际干线集装箱船舶、邮轮靠泊岸电用电量较 2022 年大幅上升。

为完成上述目标,《行动方案》提出了四个方面的任务。一是加快船舶受电设施改造。《行动方案》提出,航运企业要按照船舶受电设施安装率目标,积极推进现有不具备受电设施的国际干线集装箱船舶、邮轮改造,加强与靠泊码头的技术衔接,与相关港口等岸电供电企业做好船岸岸电设施联调,确保船舶在靠泊码头均可正常使用岸电。二是加快码头岸电设施建设与改造。《行动方案》提出,港口企业等相关岸电供电企业按照码头岸电设施覆盖率目标,加快现有未建岸电设施集装箱码头、邮轮码头以及已建但不符合供电要求的岸电设施建设改造,制定新建与改造计划,及时完成检测、与相关航运企业做好船岸联合调试工作,并加强对改造码头岸电设施的日常维护工作,保证岸电供应质量。三是现有具备条件的船港岸电要常态化使用。《行动方案》提出,港口企业等岸电供电企业和航运企业加强相关人员队伍建设与培训,建立健全岸电管理、使用、维护保养制度和操作规程,提高岸电专业技术支撑能力。船港双方加强对接,国际集装箱班轮公司与港口企业于 2023 年 12 月底前签订岸电使用协议,国际邮轮公司与港口企业于复航前签订岸电使用协议,明确岸电使用价格,鼓励引入保险机制,划清各方安全责任;逐船逐泊位落实岸电容量、接插件和位置匹配情况,通过优化航线、调整靠泊泊位等方式,尽快实现现有具备岸(受)电设施的码头和船舶常态化使用,尽早发挥岸电减排效应。四是加强船岸设施匹配。《行动方案》提出,国际集装箱、邮轮码头以及船舶的岸(受)电设施建设改造执行国际国内相关标准规范,均建设高压岸(受)电设施,并确保船岸设施的容量、电压、频率,以及接插件的规格、数量相互匹配。码头高压岸电设施建成后首次实船使用岸电前,或者停用 3 个月后再次使用前应按照《码头岸电设施检测技术规范》开展检测。船舶和码头首次使用岸电时应加强沟通配合,开展船岸联调,确保设施安全使用。

4. 水运行业推广 LNG

液化天然气(LNG)是一种清洁、高效的能源。推广 LNG 燃料在船舶上的应用,对优化交通领域能源结构、促进能源高效利用、实现节能减排目标具有重要的战略意义和现实意义。交通运输部于 2013 年 10 月制定了《关于推进水运行业应用液化天然气的指导意见》,明确提出开展加注方式的研究,合理规划设置加注站点,通过市场机制,有序推进加注设施建设,形成较为完善的加注服务体系。推进思路为先示范引领,后推广应用;先内河,再沿海,后远洋;先普通货船,再客船、危险品船。主要任务为完善标准规范、试点示范、加注站布局建设、应用研究、科技支撑等,到 2020 年内河运输船舶能源消耗中 LNG 的比例达到 10% 以上,且用能结构得到改善。

2014 年 4 月,财政部、交通运输部联合发布了《内河船型标准化补贴资金管理办法》,对于符合条件的新建 LNG 动力示范船舶,按照建造时间和主机总功率不同,给予单船在 63 万元至 140 万元不等的补贴额度。

2016 年,交通运输部相继出台了《液化天然气码头设计规范》和《内河液化天然气加注码头设计规范》(试行)等内河液化天然气码头和加注站设计的相关规范,为 LNG 加注体系的发展指明了方向。

2015 年 8 月,交通运输部印发《船舶与港口污染防治专项行动实施方案(2015—2020 年)》,提出"推动划定船舶大气污染物排放控制区并严格执行减排要求,研究制定天然气车船支持政策。鼓励在内河、湖泊和沿海发展以天然气(LNG)为燃料的运输船舶"。

2016 年 12 月,《国务院关于印发"十三五"节能减排综合工作方案的通知》提出:"促进交通用能清洁化,大力推广节能环保汽车、新能源汽车、天然气(CNG/LNG)清洁能源汽车、液化天然气动力船舶等,并支持相关配套设施建设。"

2017 年 6 月,国家发展改革委等 13 部门印发《加快推进天然气利用的意见》,提出"实施交通燃料升级工程,加快天然气车船发展,重点发展内河、沿海以天然气为燃料的运输和作业船舶,并配备相应的后处理系统。加快加注站建设,推进船用 LNG 加注站建设,加快完善船用 LNG 加注站布局规划"。

2017 年 8 月,交通运输部发布了《长江干线京杭运河西江航运干线液化天然气加注码头布局方案(2017—2025 年)》,提出到 2025 年前,基本建成长江干线、京杭运河、西江航运干线 LNG 加注码头体系,在长江干线、京杭运河、西江航运干线共布局 74 个 LNG 加注码头。

2017 年 11 月,交通运输部印发《关于全面深入推进绿色交通发展的意见》,提出"推广应用新能源和清洁能源车船。加大天然气等清洁燃料车船推广应用,支持内河高等级航道加气设施的规划与建设,支持在长江干线、京杭运河和西江干线等开展液化天然气加注码头建设"。

鼓励支持政策方面,国内出台众多鼓励政策,其中 2014 年和 2016 年分别出台了新建 LNG 燃料动力船舶及整体换装 LNG 燃料动力系统补贴政策,已于 2017 年底截止。财政部又于 2018 年印发《关于节能、新能源车船享受车船税优惠政策的通知》提出船舶的主推动力装置为纯天然气发动机,发动机采用微量柴油引燃方式且引燃油热值占全部燃料总热值的比例不超过 5% 的,视同纯天然气发动机,享受免征车船税。

5. 打造近零碳排放港区

2023 年,交通运输部印发工作通知,开展公路水路典型运输和设施零碳试点工作。工作通知中对零碳码头试点提出了要求。一是实施新能源清洁能源替代。码头装卸机械、水平运输机械和拖轮实施电能、氢能、甲醇、LNG 等新能源清洁能源 100%替代;按相关规定具备岸电供电设施,并向具备岸电受电设施的船舶提供岸电;冬季采暖地区,码头采暖系统应用电气化设备,应 100%采用电气化或太阳能、地源热泵、空气源热泵、生物能等清洁化供热技术。码头餐厅、厨房等辅助生产和附属生活设施应采用 100%的电气化或清洁能源设备。二是推进绿色电力供给。鼓励码头实施清洁能源新能源发电供给,鼓励采用太阳能、风能、氢能等技术发电。码头应综合采用电能、太阳能、风能和氢能等 2 种及以上的新能源和清洁能源。三是加强污染物防治。确保船舶污染物接收设施有效运行。干散货码头粉尘治理须达到环保要求,鼓励有条件的干散货码头应用带式输送机管廊。四是提升能源管理水平。码头应建立智慧能源管控平台,合理调度港口生产和辅助生产用能需求,实时监测码头用能情况。

6. 绿色港口等级评价

1) 政策概述

《交通运输"十二五"发展规划》指出:"交通运输发展面临的土地、岸线等资源紧缺的刚性约束将进一步强化,环境和生态保护任务更加繁重,推进资源节约和环境保护,促进经济发展模式向高能效、低能耗、低排放模式转型,对交通运输绿色发展提出了更加迫切的要求。"为此,《"十二五"水运节能减排总体推进实施方案》提出建设绿色水运长效机制的要求,借鉴北美开展绿色海运认证、欧洲开展生态港认证以及住房和城乡建设部发布的《绿色建筑评价标准》(GB/T50378—2006)等相关领域的工作经验,启动了包括研究编制《绿色港口评价标准》(JTST105-4-2013)在内的中国绿色港口评价体系建设工作。《绿色港口评价标准》完成编制工作后,于 2013 年 4 月发布,同年 6 月实施。中国港口协会依据交通运输部发布的《绿色港口等级评价标准》,于

2015 年 4 月启动了中国绿色港口等级评价工作。港口协会于 2015 年 4 月组建了绿色港口等级评价评审委员会,在科研院所的支持下研究制定了《绿色港口等级评价试点规范性文件汇编》并在会员单位内发布。2020 年 5 月,《绿色港口评价标准》修订为《绿色港口等级评价指南》(JTST105-4-2020)重新发布,并于 2020 年 7 月开始实施。以《绿色港口等级评价指南》为核心的系列规范性文件搭建形成中国绿色港口评价体系的框架。

2) 评价实施

目前我国的绿色港口等级评价工作由中国港口协会组织开展,2020 年度评价对象为全国港口行业范围内的专业化集装箱码头。2021 年起评价对象拟扩大为全国港口行业范围内的专业化集装箱码头、矿石码头、煤炭码头和邮轮码头,评定等级分为 5 星级、4 星级、3 星级三个"绿色港口"等级。中国港口协会负责绿色港口等级评价工作的组织管理,由中国港口协会组建的绿色港口等级评价委员会(简称"评委会")具体负责评价工作。全国港口行业范围内的各港口企业自愿参加。经过申报企业申报、初审、现场评审、评定等级等 4 个环节后,确定评定等级。中国港口协会将在大型会议或活动上向获评相应等级"绿色港口"的企业颁发牌匾和证书,并将绿色港口等级评价结果及相关资料汇总后报送交通运输部及有关司局,为交通运输部对港口绿色发展水平进行整体评估及开展相关技术研究和推动工作提供重要参考。

3) 指标体系

《绿色港口等级评价指南》根据绿色港口的内涵构建了绿色港口等级评价指标体系,形成了 4 个评价项目,7 项评价内容和 19 个评价指标的层次结构(见表 2-8)。在评价体系设计上实现"理念""行动""管理""效果"四个评价项目有机统一,"理念"是指导绿色港口发展的思想,"行动"是为建设绿色港口采取的具体技术措施,"管理"是为建设绿色港口采取的管理措施,"效果"是绿色港口建设水平的体现。因此,"理念"和"管理"评价项目下设的指标为共性指标,"行动"和"效果"评价项目下设的指标更多地反映不同类型码头的作业工艺、设备、污染防治措施及特征污染物等特点。

表 2-8 绿色港口等级评价指标体系

项目	内容	指标
理念	战略	战略规划
		专项资金
		工作计划
	文化	企业文化
		教育培训
		宣传活动
行动	环境保护	污染防治
		资源利用与生态保护
	节能低碳	主要设备
		作业工艺
		辅助设施
		能源消费
管理	体系	管理机构
		审计认证
	制度	目标考核
		统计监测
		激励约束
效果	水平	环保生态
		节约低碳

"碳"寻技术之路篇

聚焦源头控制、过程优化与终端治理的创新链条,阐释清洁能源替代、智慧化运营、全流程降碳等核心技术如何驱动港口向低碳化、智能化升级,体现新质生产力在港航领域的关键突破。

引言

在"双碳"战略目标的系统性指引下,我国港口绿色低碳转型已构建起多维治理框架并取得显著成效,但结构性减排压力依然巨大。据《蓝港先锋 2023》监测数据显示,2022 年全国仍有 38.7% 的港口城市的细颗粒物年均浓度和 41.2% 的港口城市的臭氧年均浓度超出环境空气质量标准,这揭示出港口环境治理正面临污染物与温室气体协同减排的复合型挑战。随着港航经济持续增长与货物吞吐量指数级攀升,港口绿色转型亟须构建"源头防控—过程优化—末端治理"的全链条治理体系,通过清洁能源替代、用能结构优化、负碳技术集成等创新路径实现深度减排。

港口运营产生的环境负荷具有多维复合特征:从排放源维度看,涵盖船舶动力系统、港作机械、集疏运车辆、仓储设施及配套建筑等多重排放主体;从活动类型维度看,可分为装卸作业、集疏运输、货物储运、生产辅助四大排放场景;从生命周期视角看,既包含柴油、燃料油等化石能源直接燃烧产生的即时排放,又涉及电力等二次能源在生产输配环节的间接排放。基于此,系统性减排路径应锚定能源供给侧清洁替代、能源消费侧能效提升、排放末端负碳技术应用三大核心环节,因此,本篇将从三个环节入手,探寻"双碳"战略下,港口新能源供应技术、碳排放控制技术与碳排放处理技术。

第3章
源头控制：港口新能源供应技术

3.1 光伏

光伏是最优质的绿色能源之一，在我国新型能源体系构建中发挥着重要作用。根据世界自然基金会研究结果，1平方米的光伏发电系统能够产生与100平方米植树造林相同的二氧化碳减排效果。我国平均日照情况下，若安装1千瓦的光伏发电系统，每年可产生约1 200千瓦时（俗称"度"）电，可减少约400公斤标准煤的耗用，相当于减少约1吨二氧化碳排放。

3.1.1 光伏发电技术

1. 技术原理

利用半导体界面的光生伏特效应（简称：光伏效应）将光能直接转变为电能的技术被称作"光伏发电"。光伏效应是指光照引起不均匀半导体或半导体与金属结合的不同部位之间产生电位差的现象。

举例来说，硅原子外层电子数为4，在纯硅中掺入外层电子数为5的原子（如磷原子），即可形成N型半导体；若在纯硅中掺入外层电子数为3的原子（如硼原子），则形成P型半导体。当太阳光照射到PN结时，激发出电子和空穴,使 PN 结产生电压,电子从 P 型半导体流向 N 型半导体,从而形成电流。

2. 分类特征

光伏电站按照布置形式可分为集中式电站和分布式电站两大类。其中,光伏发电装置由三大部分组成:光伏电池板(电池组件)、控制器和逆变器。

1) 集中式光伏电站

集中式光伏电站是指国家利用山地、水面、荒漠等较为宽阔的地域集中建设光伏电站,其产生的电力可以直接输入到公用电网中,然后经过高压传输线路向远程用户提供能源。集中式光伏电站的规模较大,一般均在十兆瓦以上,百兆瓦级别的特大型光伏电站目前也呈逐步增加趋势。

2) 分布式光伏电站

分布式光伏电站是指利用分散式资源,布置在用户附近的发电系统,装机规模通常较小,运行方式以用户侧的自发自用为主,而多余的电力一般接入低于 35 千伏或更低电压等级的电网。

随着技术成本的不断降低,光伏发电的应用范围越来越广泛,应用模式更加多元化,跨界融合趋势愈发凸显。针对港口行业,光伏发电技术主要有海上光伏发电(集中式光伏电站)和港口分布式光伏发电(分布式光伏电站)两类应用场景。

3.1.2 海上光伏发电技术

1. 分类特征

相较陆上光伏,海上光伏水面开阔无遮挡,光照较长且利用更加充分(水面反射光),因此它具有土地占用少、发电量高、易与其他产业相结合等特点。

海上光伏电站主要有桩基固定式电站和漂浮式电站两类。现阶段,以桩基固定式电站为主,漂浮式电站建设还处于从 0 到 1 的过程。然而,桩基固定式海洋光伏电站是将发电设备固定在近海或滩涂区域,适用于水深较浅的海域,在迈向较深海域时,会面临较大的技术和经济压力。海上漂浮式光伏造价较高，但是适用范围更广，或将成为未来海洋光伏电站的主流形式。

1) 桩基固定式光伏电站

桩基固定式光伏电站，又名架高式水面光伏电站，通常适用于水深不超过 5 米、水位变化幅度较小且无场地沉陷情况的区域。其采用 PHC 管桩与热镀锌钢支架相组合的方式，桩顶高度需在水位之上 0.4 米及以上。为便于船舶顺利通行，光伏组件下端与最高水位之间的距离应在 1 米以上，组件以最佳倾角进行安装。此类电站大多采用"渔光互补"的建设模式，充分利用水产养殖集中地区的池塘以及海洋资源，开发建设光伏发电项目，推行"海上光伏发电、水下养殖"的模式，进而实现多产业的协同互补发展。

2) 漂浮式光伏电站

漂浮式光伏电站，是指光伏组件、逆变器等发电设备，借助水上浮体、浮台，漂浮在水面上进行发电，通常适用于水深大于 5 米的中远海水域。此类电站主要采用浮管式和浮箱式两类结构形式。

2. 关键技术难点

1) 海上光伏系统易受环境因素影响

海上多台风、海浪、潮汐、海冰等天气和现象，光伏发电更容易受到地形、气候等自然因素的限制。此外，海上工况对光伏电站的建设、运维、设备机械连接稳定性、设备安全等也带来巨大挑战。

从设备技术角度来看，海洋风暴、海冰、鸟粪或海洋生物附着、盐雾腐蚀等都给组件带来巨大威胁。海上电站的防腐蚀要求高，而常规金属边框不具备海上环境抗盐雾腐蚀能力。此外，玻璃腐蚀也是影响组件安全性的关键原因之一。玻璃腐蚀主要是水汽侵蚀到玻璃基体使其水解，导致镀层剥落，影响组件发电及介电性能。接线盒和连接器密封性不好也容易导致水汽进入其内部造成绝缘体失效、导体腐蚀烧毁等问题。因此，组件整体需要针对海上环境进行抗腐蚀性和密封性的改进。

从电站设计和建设角度来看，海上光伏项目的设计方案受台风、海冰、潮汐等不良天气环境影响较大，工程地质条件与陆上相比也更为复杂。因此，光伏组件及逆变器设备选型需要综合考虑海洋环境、发电效率、施工难度、成本经济性等因素,选用高效组件可以减少用海面积,减少海上作业工作量。电站支架单元的设计需要综合考虑地质条件、桩型、支架、施工船只。海上光伏项目发电设计倾角受海域使用成本、支架成本、风荷载、施工工期等因素影响,应综合成本经济性等各项因素,确定最佳倾角。海上光伏项目工程建设安全性要求更高,需要考虑到太阳能资源、气象水文条件、工程地质条件、景观设计和立体化开发等难点。同时,海上光伏的建设还需要综合评估其对资源环境的影响。比如,大面积覆盖海域对溶解氧、海洋植物光合作用、鸟类、渔业等资源环境会产生一定影响。

2)海上光伏成本仍未找到合理下降路径

在海上光伏项目的建设过程中,所涉及的成本包括海域使用金、对渔业养殖的赔偿费用以及桩基础费用等。目前,我国海上光伏项目建设仍处于初级阶段,建设成本依旧较高,很难从商业化角度看待海上光伏电站的建设成本。据国际可再生能源机构测算,海上光伏电站的建设成本比陆地光伏电站要高出 5%—12%。其中,漂浮式光伏电站的造价更高,其原材料成本比常规光伏原材料高出 10%—30%。

导致海上光伏电站成本较高的因素很多。以海上桩基固定式电站为例,建设过程中,海底泥深,且为了避浪使得桩顶高程高,桩基长度达到 20 米以上,还需要配备海上升压站,同时送出线路涉及海缆送出的征地、征海问题。海上施工的打桩、吊装、海缆铺设受到海上施工窗口期影响,后期海上运维如清洗、更换、巡视等难度也较大。

3.应用情况

1)国外海上光伏应用案例

(1)新加坡

2021 年新加坡政府公布了 2030 年新加坡绿色发展蓝图,旨在推进新加坡可持续发展,提升可再生能源发电占比。作为一个资源稀缺的国家,新加坡政府将目光瞄准了海上,在柔佛海峡部署了 5 兆瓦的海上漂浮电站。该电站配备了超过 3 万个浮动模块,这些模块用于支撑 13 000 多个太阳能板以及 40 个逆变器。该电站每年能够生产大约 600 万千瓦时电,同时可减少约

4 000 吨二氧化碳的排放。此外，该系统采用了稳健的恒张力系泊系统，能够承受复杂多变的天气条件，保持平台运行设备的稳定。

（2）德国

德国 SINN Power 公司利用波浪能和太阳能发电的可再生能源项目，旨在为港口提供清洁能源，减少碳排放和环境污染。该项目主要使用浮动式海洋太阳能板和振动发电装置将波浪能和太阳能转化为电能，并通过电缆将电能输送至港口设施。项目设施（尺寸：6×12 米）配备可调节浮力的装置以适应不同的负载情况。结构围栏由海运铝制成，每个浮体由一个聚乙烯板、一个连接枢纽和一个皮带组成。支撑浮标能够实现平台的矫正运动，减少整个结构内的张力。

（3）挪威

2018 年，位于挪威西海岸的裸露近岸建造了最大输出功率为 100 千瓦的海上漂浮式光伏项目 KYRHOLMEN，该项目使用的是直径 50 米的圆形水面系统。与一般的浮动式或固定式光伏发电系统相比，该系统的模组与水面只有薄薄一层塑胶膜相隔，降温效果更好，发电量与性能也同时增加。塑胶膜有优异的水弹性，模组能随着波浪上下起伏，有效降低风阻，可抗每小时275 公里的狂风。

（4）荷兰

荷兰海上漂浮式光伏开发商 Solar Duck 是全球海上光伏产业的先锋者。针对设备不能长期经受海浪冲击或容易被风打翻的问题，Solar Duck 开发出一种三角形的光伏设备。浮动平台是四个小等边三角形组成的大等边三角形结构（尺寸：16×16×16 米）。三角形之间灵活连接，可以随着波浪运动，海水无法在光伏板上聚集，大幅减少被风浪损害的可能。Solar Duck 还把光伏装置提升到高于海面 3 米的位置，再搭配海洋级铝，整个系统寿命长达 30年，并且可以承受 5 米浪高、抵抗 30 米每秒的飓风。这种设计主要是为了保持电气设备的干燥、清洁和稳定，同时实现安全操作并减少维护。

（5）印度

位于印度卡耶姆库拉姆（Kayamkulam）的光伏发电项目是印度目前规模最大的漂浮式光伏发电项目，整个项目安装在近海开放海域上，装机容量为

101.6 兆瓦。项目配备一个容量为 5 兆瓦的浮式逆变器平台,使用了 134 个铸造桩基础锚定在水底,这些基础钻孔深达 20 米,以支持中央检测、控制站和 33/220 千伏开关站。

2) 国内海上光伏应用案例

我国拥有长达超过 1.8 万公里的海岸线,可利用海域面积超过 300 万平方公里,从理论上来说,可发展近 7 亿千瓦的海上光伏。当前,我国海上光伏的项目储备已然超过 500 万千瓦。在天津南港、广西防城港、江苏连云港、河北黄骅港和曹妃甸以及山东、浙江、福建等省份的重点区域,均有相应的项目或者规划中的项目。

(1) 山东

山东是国内首批启动海上光伏项目的省份,进度最为靠前。

2022 年 10 月 31 日,山东半岛南 3 号海上风电场 20 兆瓦深远海漂浮式光伏 500 千瓦实证项目成功实现发电,成为首个深远海风光同场漂浮式光伏实证项目。

2023 年 12 月,全国首个大规模近海桩基固定式海上光伏项目——中广核烟台招远 400 兆瓦海上光伏项目正式开工建设。此项目坐落于山东省烟台市招远市北部的莱州湾海域,总规划面积约为 6.44 平方公里,由 121 个光伏子阵构成。项目建成后,在长达 25 年的运行期内,预计年平均发电量可达 6.9 亿千瓦时。该项目所采用的光伏组件,是中广核联合合作产业链共同研发的国内首款具有完全自主知识产权、能够适应海洋特殊环境的双面双玻高效单晶异质结组件。

(2) 连云港

2024 年 5 月,中核田湾 200 万千瓦滩涂光伏示范项目用海获得国务院批复。该项目是国内首批上报国务院审批的海上光伏项目,同时也是中国目前涉及海域面积最大的立体分层设权用海项目,用海类型为电力工业用海,用海期限为 27 年。项目建成后,将平均每年提供清洁电能 20 亿千瓦时。项目用海将用于建设光伏阵列及其配套设施,用海空间层均为水面,与田湾核电温排水用海进行立体和复合利用。作为全球首个"核热光储"多能互补示范项目,该项目建成后将与中国核电旗下的田湾核电站 1 至 8 号机组相互耦合,进而形成总装机容量超过 1 000 万千瓦的大型综合能源基地。

3.1.3　港口分布式光伏发电技术

1. 分类特征

1）建筑屋顶分布式光伏系统

港口建筑屋顶分布式光伏发电（即"光伏＋港口"），主要是充分利用封闭车间、建筑物顶部等空间来建设光伏发电系统，并接入港区内配电网络。它采取"自发自用、余电上网"的模式，以提高港口清洁能源的应用比例。此外，光伏组件能够起到一定的隔热效果，有助于降低建筑物的能耗，同时也对提升老仓房的外观形象具有积极作用。

2）光伏气膜一体化集成

港口散货堆场在装卸、堆存和运输过程中会产生大量的粉尘，而气膜仓储是港口码头散货堆场实现环保封闭的重要手段。气模（即气承式膜结构）使用特殊的建筑纤维膜材料充当"外壳"，通过自动化的增压、鼓风机系统将"外壳"支撑，内部无梁无柱，造价低、建造快，在港口大型堆场环保封闭中具有较大的优势。

气膜仓具有体量大、高度高、上部光照资源丰富等优势，非常适合安装太阳能光伏组件。因此，将光伏与气膜应用技术创新性结合，利用太阳能发电的柔性光伏组件与气膜进行集成，打造气膜"自发自用、余电上网"的新模式，可以实现能源供应侧和消费侧双向降碳。

2. 应用情况

1）江西鹰潭港

2023 年 8 月 10 日，由江西省港通能源有限公司投建的江西省内首个港口码头分布式光伏发电项目——鹰潭港余江中童综合码头 0.5 兆瓦分布式光伏项目，在鹰潭港余江中童港区成功并网发电。项目集柔性光伏车棚、建筑屋顶光伏、阳光棚光伏及地面光伏于一身，总装机容量 500 千瓦，包含 655 瓦的光伏组件 466 块,470 瓦的光伏组件 414 块,通过直流电缆分别连接至 5 台逆变器,预计年发电量约为 50 万千瓦时,相当于减少约 154 吨标准煤的消耗,减少二氧化碳排放 479 吨。该项目年发电量可覆盖余江中童综合码头全年用电量,有效助力"近零碳"码头创建。

2）南京港

2023 年 11 月 17 日,中铁十四局建设的南京港新分布式光伏发电项目——镇江大港光伏工程顺利并网发电。南京港光伏项目总装机容量为 8.9 兆瓦,主要为镇江港工程、新生圩工程、天宇工程 3 个光伏发电项目。其中,镇江港光伏工程面积 23 000 平方米,装有光伏组件 6 708 块,建成后每年可产生清洁电能 362 万千瓦时,节约标准煤上千吨。项目使用了国内先进的分布式光伏电站智能集中控制系统,不但能随时通过大数据对电站发电效率、光伏阵列电流等关键运行指标进行分析,还能通过远程运维技术,精准定位故障设备和异常光伏阵列,实现"无人值班,少人值守",将后期运营管理成本降低 20%。

3）常州港

2023 年 10 月,国内首套大规模"光伏气膜"电站项目在常州港录安洲长汇码头宣告建成。该项目包含 4 座气膜光伏大棚,总投影面积逾 27 万平方米,一次能够堆存矿石等散货 150 万吨,从船到库以及从库到船的装卸流程均实现了全封闭作业。项目总装机容量的最大输出功率为 11.64 兆瓦,其中气膜膜面分布式光伏装机的最大输出功率为 7.66 兆瓦,年发电总量可达 1 156 万千瓦时,可覆盖码头用电量的 52%。项目建成运行后,每年能够减少约 9 500 吨二氧化碳排放。

3.2　风能

风能是当前全球开发程度较高的可再生能源之一。在我国,可开发利用的风能储量大约为 10 亿千瓦。其中,陆地风能储量约为 2.5 亿千瓦(离地 10 米高度处),而海上可开发与利用的风能储量约为 7.5 亿千瓦。

3.2.1　风电技术

1. 技术原理

风力发电是将风的动能转化为机械动能,再把机械能转变为电力动能的过程。风力发电的原理为：当风吹过叶片时,会形成正反面的压强差,进而产生升力,促使叶片持续旋转并横切风流。叶片的旋转运动通过齿轮传递至机舱内的发电系统,以此带动发电机发电,最后由变压器将发电机的电压提升至配电网电压进行输送。

2. 系统组成

风力发电所需要的装置,称作风力发电机组,主要包括发电机、风轮和铁塔三部分。

(1) 发电机。风力发电机主要分为水平轴风力发电机和垂直轴风力发电机两类。水平轴与垂直轴的区分在于风轮旋转轴与气流方向的关系：若风轮旋转轴平行于气流方向,即为水平轴;若垂直于气流方向,则为垂直轴。垂直轴风力发电机的叶片与飞机的尾翼相似,稳定性更高。

(2) 风轮。在实际应用中,风轮装置将来自气流的部分动能传递给相关设备,使风轮转动,促进能量转换与传递。因此,风轮装置的工作原理是以风能为根本驱动力,驱动叶片旋转,确保有足够的转速进行发电。除发电之外,风轮装置获取的能量还可用于制热或其他能量转换。

(3) 塔架。塔架是风力发电机组的重要支撑构件。它能够使叶轮达到一定高度,从而拥有足够大的风速条件来驱动叶轮转动。

3. 关键技术

1) 电子变换器控制技术

电子变换器是风力发电装置的重要组成部分之一,可显著提高能源的转化与传输效率,在大规模风力发电系统中应用较为广泛。在应用 PWM(脉冲宽度调制技术)整流器的过程中,采用电子变换器控制技术,能够实现最大功率输出。在矢量控制方面,选取合适的整流器,能够避免有功功率与无功功率之间的制约效应,满足用户的实际需求。

2)风轮控制技术

风轮控制技术的主要作用在于确保发电系统的稳定性。该技术主要通过信号反馈获取相关功率信号,进而分析数据间的关系并绘制相应曲线。在实际应用中,需对比系统的最大功率与实际输出功率,分析两者差值并进行实际应用。同时,要对风电机组的叶片角度进行调整,以提升整体的运行效果。然而,风轮控制技术投入成本较高,获取最大功率曲线的难度较大,未来仍需进一步加强相关研究,降低技术成本,提升应用效率。

3)无功补偿技术

无功补偿技术主要用于保障系统的稳定性。在风电系统实际运行过程中,电压升高会使电流也随之升高,进而引发谐波问题,对系统元件造成破坏。因此,需要合理运用无功补偿技术,降低谐波问题的发生频率,减少因谐波问题导致整体电能效率低下的情况。在应用无功补偿技术时,需要充分发挥变流器的作用,通过调整电容压对无功功率进行改善,或者采取三角形连接的方式,这些方法均可以有效提升实际用电的可靠性与合理性。

3.2.2 海上风电技术

与陆上风电相比,海上风电具备更高的风能利用率、容量因数以及更强的社会接受度。

随着海上风电场朝着规模化、大型化方向发展,我国大型海上风电机组的研制取得了突破性进展,风电机组的单机容量逐渐增大。当前,海上风电机组所采用的技术主要有四类,分别为永磁直驱技术、双馈技术、中速永磁技术和高速永磁技术。

1. 海上风电基础结构形式

海上风电基础结构不但需要承受机组运行载荷、风载荷以及波浪载荷等的作用,还需承受海上恶劣环境的影响。在这种特殊的运行环境下,风电基础结构要为机组提供不少于 25 年的关键支撑,其费用占海上风电总投资的20%以上,远远高于陆上风电基础的费用。所以,合理选择风电基础结构形式是保障风电机组长期安全运行、降低海上风电投资的主要途径之一。

根据海上风电基础结构形式在属性、配置、安装方法、外形以及材料等方面的不同,可以将其划分为桩式基础、重力式基础、负压筒基础、漂浮式基础四大类。不同风电机组基础结构形式的适用水深范围及特点如表 3-1 所示。

表 3-1　不同风电机组基础结构形式的适用水深范围及特点

水深/m	结构形式		特点
0—30	桩式基础	单桩	● 桩腿为钢管桩,塔架可直接由基础桩腿支撑,也可通过过渡段将两者连接。 ● 结构简单、技术成熟、施工简便,应用较为广泛。
		多桩承台	● 由钢筋混凝土承台和一组钢管桩构成,钢管桩可设计为斜桩或直桩。 ● 施工技术较为成熟,基础防撞性能良好,对软土地基适应性较好。
0—30	重力式基础		● 依靠基础结构及内部压载重量抵抗上部机组和外部环境产生的倾覆力与滑动力,使基础和塔架保持稳定。采用陆上预制方式进行建造。 ● 结构简单,具有良好的稳定性。
30—60	负压筒基础		● 由筒体和外伸段组成,筒体为顶部密封、底部开口的筒型,外伸段可采用钢筋混凝土预应力结构或钢结构。 ● 无需打桩,施工速度快,但施工精度控制难度较大。
>60	漂浮式基础	驳船式、立柱式、半潜式、张力腿式	● 利用系泊或锚针在海底进行位置固定后漂浮在海面上的平台,通过自身重力、系缆回复力和结构浮力的平衡来维持风电机组基础结构的稳定性,能够精准控制海流影响产生的摇晃角度。 ● 机动性良好、易拆卸,可进行回收再利用。

由于近海风场常用的固定式风机在远海施工成本较高,且受海底地形与暗流影响较大等原因,漂浮式风机将成为未来远海风场的主力军。漂浮式基

础结构主要适用于水深超过 60 米的深远海区域。据不完全统计,目前国际上报道的漂浮式风机基础概念有 50 余种,主要包括驳船式、立柱式、半潜式和张力腿式四种形式。

驳船式基础平台通常由混凝土制成,其运行原理与船舶类似,具有较大的水线面面积、较小的吃水深度以及优异的稳定性,施工运输和安装都较为方便,一般适合安装在水深大于 30 米的区域。不过,由于驳船式基础独特的设计,在大风浪海域中横摇和纵摇运动响应剧烈,所以更适合在平静海域使用。全球具有代表性的驳船式基础项目为日本新能源产业技术综合开发机构的"IDEOL"。

立柱式基础具有质量较轻、结构简洁、稳定性良好、成本较低等优点,是当前最为成熟的技术之一。不过,该结构对水深有一定要求(通常安装在水深大于 100 米的海域),较大的吃水深度限制了将其拖回港口进行大修的能力。此外,由于立柱式基础体积庞大,其安装与运输的难度较高。全球具有代表性的立柱式基础项目/概念主要有 Statoil 公司的"Hywind"、Sway 公司的"Sway"、UPC 公司的"Wind Crete"、Japan Marine United 公司的"Advanced Spar"、Toda construction 公司的"Hybrid spar"、Deep wind consortium 的"DeepWind spar"等。

半潜式基础对水深的要求更为灵活,能够在浅水区作业,其运输费用相较于立柱式与张力腿式基础更低,还可以在港口侧进行大修,是目前应用最为广泛的漂浮式基础。然而,半潜式基础需要较高的结构质量以提供充足的浮力与稳定性,这增加了基础成本。此外,较多的焊接接头以及复杂的钢结构使得制造难度较高。目前,全球具有代表性的半潜式基础项目/概念有 Principle Power 公司的"WindFloat"、DCNS 公司的"Sea Reed"、GustoMSC 公司的"Tri-Floater"、Nautilus 公司的"Nautilus"、Aerodyn 公司的"Nezzy SCD"等。我国首个漂浮式风电"三峡引领"号示范样机也于 2021 年底并网发电,该样机采用半潜式基础形式,单机容量为 5.5 兆瓦,轮毂中心高度距海平面约 107 米,叶轮直径 158 米。

张力腿式基础具有结构质量低、风电机组活动部件少、稳定性高等优点。但是,该基础结构的安装需要定制安装驳船,安装难度较大,对系泊和锚泊系统具有较高的载荷。目前,全球具有代表性的张力腿式基础项目/概念主要有 Glosten 公司的"PelaStar"、Blue H Group 公司的"Blue H TLP"、lberdrola 公司的"TLPWind"、DBD Systems 公司的"Eco TLP"、GICON 公司的"GICON-SOF"等。

　　综上所述,半潜式平台凭借其在技术上的成熟度以及卓越的水动力性能优势显著,其基础结构的建造、组装、舾装、调试以及风力涡轮机的安装等流程均能够在码头环境中高效完成,之后通过拖船进行拖带和部署,这使其将会成为漂浮式风电所采用的主要基础形式。同时,半潜式平台更加适应我国的海况,能够广泛应用于我国的漂浮式示范项目,例如三峡阳江漂浮式示范项目、龙源电力漂浮式海上风电与养殖融合研究与示范项目等。然而,我国的漂浮式风电目前尚处于起步阶段,面临着诸多挑战与机遇。在此背景下,如何进一步减轻浮体质量、优化系泊系统将是未来技术研发的重点。

2. 海上风电防腐技术

　　海上风电所处的海洋环境湿度大、盐度高、风浪及各漂浮物的撞击力度大,风电机组基础、塔筒、机舱、叶片等设备部件极易被复杂多变的海洋环境腐蚀。因此,有效的防腐技术是海上风电研究的重点之一。

1) 常用防腐技术

　　海上风电设施的防腐防护体系包含防腐涂层技术、阴极保护系统以及预留腐蚀余量。对于大气暴露区域、飞溅腐蚀区以及潮差变动区域而言,防腐涂层凭借其出色的屏障特性,常常被优先选用作为防护手段。与之不同的是,在全浸没环境以及海泥沉积区域,阴极保护技术由于其电化学防护的高效性,已成为主导的保护方法。

　　防腐涂层。防腐涂层是指流动状态下能在物体表面形成薄层,干燥固化后仍能牢固附着且连续覆盖在物体表面的膜层物质。防腐涂层主要起着屏蔽、缓蚀钝化以及牺牲阳极保护等作用。通常,用于海上风电设施防腐的涂料主要有环氧类防腐涂料、橡胶类防腐涂料、氟树脂防腐涂料、有机硅树脂涂料以及富锌涂料等。其中,环氧类防腐涂料施工方便、价格低廉,具有很好的附着能力,防腐性能长效优异,在飞溅区和潮差区等恶劣环境下仍能展现出较好的防腐效果。因此,环氧类防腐涂料最为常见,市场份额占比也最高,例如我国的东海大桥、天津港等风电场都使用了此类涂料。除此之外,玻璃鳞片涂料及玻璃钢也较常使用。玻璃鳞片涂料属于湿固化环氧重防腐涂料,其防腐机理在于能在金属表面形成大量且致密的薄片层,产生层叠迷宫效应,腐蚀液难以渗透,从而延缓腐蚀。玻璃鳞片具有优良的抗渗透性、耐蚀性和良好的阴极相容性。玻璃钢全称纤维强化塑料,是一种无机材料,具有质轻、耐蚀、成型性好、操作简单、成本低廉等优点,缺点在于耐磨性能不佳。

阴极保护技术。阴极保护的基本原理是给被保护金属补充大量电子,使其整体处于一种电子过剩的状态,金属原子难以失去电子,进而难以变成离子溶于溶液,实现腐蚀防护。阴极保护技术可以进一步细分为牺牲阳极的阴极保护和外加电流的阴极保护两种类型。牺牲阳极的阴极保护也称为"保护器保护法",是将活性金属(电极电势较低的金属)与钢构本体电性连接,形成原电池,依靠活性金属不断腐蚀溶解所产生的电流,保护钢构本体。牺牲阳极法维护量较小,过保护概率低,较为安全,且常与防腐涂层配合使用,涂层作为额外的防腐补偿,可减缓阳极的消耗。外加电流法则是通过外加可调直流电源的方式,将被保护金属(钢铁)与电源负极相连作为阴极电源,正极与废金属(一般采用高硅铸铁等)相连作为阳极,充当辅助电极,使阴极金属处于保护电位,从而对阴极即钢构本体实施保护。

预留腐蚀裕量法。以钢结构的腐蚀速率及使用年限为基础,计算增加管壁钢板厚度,从而使得风电设备符合相关规定,满足使用寿命要求。该方法会导致钢管桩厚度及重量增加,可能导致施工设备结构发生改变,从而增加材料及施工费用,一般多用于监测构筑物的腐蚀程度。

2）新型防腐技术

金属热浸镀层。热浸镀也称为浸镀,是指将钢材制件经过酸、氯化铵等化学试剂清洗,去除表面氧化铁等物质,再放入热熔融状态下的金属液中浸泡,使熔融金属与钢铁反应,产生合金层,基体镀层二者结合,从而达到防腐蚀的目的。热浸镀后的钢材表面相对均匀且附着性能优异。目前,很多潮间带海上风电场中的爬梯、栏杆采用热浸镀锌、环氧封闭漆以及面漆相结合的防腐蚀方案,绝大多数的法兰和钢格栅均采用 110—130 μm 的热浸镀锌技术进行防腐。

金属热喷涂。热喷涂是一种表面强化技术，是指借助特定热喷涂装置所产生的高温高压焰流，将涂层材料迅速升温至熔融状态后，高速喷涂到已预处理过的钢铁表面，形成涂层的一种表面加工方法。目前，常用的 3 种基本热喷涂工艺分别是火焰喷涂、电弧喷涂和等离子喷涂，其中应用于海洋环境钢制物防腐的主要是前两种工艺。热喷涂沉积速度快、操作灵活，能改性被喷涂体，获得多种特殊的物理化学性能。在舟山海域的试验表明，经火焰喷涂的喷铝涂层及喷锌铝复合涂层比普通喷锌涂层具有更高的硬度、更好的耐久性和抗冲蚀性能。

包覆覆盖层防护。与防腐涂层方法相比，包覆覆盖层保护是一种更为长期有效（近 20 年）的防护技术，在飞溅区腐蚀防护中应用越来越广泛，并且包覆材料的种类也日益增多，主要有无机包覆、有机包覆以及矿脂包覆（petrolatum taped cover，PTC）等。基于矿脂材料的黏附性、电绝缘性、不溶于水、无挥发性等优点，PTC 覆层防腐就是在钢构表面先涂覆矿脂材料，再在矿脂材料外部包覆防护外罩的一种防腐蚀技术，该技术自日本引入国内后使用效果良好。

3. 海上风电运维技术

在海上风电装机容量快速扩张的背景下，海上风机运维需求也正在快速上涨。随着数字化和智能化技术的发展，海上风电智能运维已成为发展趋势。

1）海上风电巡检技术

双体运维船。采用双浮体形式，材质可选用钢质、铝合金或钢铝混合结构，具有稳定性好、甲板面积大等特征，是目前国内外最广泛推广使用的专业海上风电运维船。2020 年 7 月 18 日交付的"雄程天威 1"是我国当前最先进的风电运维船，设计为双体船，配备双舵桨、双艏侧推，以及六自由度波浪补偿登乘系统、直流电力推进系统、DP2 动力定位系统和高频柴油机组等先进的设备，开创多项国内第一。

运维母船。能够将大量备件和工具运输到海上风电场，同时可以为 50—100 名船员提供住宿。运维母船具备较长时间自持力，靠泊能力强，甚至配备动力定位,主要用于深远海风电运维,造价和运营成本较高,目前应用相对较少。

自升自航式运维船。配备敞开甲板和大型吊机,具备一定的起重能力,适合离岸距离远、水深 50 米以内的大多数海域作业(包括更换海上风电运维的大部件)。该运维船的机动性强、工作稳定性高,或将成为未来海上风电运维船的重要形式。

2) 海上风电运维管理系统

海上风电智慧运维管理系统是通过信息技术和物联网技术,对海上风电场实现实时监控、数据分析、故障诊断、预测维护等功能的综合性管理系统。它可以实现对风力发电机组、变电站、输电线路等设备的远程监测和管理,提高海上风电场的运行效率和安全性,降低运营成本。管理系统需要借助多项智能化技术来实现运维功能。其中,智能感知需通过智能传感技术、边缘计算技术及机器人技术等实现;智能监控需通过数据可视化技术、3D 建模技术和网络安全技术等实现;智能分析需通过模式识别技术、故障预警技术和大数据技术等实现;智能决策则需借助专家知识库、人工智能技术和数字孪生技术进行。

3.3 氢能

作为绿色、高效的二次能源,氢能是全球能源转型发展的重要载体之一。根据国际氢能委员会预测,到 2030 年全球将大规模利用氢能,到 2040 年氢能在全球终端能源消费中的占比将达到 18%,到 2050 年氢能消耗量将占能源消耗总量的 20%。

港口作为重要的综合交通运输枢纽,是氢能重要的应用场景和氢能贸易枢纽。"氢港"就是指具备氢能使用、氢能产业培育和氢能贸易的港口。国内外氢港的发展路径已较为明确,近期以临港氢能产业培育和港机等设备的氢能应用为主,中远期逐步开展氢能源贸易,形成"产-储-销-用"一体的全产业链条。

3.3.1　制氢技术

1.制氢技术概述

目前,成熟的制氢技术主要有三种,分别是化石燃料制氢、工业副产品制氢和电解水制氢,而生物质制氢、光热制氢、光电制氢及核能制氢等技术仍处于实验和开发阶段,产收率有待进一步提升,尚未达到工业规模制氢的要求。不同制氢技术的优缺点如表 3-2 所示。

表 3-2　主流制氢方式优缺点对比

制氢方式		优点	缺点	能源效率	氢气成本（元/Nm³）
化石燃料制氢	天然气制氢	产量高、成本低	排放温室气体	83	0.6—1.2
	煤制氢	产量高、成本低、商业化技术成熟	排放温室气体	63	1.0—1.2
工业副产品制氢	焦炉气制氢	利用副产物、成本低	焦炉气有污染性、建设地点受制于原料供应	—	1.2
	氯碱制氢	产品纯度高、原料丰富	建设地点受制于原料供应	—	1.3—1.5
电解水制氢		环保、产品纯度高	耗电量大、成本高	45—55	3.0—5.0
其他方式制氢	光解水制氢	无污染、零排放	技术不成熟、转化率低	10—14	—
	生物质制氢	环保、产量高	技术不成熟、产品纯度低	40—50	—

根据制氢来源和制备过程中的碳排放情况,可将氢能进一步分为灰氢、蓝氢和绿氢。其中,灰氢是通过化石燃料与工业副产品重整产生的氢气,蓝氢则是在生产"灰氢"的同时,使用碳捕捉、利用与储存(CCS)等先进技术将制氢过程产生的二氧化碳"清零",绿氢则是直接利用可再生能源发电,进而使

用电解水技术产生的氢气,从源头上彻底实现了二氧化碳零排放。现阶段,95%以上制备的氢气是灰氢,其他来源的氢气还非常有限。

未来,利用可再生能源电解水制氢,通过"电-氢-电(或化工原料)"的方式将电力、交通、热力和化工等领域耦合起来,是实现"绿氢"高效利用的最终目标。

2. 电解水制氢技术

电解水制氢的技术原理可以概括为通过电化学过程将水分子解离为氢气与氧气,并分别在阴、阳两极析出。具体电极反应因电解质不同而有差异,下为酸性条件。

$$阳极:H_2O \longrightarrow \frac{1}{2}O_2 + 2H^+ + 2e^{-1}$$

$$阴极:2H^+ + 2e^{-1} \longrightarrow H_2$$

$$总反应:H_2O \longrightarrow H_2 + \frac{1}{2}O_2$$

根据电解质系统的差别,电解水制氢技术主要分为碱性电解水、质子交换膜(PEM)电解水和固体氧化物电解水三种。不同电解水制氢技术特点如表3-3所示。

表3-3 不同电解水制氢技术特点

制氢技术	碱性 电解水制氢	PEM 电解水制氢	固体氧化物 电解水制氢
电解质	NaOH/KOH	质子交换膜	YSZ氧离子导体
操作温度/℃	70—90	50—80	500—1 000
阳极催化剂	Ni	Pt、Ir、Ru	LSM、CaTiO$_3$
阴极催化剂	Ni合金	Pt、Pt/C	Ni/YSZ
优点	成本低、长期稳定性好、堆规模大、非贵金属材料	设计简单、结构紧凑、体积小、快速反应、高电流密度	高能量效率、可构成可逆电解池、非贵金属材料
缺点	腐蚀性电解液、动态响应速度慢、低电流密度	贵金属材料、双极板成本高、耐久性差、酸性环境	电极材料不稳定、存在密封问题、设计复杂、陶瓷材料有脆性

1) 碱性电解水制氢

碱性液体电解水技术通常以氢氧化钾或氢氧化钠水溶液作为电解质，以石棉布作为隔膜，在直流电的作用下将水电解，生成氢气和氧气。碱性电解槽主要由液态电解质和多孔隔板组成。碱性电解水制氢反应温度较低，一般为 60℃—80℃。产出的氢气纯度约为 99%，需要进行脱碱雾处理。

2) PEM 电解水制氢

PEM 电解水又称为"固体聚合物电解质"（solid polymer electrolyte，SPE）电解水。水在阳极上产生水解反应，在电场和催化剂作用下，分裂成质子、电子和氧气。质子在电势差的作用下，通过质子交换膜到达阴极，电子通过外部电路传导，在阴极上与质子发生反应并析出氢气，实现氢气和氧气的分离。在阴极的腔体内，随着产氢量的逐步增加，压力逐渐增大，直至达到预定压力。

3) 固体氧化物电解水制氢

高温固体氧化物电解电池（solid oxide electrolysis cell，SOEC）是固体氧化物燃料电池（solid oxide fuel cell，SOFC）的逆反应。阴极材料一般采用 Ni-YSZ 多孔金属陶瓷，阳极材料主要是钙钛矿氧化物材料，中间的电解质采用 YSZ 氧离子导体。为了保证阴极的还原气氛，防止阴极材料 Ni 被氧化，采用混有少量氢气的水蒸气，从阴极进入并在阴极发生电解反应，分解成氢气和超氧阴离子（O_2^-），O_2^- 在高温环境下通过电解质层到达阳极，并在阳极失去电子，从而生成 O_2。

3. 海水制氢技术

海水成分非常复杂，涉及的化学物质及元素有 92 种。海水的盐度大约为 35‰，其中钠（Na^+）、镁（Mg^{2+}）、钙（Ca^{2+}）、钾（K^+）、氯（Cl^-）、硫酸离子（SO_4^{2-}）占海水总含盐量的 99% 以上。海水中所含的离子、微生物和颗粒等，可能会导致制氢时出现副反应竞争、催化剂失活、隔膜堵塞等问题。为此，以海水为原料的制氢技术逐步形成了海水直接制氢和海水淡化间接制氢两种不同的技术路线。

1) 直接制氢：无淡化海水制氢

海水直接制氢主要是通过光解水制氢或电解水制氢的方式制取。

(1) 海水光解制氢

光解水制氢技术是指在光照条件下直接将光能转换为化学能的过程,其核心机制是半导体材料的光电效应。具体而言,当入射光子的能量达到或超过半导体材料的禁带宽度时,价带中的电子被激发跃迁至导带,产生光生电子与空穴对。这些电子和空穴迁移到材料表面后,与水分子发生氧化还原反应,最终析出氧气与氢气。

光催化剂制氢主要分为光催化与光电催化(Photo electro-catalytic,PEC)两大途径。光催化分解是指通过将光催化剂粉末均匀散布于水溶液内,在光的辐照下产生氢气与氧气的过程。该方法的优势在于装置构造简单,并且催化剂能与水充分接触。然而,该方式下产物气体(氢气与氧气)的有效分离困难,同时光激发产生的电子-空穴对容易复合。相比之下,PEC 技术通过将光催化剂制成电极并浸入水溶液中,结合辅助电极与外加电路,在光照与偏压的共同作用下,实现两电极上氢气与氧气的分别析出。该方法的优点在于氢气和氧气易分离,并且在偏压作用下降低了电子-空穴对的复合概率,但其局限性在于光照面积小且需要外部能量输入。

鉴于海水成分复杂以及高效催化剂的缺乏,光解水制氢技术目前仍处于基础机理研究与初步实验探索阶段。

(2) 海水电解制氢

海水电解反应可以分为阴极析氢反应(Hydrogen Evolution Reaction,HER)和阳极析氧反应(Oxygen Evolution Reaction,OER)两个半反应。

对于阴极来说,天然海水中存在的各种溶解态阳离子(Na^+、Mg^{2+}、Ca^{2+} 等)、细菌/微生物和小颗粒等杂质可能会随海水电解过程的进行产生 $Mg(OH)_2$、$Ca(OH)_2$ 沉淀物,覆盖催化剂活性位点,从而使催化剂中毒失去活性。对于阳极来说,OER 是一个复杂的四电子转移反应,反应动力学缓慢,需要更高的过电位。而海水中的高浓度氯离子带来的析氯反应和次氯酸盐的形成都是二电子反应,与 OER 反应相比,反应动力学较快,因此会干扰 OER 并与之竞争,进而降低转化效率。因此,开发具有高活性、高选择性的海水电解催化剂,是避免海水中离子及杂质影响的有效途径。

尽管目前海水电解制氢是海水直接制氢中相对成熟的技术,但是针对海水直接制氢面临的析氯副反应、钙镁沉淀、催化剂失活等关键技术难题，未来需要通过纳米工程、表界面工程、掺杂、包覆、理论计算辅助探究活性位点，来开发高性能 HER/OER 催化剂，采取选择性渗透、覆盖钝化层、净化、海水蒸气等方式以避免海水离子和杂质对电解反应的干扰。同时，开展海水电解制氢的放大试验，进一步促进海水电解制氢技术的发展。

2）间接制氢：淡化海水制氢

海水间接制氢本质上是将海水先淡化形成高纯度淡水再制氢，即海水淡化技术与电解、光解、热解等水解制氢技术的结合。

目前，海水间接制氢淡水电解制氢已商业化，在现有海水制氢的国内外示范项目中，主要是将海水淡化后，再利用海上风能或太阳能将水分解成氢气和氧气。从产能来看，国内外可再生能源制氢项目仍然是小规模试点，且大多处于在建或拟建阶段。

3.3.2　氢储运技术

氢能供应最主要的挑战是储运，找到安全、经济、高效、可行的储运模式，是实现港口氢能全生命周期应用的关键。氢能储运包括氢能源的储存和运输两方面。

1. 储氢技术

目前，储氢方法主要分为高压气态储氢、低温液态储氢、有机液体储氢和固体材料储氢 4 种。不同储氢技术特点如表 3-4 所示。

表 3-4　不同储氢技术特点对比

储氢方式	优点	缺点	主要应用
高压气态储氢	技术成熟、结构简单、充放氢速度快，成本及能耗低	体积储氢密度低，安全性能较差	普通钢瓶：少量储存；轻质高压储氢罐：多用于氢燃料电池
低温液态储氢	单位体积储氢密度大，安全性相对较好	氢液化能耗大，储氢容器要求高	大量、远距离储运，主要用于火箭低温推进剂

(续表)

储氢方式	优点	缺点	主要应用
有机液态储氢	液氢纯度高,单位体积储氢密度大	成本高、能耗大,操作条件苛刻	—
固体材料储氢	单位体积储氢密度大、能耗低、安全性好	技术不成熟、单位质量储氢密度低、充放氢效率低	实验研究阶段

1) 高压气态储氢

高压气态储氢技术发展相对成熟,已成为应用最广泛的储氢手段之一。该技术基于高压原理,将氢气压缩至耐压气罐中储存,氢气的储量与储罐内的压力成正比。该技术的优势在于存储能耗与成本相对较低,可以通过减压阀灵活调控氢气的释放过程。未来,高压气态储氢技术需持续朝着轻量化、高压化、低成本及质量稳定的方向迈进,进一步探索新型储氢罐材料以适应更高压力环境下的储氢需求,提升储氢的安全性与经济性。

2) 低温液态储氢

低温液态储氢是一种将氢气液化再存储于低温绝热真空容器中的存储技术。液氢密度约为标况下氢气密度的 850 倍,因此即便将氢气压缩,其单位体积的气态储存量仍不及液态形式。然而,液氢的沸点极低($-252.78℃$),与环境温度差异巨大,使得对储氢容器的绝热性能要求较高。因此,未来研究需要加大对低温液态储氢及有机液态储氢技术的研发力度,开发低成本、低能耗的脱氢催化剂和低熔点储氢材料。

3) 有机液态储氢

有机液态储氢通过加氢反应,将氢气与甲烷等芳香族有机化合物结合,生成甲基环己烷等稳定的饱和环状氢有机化合物液体,从而实现氢能安全高效的储存与运输。然而,有机液态储氢技术面临脱氢工艺复杂、脱氢能耗较高以及脱氢催化剂技术亟待革新等关键技术挑战。若能攻克这些难题,有机液态储氢技术有望成为氢能储运领域最具大规模应用潜力的技术之一。

4) 固体材料储氢

依据固态材料储氢机制的不同,储氢材料可以分为物理吸附型储氢材料和金属氢化物基储氢合金两大类。其中,金属氢化物储氢是当前极具前景且发展迅速的固态储氢技术。该技术利用金属氢化物储氢材料(如 $LaNi_5H_6$、MgH_2 和 $NaAlH_4$)来储存和释放氢气,在一定温度下施压,使过渡金属或合金与氢气发生反应,使其以金属氢化物的形式吸附固定氢气,而加热氢化物即可实现氢气的有效释放。

2. 运氢技术

氢能的运输方式通常根据氢能状态和运输量分为气氢输送、液氢输送和固氢输送三种类型。

1) 气氢输送

气态氢气的运输主要分为高压长管拖车运输与管道运输两种方式。其中,高压长管拖车运输适用于氢气短距离运输,而管道运输则更适用于氢气的大规模远距离传输。尽管管道运输具有输氢量大、能耗小、成本低等优势,但是管道建设的初期投资相对较大。

2) 液氢输送

液态输氢技术通常应用于长距离、大运量的氢气传输场景。其中,液氢罐车的单次运输能力约为 7 吨,铁路液氢罐车的运输量介于 8.4 吨至 14 吨之间,专用液氢驳船的运载能力可达 70 吨。液氢储运不仅可以有效降低运输频次,还可显著提升加氢站的氢能供应能力。目前,日本与美国已将液氢罐车作为加氢站运氢的重要途径之一。

3) 固氢输送

在固体合金储氢技术体系中,镁基储氢材料等轻质储氢材料兼具较高的梯级储氢密度与储氢率。在氢能运输环节,将低压高密度固态储罐作为随车输氢容器使用,加热介质与相关装置则固定置于充氢和用氢场所,这种方式能够实现氢的快速充装及高密度运输,进而显著提高单车运氢量和运氢安全性。

4) 其他

针对氢能制备、储存及运输环节所面临的安全性挑战,有学者提出了"液态阳光"的思路,即通过二氧化碳与氢气反应生成甲醇,该物质作为一种优异的液态介质,能够高效、安全、便捷地储存和运输氢气,同时也可为难以上网的可再生能源弃风、弃光、弃水提供消纳渠道,有望成为除特高压输电之外另一种规模化输送能源的有效途径。

3.3.3 海上风电耦合制氢技术

海上风电制氢是未来绿氢生产的主力军之一。全球范围内已经公布的电解水制氢项目约有一半来自海上风电制氢。其中,德国、荷兰、丹麦等欧洲国家均已有百万千瓦级以上的海上风电制氢规划。

海上风电制氢系统主要由海上风力发电机组、电解水制氢系统和氢储运系统组成。

1. 海上风电电解水制氢技术

目前,适用于海上风电的电解水制氢技术主要是碱性和质子交换膜电解水制氢技术。

国内碱性电解槽以苏州竞立制氢设备有限公司、中国船舶集团有限公司第七一八研究所、阳光电源股份有限公司等厂商为代表,其生产能力、技术性能指标及制造成本具有优势,主流产品制氢能力达到 $1\,000\,Nm^3/h$ 及以上。

国外集中式和分布式海上风电制氢示范项目多数选择与波动性可再生能源匹配效果更好的质子交换膜电解槽。单堆兆瓦级质子交换膜电解槽已投入商业化应用,目前正在开发单堆 5 兆瓦电解槽,NEL、Cummins、Siemens Energy、ITM Power 等厂商质子交换膜电解槽的单堆制氢能力、寿命、能耗等指标处于领先地位。

总体上,低成本、单堆更大规模、高电流密度、高压、低电耗、长寿命是质子交换膜电解槽技术发展的大趋势。

2. 应用情况

目前,我国已打造一批初具规模的"氢港",分别位于山东省青岛市、上海市临港新片区、天津市滨海新区、江苏省张家港市、浙江省宁波市等地区,正成为中国氢能产业的样板示范区，为氢能产业的未来发展奠定坚实基础。在海外，美国的长滩港和洛杉矶港、荷兰的鹿特丹、西班牙的瓦伦西亚港、日本的横滨港等，都在采用氢能相关技术，来减少航运和港口的碳排放，并建立能源转型的综合体系。

3.4　热泵

热泵技术作为近年来在全球范围内备受瞩目的一种新型能源技术，其概念源自人们熟知的"泵"类机械设备，后者通过提升位能来实现介质的输送，例如水泵将水体从低处提升至高处。而"热泵"则是一种能够从环境介质（空气、水体和土壤）中捕获低位热能，并利用电能作为驱动力量，通过热力学循环过程，产生可供人类利用的高位热能的装置。

热泵系统与制冷系统的工作原理一致，均遵循热力学循环原理。以压缩式制冷系统为例，其运作流程为：低温低压的液态制冷剂（诸如氟利昂），在蒸发器（例如空调室内机）中从环境中汲取热量并发生气化，转变为低压蒸气。随后，制冷剂蒸气在压缩机内经历压缩过程成为高温高压蒸气，之后在冷凝器内被低温热源（例如冷却水）冷却凝结为高压液体。最终，高压液态制冷剂通过毛细管、热力膨胀阀或电子膨胀阀等节流元件，节流减压为低温低压的液态制冷剂，从而完成一个完整的制冷循环。

热泵的性能通常用制冷系数（COP 性能系数，定义为低温物体传到高温物体的热量与所需的动力之比）来评价。一般而言，热泵的制冷系数在 3—4，意味着热泵能够将其所需能量的 3—4 倍的热能从低温物体转移至高温物体。因此，热泵本质上是一种热量提升装置，在运作过程中仅消耗少量电能，却能从环境介质（如水、空气、土壤等）中提取出 3—4 倍于消耗电能的热能，这就是热泵技术实现节能的关键所在。

依据所利用的环境介质，热泵主要可以分为空气源热泵、地源热泵及水源热泵三大类别。

3.4.1 空气源热泵技术

1. 技术特点

基于"逆卡诺"循环原理,空气源热泵通过压缩机系统的高效运作,实现了对空气中热量的有效捕获。具体而言,压缩机对冷媒进行压缩处理,压缩后升温的冷媒流经水箱内置的冷凝器并对水加热,完成热交换后的冷媒返回压缩机进入下一轮循环。在这循环往复的过程中,空气热量首先通过蒸发器被吸收并导入冷媒中,随后再通过冷媒导入水中,最终形成热水。

按照热输配对象的不同,空气源热泵又可分为"空气-空气"和"空气-水"两种。而由于用水作为换热媒介,对于人体感受上更为温和、舒适,因此"空气-水"热泵被更广泛推广和应用。

2. 应用情况

空气源热泵在供暖和热水供应方面表现出色,用于区域供热的空气源热泵主要有三种形式。

1) 小型商用机组

小型商用机组具有结构紧凑、安装方便、运行高效的特点,通常采用模块化设计,能够根据实际需求灵活调整制热或制冷能力,适用于小型建筑和公共设施的供暖和制冷。此外,这些机组具有较高的能效比,能够有效降低运行成本和能源消耗。随着技术的进步,小型商用机组的智能化程度不断提高,许多机型配备了先进的控制系统和远程监控功能,能够实时监测和调节运行参数,保证系统的高效运行和用户的舒适体验。

2) 螺杆式压缩机组

螺杆式压缩机组是空气源热泵在区域供热系统中广泛应用的另一种形式,适用于中大型建筑和工业设施的供暖和制冷需求。螺杆式压缩机具有较高的能效比和较长的使用寿命。此外,这类机组的部分负荷性能优越,能够根据实际负荷情况进行灵活调节,保持系统的高效运行。

3) 磁悬浮离心压缩机

磁悬浮离心压缩机代表了空气源热泵技术的前沿应用,具有极高的能效和可靠性,适用于大型区域供热项目。它通过电磁力使压缩机的转子悬浮在空中,避免了机械摩擦,从而有效降低能耗,延长设备的使用寿命。与传统压缩机相比,磁悬浮离心压缩机的能效比更高,能够实现更精细的温度控制和更高的能源利用效率,是实现绿色节能供热的理想选择。尽管磁悬浮离心压缩机的技术门槛和成本较高,但随着技术的成熟和市场的扩大,其应用范围逐渐拓展,未来有望在更多的区域供热项目中得到广泛应用。

目前,空气热泵技术在多个港口取得了良好的应用效果。南通港应用空气源热泵热水机组改变了传统的洗浴用能模式,有效降低了能耗,减少了污染气体的排放。张家港港将环保节能型热泵供热系统和余冷利用、余热回收等诸多功能融为一体,实现了规模化集成应用,为港口后勤保障系统的节能减排积累了宝贵的经验。宁波舟山港采用空气能热泵机组、太阳能热水器等技术设备,使清洁能源热水供给率达到了100%。

3.4.2　地源热泵技术

1. 技术特点

由于地表浅层温度受大气影响小,其温度常年维持在 16—18 摄氏度(以实际地方为准),远高于冬季室外温度,又低于夏季室外气温,所以以地源为冷热源的地源热泵系统,不仅突破了传统空调系统的技术障碍,而且还大大提高了空调的运行效率。地源热泵适用于地热资源丰富的地区,但是需打孔深入地下埋管,工程复杂,长期从土地吸热易形成冻土。

2. 应用情况

根据利用热源形式的不同,地源热泵系统可以细分为地埋管地源热泵系统(工程中常称"地源热泵系统")、地下水地源热泵系统和地表水地源热泵系统。地表水地源热泵系统的应用受限于特定的自然环境条件,包括江、河、湖、海及污水等水体资源的可用性。而地下水地源热泵系统因涉及地下水抽取，技术实施上受诸多限制，尤其是全部回灌技术难度较大，监管执行也比较困难，且存在潜在的地下水污染风险。相比之下，地埋管式地源热泵技术已在国际上获得广泛认可与推广，其成熟性与可行性得到了充分验证。在欧美等发达国家，该技术已成为主流应用之一，同时该项技术也比较适合我国的国情，具备广阔的应用前景。

地埋管地源热泵系统，也称地埋热泵空调系统，是一种利用地下岩土层热能进行热交换的封闭式循环技术。该系统依赖于循环介质（主要为水或水性防冻溶液）在密闭的地下管道系统内循环流动，以实现系统与土壤间的热能传递。系统核心构件是由地下管道组成的地热换热器，包括水平和竖直两种布局形式。相较于水平布局，竖直埋管换热器能够节约更多土地面积，已成为地埋热泵空调系统的首选形式。

地源热泵空调系统的运行不受地下水的影响，对地下水也没有破坏和污染，具有高度的可靠性和稳定性。2011 年，京唐港就启动了地源热泵集中空调系统工程，采用清洁环保、低碳的地源热泵空调系统，不仅运行费用低，而且环境效益显著，每年可从土壤中提取 845 万千瓦时热量，折合标煤 2 150 吨，实现能源消耗量的降低和 CO_2、SO_2、NO_x 和粉尘等的减排。

3.4.3　水源热泵技术

1. 技术特点

水源热泵技术是指通过少量高位电能输入，使地表浅层水源（如地下水、河流及湖泊等）吸收太阳能与地热能形成的低品位热能资源向高品位热能转换的技术。在夏季高温时段，该技术能够将建筑物内部积累的热量转移至水源中，实现制冷效果；而在冬季，则能够从相对恒定且温暖的水源中抽取热能并供给建筑物，以达到供暖目的。根据热能传输介质的不同，水源热泵又可细分为"水-空气"型和"水-水"型两种类型。尽管水源热泵在河流资源充沛的地区展现出显著优势，但其应用亦受环境条件的制约，特别是在小型或静水河流中,长期吸热可能导致水体结冰现象,影响系统效能。

2．应用情况

海水热源泵技术核心在于利用海水吸收太阳能和地热能而形成的低温低位热能资源,基于热泵原理,利用少量的高位电能输入,进而实现低位热能向高位热能转变。

通过精密的压缩机系统,使海水在持续吸收太阳辐射能量后,其水温维持相对稳定,为热源泵技术提供了理想的热能储备库。在这种情况下,可以利用热源泵低耗能地提取并储存海水中的热能,于冬季将其转化为建筑物的供暖热源,而夏季则反向操作,将建筑物内多余热能排放入海,以维持室内环境的恒温舒适。海水热源泵技术的独特之处在于其非消耗性与环保性:虽以海水为热能源体,却不直接消耗或污染海水资源。此外,其热能效率高,每单位电能输入(如 1 千瓦)就能获得更高的热能或冷量输出(达 3 千瓦至 4 千瓦),显著优于传统能源利用模式,体现了高效能与低环境影响的双重优势。

海水热量提取主要有三种方式:一是直接敷设盘管法,利用非金属管直接与海水进行热量交换,管内流动的不冻液有效规避了海水腐蚀问题,但是该方式的占地面积大,对周边建筑影响显著,且传热效率与成本效益有待提升,更适宜小规模应用;二是相邻海域水井开采法,基于海水回灌机制,在特定海域钻井取水,借助地层自然过滤与温度调节优势,提高热能提取效率,但其应用受限于水量、水文及地质条件,更匹配沿海中小型城市需求;三是直接抽取海水换热法,通过直接抽取海水至换热器进行高效热交换,虽操作简便,但亦需综合考量海水处理与回放等环保因素。

3.5　多能融合

近年来,太阳能、风能、氢能、地热能等多种可再生能源在港区的应用日益广泛,油改电、油改氢、岸电等项目的实施促使港口成为交通运输系统与多能源系统深度融合的关键节点。然而,传统能源系统往往局限于电、气、热、冷等单一供能形式,能源利用效率、可再生能源的吸纳能力及节能减排成效存在较大提升空间。因此,推动当前单一的供能模式向基于“源-网-荷-储”规范化架构的多能融合体系转型,旨在为港区设施及靠港船舶提供综合能源服务,实现多能源系统的协同发展与自洽运行,这不仅是保障国家港口行业能源安全的战略选择,也是实现“双碳”目标的必由之路。

3.5.1 多能融合系统

多能融合是指将不同形式的能源(如电力、热力、天然气等)通过先进的能源转换技术和信息网络进行高效整合和互补利用,实现能源系统的综合优化和高效运行。

为实现港口风能、光能、氢能等多元能源子系统的有效融合,并解决其在运行安全、成本效益、碳排放控制及综合能效提升等方面面临的挑战,需借助云计算、大数据、物联网、移动互联网及人工智能等前沿技术,深度融合智能电网、能源网络与互联网,充分考量港口绿色可持续发展及能量管理的实际需求,在此基础上,对港区风力发电、光伏发电、储能装置、制氢设施及港区能源消耗实施动态融合调控,实时监测港区可再生能源产出与能耗状况。结合智能算法,综合考量多种工况条件与经济性指标,对多能源系统的互补性进行动态优化调控,实现能源的协同供应与综合梯级利用,进而提升能源系统整体效率,降低能源生产与消费成本,推动港口能源结构的优化升级。多能融合系统发展关键技术路径可概括为能源基础设施融合和信息融合两方面,如表 3-5 所示。

表 3-5　多能融合系统关键技术路径

关键技术	描述
能源基础设施融合	① 智能电网视角:以智能电网为核心,关注多能转换和电能替代技术,由电力系统主导能源消纳、传输、配置、交易、消费利用的全过程。 ② 互联网视角:利用大数据、互联网等信息化技术,颠覆传统能源的技术与商业模式。 ③ 能源网视角:以能源网为核心,关注多能网络的协同规划、建设和运行

（续表）

关键技术	描述
信息融合	通过构建综合能源系统信息平台，实现能源数据的全面采集、整合和分析，为能源系统的优化调度和决策支持提供基础

1. 多能融合系统构成

当前，港口多能融合系统主要以电力系统为中心，以分布式可再生能源接入为主。它通过采用分布式能量管理系统，能够协调并控制各分布式能源模块，实现风能、光能、氢能及融合供能等多种能源供应模式。该系统促进了电网之间、风光互补发电模块、储能系统、氢气制取-储存-加注模块、氢燃料电池发电模块、港区用电系统及岸电模块的深度协同与互动，推动了多能互补与"源-网-荷-储"一体化的发展，保证多能系统安全高效运行。

所谓"源-网-荷-储"，是指将能源源头、电网、用电负荷和储能系统有机地整合在一起，形成一个综合性的能源系统，以实现能源的高效利用和优化能源供应和需求的平衡，如表 3-6 所示。

表 3-6　"源-网-荷-储"系统概念内涵

构成	描述
源	利用风能、太阳能进行可再生能源发电，为各用能负荷提供清洁"绿电"
网	多能协同的能源网络，实现港、船系统各要素间的多端互联、资源互补
荷	用能负荷包括传统电负荷、油负荷和新型氢负荷。 目前港口用能以油电需求为主，用氢需求占比很少。用能负荷主要来自靠港船舶(岸电)、港口用电设备、港口用油设备。其中，港口用电设备包括生产装卸用电设备、辅助用电设备；港口用油设备包括生产装卸用油设备、非生产性车辆用油设备
储	采用多种储能设备进行多余发电量的存储，主要包括氢燃料电池以及磷酸铁锂电池、超级电容等存储富余能量的设备

2. 多能融合监测系统

多能融合系统监测是实现能源高效管理和优化配置的前提。主要包括

147

对风光氢储能情况及港区能耗、船岸用电的发电量、实时功率、储能容量、制氢功率、电能质量等重要指标进行实时监测。同时,它通过光纤通信将各分布式能源系统传感器采集的系统运行状态参数传输给相关能源管理人员,使其能够及时掌握风、光、氢储能系统的运行状况、能量流向、生产数据等。

3. 多能融合能量管理

能量管理系统与状态监测系统协同作业,主要负责数据采集与处理、运行监控、电源调控、负荷管理、功率及负荷预测、发用电规划、统计分析与效能评估、电压无功优化以及协同控制等多个方面。该系统深度运用大数据分析及智能计算技术,进行发电功率与负荷的精准预测,并据此对风光发电、储能系统、氢气制备与储存、氢燃料电池发电、港区用电及船岸用电等多个子系统实施协同调控。它在确保多能源融合系统稳定运行的基础上,致力于最大化能源生产、消费及运营各环节的经济效益,推动能源系统的整体优化与可持续发展。

3.5.2 多能源分布网络融合方式

港口多能融合管控系统主要采用多能源分布式网络的融合方式。分布式网络采用主动控制模式,不仅实现了分布式电源的接入,还利用微电网技术集成了多种可再生能源、储能系统、本地负荷以及监视、保护与控制单元。通过实施多段、多点的能源系统融合集成,并结合先进的电力电子与信息技术,它能够智能地调控本地资源,有效缓解分布式光伏发电、风力发电与电网负荷之间的潜在冲突。

1. 多能互补分布式能源系统

多能互补分布式能源系统是对传统分布式能源系统的进一步衍生与拓展。发电、制氢等多过程协同为能源综合梯级利用、优化调度、高效转换和系统大幅度节能提供了条件。在应对多元负荷联合供应的挑战时,该系统摒弃了传统单一能源供应独立规划、设计与运行的既有模式,转而通过供用能系统的整体协同配合,实现了经济高效、可靠灵活、低碳环保等可持续发展目标。

在节能减排与碳中和政策的驱动下,能源供应模式正逐步由传统能源驱动向可再生能源驱动转型。与此同时,能源技术的持续进步使得能源传递与转化过程变得愈发复杂,而用能需求亦呈现出多元化的发展趋势。

1) 新能源出力预测技术

风光资源的不确定性为其量化表征带来了挑战。当前,风电和光伏功率的预测方法主要分为确定性预测和概率性预测两大类。确定性预测旨在预测风光气象参数或者设备功率等具体数值,而概率性预测的结果是概率分布参数,常用的方法包括分位数回归、动态贝叶斯网络、核密度估计、马尔可夫链模型以及基于数值天气预报的预测技术等。近年来,机器学习等先进技术已广泛应用于风电预测领域,涵盖了统计学方法与人工智能算法两大范畴:统计学方法涉及时间序列分析、回归分析、灰色理论、模糊理论及时空关联分析等手段;人工智能算法则包括神经网络、支持向量机、卡尔曼滤波、马尔可夫链模型、粒子群优化算法及遗传算法等。随着对光伏发电及光资源特性的深入理解,基于数据驱动的组合预测模型已成为该领域的一个重要发展趋势。

2) 多元能源负荷预测技术

多能互补分布式能源系统因其能源耦合、可再生能源接入及能源消费市场化等特性,对系统用能预测的准确性、实时性、可靠性及智能性提出了更为严苛的要求。

当前,单一能源需求预测技术已趋于成熟,诸如回归分析、时间序列法及卡尔曼滤波等统计学模型能够有效解析数据内部的时间序列相关性,而人工神经网络、支持向量机及深度学习等智能算法则擅长挖掘多重影响因素与需求间的复杂非线性关系,从而得到更为精确的预测效果。

针对多元负荷联合预测这一多任务学习问题,其技术发展主要展现出以下四大趋势:一是深化探究能源技术进步与能源市场化背景下终端用能特性的演变;二是全面考虑区域规划布局、社会发展层次及气象数据等时空维度的综合影响;三是加速推进集成学习、迁移学习、强化学习等数据驱动方法及在线学习算法的创新应用;四是逐步构建集多能源耦合、多时间尺度、多空间层级及多管理环节于一身的多维度协同预测体系,以实现更为精细化的预测与管理。

2. 微电网技术

微电网是由分布式电源、储能装置、能源转换装置、监控保护装置和负荷等组成的小型发配电系统，其核心技术除了分布式新能源出力以及负荷预测以外，还包括电能质量识别和治理、微电网经济运行优化等技术。

1) 电能质量识别和治理技术

随着分布式电源、非线性负载以及电力电子器件等接入电网系统，这将引发一系列电能质量问题，进而对电力系统的稳定运行构成影响。当前，电能质量问题主要包括电压暂降、电压偏差、电压波动与闪变、谐波污染、三相不平衡、脉冲暂态现象及振荡暂态等。

针对微电网中可能出现的电能质量问题，可以采用小波变换与行波测距技术，测定由单相接地短路故障引发的电压暂降源位置，实现故障点的有效定位。在信号识别方面，首先进行信号特征的有效提取，随后利用智能优化算法优化支持向量机构造分类器来对信号进行识别。针对电压暂降的治理问题，则可引入动态电压恢复器，对电压暂降现象进行补偿。

2) 微电网运行优化技术

微电网运行优化技术旨在满足供电可靠性和电能质量要求的基础上，提升风力发电、光伏发电等可再生新能源的并网消纳比例，并缩减微电网在购电成本、运维费用及环境保护等方面的开支。

微电网优化运行的模型通常以运行经济成本为目标函数，也有学者探索将电压偏差最小化、网络损耗最小化等作为备选目标函数。目前，应对微电网运行多目标优化的智能算法涵盖了水循环算法、改良的粒子群优化算法、遗传算法以及模式搜索算法等。此外，机器学习领域的 Q-Learning 算法也被应用于处理微电网运行的多目标优化问题。

3.5.3 多能源协同控制模式

多能融合系统的重点是协同控制，通过实时监测风、光、氢储当前出力及功率预测信息，监测港口能耗及负荷预测信息，分类多种能量利用场景，根据不同场景动态调控多能源的出力,其运行模式可以分为横向的多能互补模式和纵向的源网荷储模式。

1. 多能互补融合模式

多能调控理想的顶峰供电运行模式是指以风力发电及光伏发电为最大功率,电解水制氢为氢动力装备不间断提供满负荷氢能,储能系统亦维持满载状态,氢燃料电池发电用于进行微量的调峰操作,港区内部消耗后的剩余电量则上网输送。然而,由于可再生能源在空间分布上的不均匀性以及时间上的波动性,这样使得其发电供电的稳定性较差。因此,需结合风光功率的预测曲线与能耗的预测曲线,动态调整多能源模块的运作,以最大化地吸纳并利用可再生能源。根据港口实际情况,多能互补融合模式主要有七种,如表 3-7 所示。

表 3-7　港口多能互补融合模式

序号	状态	融合模式
1	风光发电出力小于港区能耗需求	风光发电优先供给电解水制氢,然后供给港口生产; 储能系统不工作; 氢燃料电池发电不工作或最低运行; 港口生产电量缺口由电网补充
2		风光发电优先供给港口生产,然后供给电解水制氢; 储能系统部分维持电解水制氢功率,带动电解水制氢逐渐减小出力至能量平衡或暂停生产; 氢燃料电池发电不工作或最低运行; 港口生产电量缺口由电网补充
3	极端无风天气	光伏发电全供给电解水制氢; 储能系统不工作; 氢燃料电池发电不工作或最低运行; 港口生产电量缺口由电网补充
4		光伏发电全供给港口生产; 电解水制氢由储能系统带动逐渐减小出力至暂停生产; 氢燃料电池发电不工作; 港口生产电量缺口由电网补充

（续表）

序号	状态	融合模式
5	极端无光天气	风力发电优先供给电解水制氢,然后供给港区生产; 储能系统不工作; 氢燃料电池发电不工作或最低运行; 港口生产电量缺口由电网补充
6		风力发电全部供给港口生产; 电解水制氢由储能系统带动逐渐减小出力至暂停生产; 氢燃料电池发电不工作; 港口生产电量缺口由电网补充
7	极端无风无光天气	储能系统带动电解水制氢; 电解水制氢逐渐减小出力至暂停生产; 氢燃料电池发电不工作; 港口生产用电全部来自电网

2."源-网-荷-储"协调互动模式

纵向的"源-网-荷-储"协调互动机制涵盖了四种主要模式,即:"源-储"互补模式、"源-荷-储"互动模式、"网-储"互动模式以及"网-荷"互动模式。作为能源管理系统的中枢,能源调控能够实时采集全港范围内可再生能源的生产状况及港区能源消耗数据,并依托智能算法进行数据预测。在此基础上,它综合考量多种运行工况及经济性能指标,对多元能源的融合与互补实施动态且精细化的调控策略。

1)"源-储"互补

风力发电与光伏发电等可再生能源发电方式与氢储能及电化学储能技术实现了高效的协调互补机制,能够实时追踪风力发电与光伏发电的输出状态。该机制借助灵活的调节手段,使得储能资源与新能源发电系统之间形成协调一致的互补关系,有效应对新能源发电因受环境和气象条件变化而产生的随机性与波动性挑战,显著增强了港口内能源供应的稳定性。

2)"源-荷-储"互动

精确感知风力发电、光伏发电等新能源发电状态以及港区内的电力消耗情况,进而通过动态调整氢储能与电化学储能系统的运行功率,实现港区内部"源-荷-储"互动。与此同时，它借助本地电网的调节能力，进一步提升港区电力供应的稳定性，促进局部区域电力供需的动态平衡，增强港区用电行为对大电网运行的友好兼容性。

3）"网-储"互动

充分利用氢储能与电化学储能装置的双向调节功能，在电力需求及电价处于低谷时段为储能系统充电，而在电力需求及电价高峰时段则释放储能装置中储存的电能。鉴于储能系统具备快速响应、高度稳定及精确控制的充放电性能，它能够有效执行电网的削峰填谷任务，优化电网运行。

4）"网-荷"互动

将港区内的岸电设施以及其他办公和生产环节中可调节、可中断的柔性负荷资源，整合为电网的可调节资源池。它通过主动管理并调节这些柔性负荷，为电网提供调峰、需求响应等服务，优化电网的运行效率和稳定性。

3.5.4　港口多能融合应用

由于不同港口风光资源、电网覆盖程度及能力不同、港口及船舶用能负荷也不同，目前港口的多能融合主要有 4 种应用模式，对应五种应用场景，如表 3-8 所示。

表 3-8　港口多能融合应用场景和融合模式

编号	能源融合运行模式	场景	地区、类型
1	全额自用、网电补缺	风光资源丰富＋强电网＋大负荷	沿海主要港口
2		风光资源一般＋强电网＋大负荷	内河主要港口
3	自用优先、余量上网	风光资源丰富＋强电网＋小负荷	沿海一般港口
4	上网为主、自用为辅	风光资源一般＋强电网＋小负荷	内河一般港口
5	灵活接入、发电外送	风光资源一般＋弱电网＋小负荷	支流流域港口、库湖区

1. 全额自用、网电补缺

沿海主要港口与内河主要港口均具有货物吞吐量大、作业任务繁重的显著特征,导致港口在生产及辅助作业中对电力的需求较大。鉴于此,风力发电与光伏发电等绿色能源应被优先考虑用于港口的自用需求,并实行全额自用策略。当绿色电力无法满足港口全部用电需求时,港口可适当补充使用电网提供的电能,以确保港口运营的连续性和稳定性。

2. 自用优先、余量上网

沿海一般港口货物吞吐量相对较少,港口生产及辅助用电需求也较为有限。在此情境下,风力发电与光伏发电等绿色能源应优先满足本港口的自用需求。当绿色电力供应量超过港口自用所需时,剩余电量应接入电网进行分配。鉴于沿海港口多位于经济发达、工业基础雄厚的区域,属于高电力消耗应用场景,同时沿海地区拥有丰富的风光资源,因此,采取"自用优先、余量上网"的模式,既符合资源高效利用的原则,也契合区域电力需求的特点。

3. 上网为主、自用为辅

内河港口一般吞吐量较低,港口生产及辅助用电需求较低。在此情况下,风力发电与光伏发电等绿色能源不仅能够满足本港口的自用需求,还具备向电网供给剩余电量的能力。内河港口一般也处于经济与工业实力雄厚的地区,电网结构强健,属于强电网应用场景。然而,相较于沿海港口,内河港口的风光资源相对匮乏,属于风光资源一般区域。因此,它应采取"上网为主、自用为辅"模式。

4. 灵活接入、发电外送

在偏远地区的支流流域港口及库湖区,由于港口作业活动较少,生产及辅助用电需求也相应较低。因此,风力发电与光伏发电等绿色能源可以灵活调配,在满足港口自身电力需求的同时,还能将剩余电量输送到电网中。

考虑到这些港口多位于经济与工业基础较为薄弱的区域，电网结构相对脆弱，属于弱电网场景，并且部分区域的风光资源并不丰富，属于风光资源一般区域，故它应采用"灵活并网、发电外送"的模式，以实现能源的有效开发与利用。

第4章

过程控制：港口碳排放控制技术

4.1 码头装卸工艺优化技术

码头装卸工艺是以码头机械化系统为核心主体，由泊位、库场、疏运通道以及人力共同构成的货物装卸操作方法与作业过程。它是港口物流作业的重要组成部分，涵盖了货物从进入港口到离开港口的整个作业流程。

码头装卸工艺的优化是港口持续改进和发展的关键，不仅可以减少货物在港口的停留时间，加快货物的流转速度，提高港口的吞吐能力和作业效率，还可以通过减少无效作业和提高资源利用率，降低港口的人力、物力和能源消耗，具有显著的经济效益、社会效益和环境效益。

随着码头大型化、专业化发展，码头装卸工艺也呈现自动化、智能化、信息化以及绿色化发展趋势，主要体现在自动化岸桥、自动化导向车、无人驾驶车辆以及自动化堆场系统等自动化技术的应用，智能算法和智能系统在装卸流程优化上的应用，整合码头运输方式以提高运输效率和满足不同腹地货源的需求，等等。

未来的码头装卸工艺将更加注重效率、智慧、环保和安全，同时通过技术创新和管理优化来满足日益增长的全球贸易需求。随着技术的不断发展，预计会有更多自动化和智能化的优化方案被应用到码头装卸工艺中，以提高整体的物流效率、减少能源消耗和污染排放、降低运营成本。

4.1.1　集装箱码头装卸工艺优化

装卸工艺布局,包括平面布局方式、装卸设备和装卸系统的选择等,是港口码头的核心,其规划设计主要取决于码头的功能需求、运营要求、陆域条件和集疏运方式等等。

1. 码头平面布局

集装箱码头平面布局一般可划分为码头前沿作业区、水平运输区和堆场作业区三个主要工作区域。

码头前沿是指泊位岸线至堆场的区域,主要用于布置集装箱装卸桥和集装箱牵引车通道。常见的码头前沿作业区布置分类如表 4-1 所示。

表 4-1　常见的码头前沿作业区布置分类

分类	适用性
直线式布置	岸桥沿码头前沿直线排列,适用于宽度较窄的码头
斜列式布置	岸桥与码头前沿成一定角度排列,通常是为了适应船舶的宽度
混合式布置	结合直线式和斜列式布置,灵活安排岸桥的位置
双排式布置	在码头前沿两侧各布置一排岸桥,适用于宽度较宽的码头
岸桥跨泊位布置	岸桥横跨多个泊位,可以在不同的泊位之间移动

码头水平运输区是集装箱码头内部用于实现集装箱水平移动的区域,其运输效率对整个码头的运作效率有着直接影响。

堆场是专门为集装箱的交接、堆叠以及存储而设计的区域,因而堆场作业涵盖了卸船、装船、提取集装箱等多种作业。为提升码头的作业效率,堆场被进一步划分成前方堆场和后方堆场两大区域。具体来说,前方堆场处于码头前沿与后方堆场之间,主要用于集装箱的临时性堆放;而后方堆场是码头堆放集装箱的主要场所,用于堆放和保管各类重箱与空箱。

2. 码头装卸设备

对应于集装箱码头作业区域,其主要作业设备可分为码头前沿作业设备、水平运输设备和堆场作业设备等,不同种类设备特点如表 4-2 所示。

表 4-2 不同类型码头装卸设备特点

设备种类	设备名称	设备特点
码头前沿装卸设备	岸桥	对船舶装载集装箱进行装卸作业的机械,是码头装卸能力的决定因素之一。大型集装箱码头倾向于选择高效率的双车或双吊装卸桥
水平运输设备	集卡	港口重要的集装箱水平运输周转设备,广泛应用于港口、铁路场站之间的运输作业,具有速度快、成本低的优点
	跨运车	不同于集卡,跨运车拥有集装箱吊具,可同时对集装箱进行水平运输和简单的堆码作业,机动性强
堆场装卸设备	正面吊	用于完成集装箱卸、堆码和水平运输作业的集装箱装卸搬运机械。装卸过程机动灵活、作业能力强。但是,对堆场地面的压力强度较高,所需作业面积较大
	轮胎式龙门起重机	具有转向装置,作业时跨度可变,可跨箱区作业。对堆场空间利用率高、作业循环时间长,但是设备自重大、轮胎易磨损、造价较高
	轨道式龙门起重机	沿着轨道对集装箱进行装卸作业,作业跨距大且环保,具有良好的通用性和稳定性
	堆垛机	用于堆场、仓储等堆码、搬运作业,效率高,灵活性、稳定性强
	叉车	用于成件托盘货物的拆拼箱作业、空箱堆垛和短距离驳运等

3. 传统码头装卸工艺

目前,集装箱码头所采用的装卸工艺主要包括底盘车工艺系统、跨运车工艺系统、集装箱铲车工艺系统、龙门起重机工艺系统以及混合工艺系统等,如表 4-3 所示。

表 4-3 不同装卸工艺流程与适用范围

装卸工艺	工艺流程	优点	缺点	适用范围
轮胎式龙门起重机工艺系统	船舶→装卸船岸桥→水平搬运内集卡→轮胎式龙门吊（收箱）→堆场堆存→轮胎式龙门吊（发箱）→进出码头集卡	场地利用效率高，设备操作简单，集装箱损坏率低，不受轨道限制，易于实现集装箱装卸作业自动化	只能固定在一个堆区作业，灵活性较差，配备的机械台数多，采用内燃动力起重机能源消耗较高；采用电动力起重机能源消耗较低；初始投资较大	码头陆域面积较小，而水水中转量较大的港口
轨道式龙门起重机工艺系统	船舶→装卸船岸桥→水平搬运内集卡→轨道式龙门吊（收箱）→堆场堆存→轨道式龙门吊（发箱）→进出码头集卡	堆场面积利用率高，机械结构简单，易维修，主要以电力驱动，能耗低，污染少；可采用计算机控制，易于实现堆场作业自动化	作业范围受限制，机动性较差，跨距大，提取集装箱、倒箱困难；初始投资较高	堆场面积有限、电力供应有保障、集装箱吞吐量较大的水水联运码头
跨运车系统	船舶→装卸船岸桥→水平搬运跨运车→堆场→进出码头集卡	机动性强，可以一机完成多种作业，减小码头的数量和作业环节；对位快，有效提升装卸效率；场地利用率高，所需场地面积小	初始投资高，维修保养相对困难；对维修人员与司机水平要求较高，与底盘车系统相比，灵活性相对较差	进口重箱量大、出口重箱量小的港口
底盘车系统	船舶→装卸船岸桥→水平搬运底盘车→堆场→进出码头集卡	装卸效率高，集装箱损坏率低；对装卸工人管理人员的技术水平要求相对较低；底盘车轮压小，对场地承载力要求低；水平搬运与堆场作业合二为一，节省场地铺面投资	需要停放的底盘车数量多，投资大，维修费用高；托运距离过长，高峰期可能造成港内道路堵塞；不易实现自动化	码头集装箱通过量小、场地少；作为集装箱码头起步阶段或船公司特殊要求

159

（续表）

装卸工艺	工艺流程	优点	缺点	适用范围
叉车系统	船舶→装卸船岸桥→叉车→堆场堆存→叉车→进出码头集卡	价格便宜,初始投资少,装卸成本低,通用性强,可适用于多种作业,司机和维修人员的技术培训相对简单	单机作业,效率较低,对堆场和路面的要求较高;叉齿精准对准叉槽较为困难,易造成箱损、货损	吞吐量小的小型码头。在较大的集装箱码头,叉车仅用于货运站摆重箱,回空箱作业或在堆场装卸车
正面吊运机系统	船舶→装卸船岸桥→水平搬运正面吊→堆场堆存→正面吊装卸→进出码头集卡	可跨箱作业,场地利用率高;可完成搬运、堆码、装卸车等多种作业,减少码头装卸钩或装卸吊钩抓斗,使机械在寿命期内得到充分利用	配备机械数量多,初始投资大;要求堆场箱区小,通道多,转向的轮压大,轮胎和路面磨损严重	集装箱吞吐量较小的码头
混合系统	进口箱:船舶→装卸船岸桥→跨运车→堆场堆存→跨运车→进出码头集卡 出口箱:船舶→堆场堆存→龙门吊→装卸船岸桥→龙门吊→进出码头集卡	能够充分发挥各类系统装卸工艺的优势,扬长避短,使整个系统更加合理完善	对码头管理系统和信息系统的要求较高	

1) 轮胎式龙门起重机工艺系统

轮胎式龙门起重机工艺系统是目前国内集装箱码头应用最为广泛的装卸工艺系统之一。此装卸工艺系统由岸边集装箱起重机、轮胎式龙门起重机以及集卡构成。其中，在码头前沿处，采用岸边集装箱起重机进行船舶装卸集装箱的作业；轮胎式龙门起重机负责货场的装卸与堆码作业；半挂列车则承担从码头前沿至货场的集装箱水平运输任务。

2) 轨道式龙门起重机工艺系统

现阶段，我国新建的大型集装箱码头以及全自动化的无人集装箱码头堆场，大多采用轨道式龙门起重机工艺系统。此装卸工艺系统由岸边集装箱起重机、轨道式龙门起重机和集卡构成。在码头前沿，运用岸边集装箱起重机进行船舶装卸集装箱作业；轨道式龙门起重机负责货场的装卸与堆码作业；半挂列车则承担从码头前沿到货场的集装箱水平运输任务。

3) 跨运车系统

跨运车工艺系统（又称"迈克逊工艺"）由岸边集装箱起重机与跨运车组成。其中，在码头前沿，由岸边集装箱起重机承担船舶装卸作业。跨运车负责码头前沿与堆场之间的水平运输工作，同时还负责堆场的堆码以及进出场车辆的装卸作业。

4) 底盘车系统

底盘车系统由美国海陆公司率先采用，亦被称为"海陆方式"。该装卸工艺系统由岸边集装箱起重机、牵引车以及底盘车构成。其中，进口集装箱从船上经由岸边集装箱起重机直接卸至底盘车上，集装箱牵引车把载有集装箱的底盘车拖至堆场停放，出场时再度将其拖走。对于出口集装箱，由集装箱牵引车将装载有集装箱的底盘车从港区外拖至港区并停放在堆场，装船时再由牵引车将底盘车拖至码头前沿，岸边集装箱起重机将集装箱从底盘车上直接吊起装船。

5) 叉车系统

该系统由岸边集装箱装卸桥和叉车构成，其作业方式与龙门起重机系统相近。其中，岸边集装箱装卸桥负责船舶的装卸作业，叉车承担码头前沿与堆场之间的水平运输以及堆场的装卸和堆码作业。

6)正面吊运机系统

该装卸工艺系统由岸边集装箱起重机和正面吊运机组成。其中,在码头前沿,采用岸边集装箱起重机进行船舶装卸作业。正面吊运机负责码头前沿与堆场之间的水平运输,以及集装箱的堆码与装卸车作业。目前,正面吊运机系统的应用范围尚不广泛,仅在部分集装箱吞吐量较小的码头有所应用。

7)混合系统

从经济性与装卸性能的角度来看,各种单一装卸工艺系统均有其各自的优缺点和适用范围。因此,一些港口结合自身特点,对不同装卸工艺系统进行优势整合,其中采用较多的是跨运车-轨道式龙门起重机系统。该系统由岸边集装箱装卸桥、跨运车和轨道式龙门起重机组成。其中,岸边集装箱装卸桥负责船舶的装卸作业,跨运车承担进口集装箱的水平运输、堆码以及交接装车作业,轨道式龙门起重机负责出口集装箱的堆场装卸堆码,而集卡则承担水平运输任务。

首个使用跨运车-轨道式龙门起重机组合系统的集装箱专用码头是鹿特丹的欧洲集装箱码头。此后,中国香港的现代货箱码头公司的集装箱码头、东京的OHI3/5码头以及安特卫普的基尔森码头也将装卸工艺变更为混合装卸系统。

4. 自动化码头装卸工艺优化

随着全球贸易需求的持续增长,单纯依靠人工操作的传统码头越发难以适应集装箱运输的迅猛发展。为提升港口服务水平,各大港口纷纷采取优化装卸工艺、实现码头装卸机械操作自动化等举措,以提高码头装卸作业效率、降低能源消耗并节省人力成本。在此背景下,利用自动控制技术、信息技术和分布式处理等技术以及自动化装卸设备来实现自动化作业的集装箱装卸作业码头(Automated Container Terminal, ACT)迎来了快速发展阶段。1993年,荷兰鹿特丹港建成全球首个自动化集装箱码头。此后,以伦敦港、汉堡港为代表的欧洲港口以及以川崎港、新加坡港为代表的亚洲港口也相继完成自动化码头的建设。2014年以来,我国沿海港口如上海港、青岛港、厦门港、天津港、广州南沙港等开启了各自的自动化集装箱码头工程。目前,我国自动化集装箱码头的已建和在建规模均位居世界首位。

与此同时,集装箱港口装卸设备和相应的装卸工艺取得了蓬勃发展,从第一阶段的底盘车装卸工艺,逐步发展为针对自动化码头的第四阶段的自动化装卸工艺,如表 4-4 所示。

表 4-4　不同时期集装箱码头装卸设备机装卸工艺变化情况

阶段	第一阶段	第二阶段	第三阶段	第四阶段
装卸工艺	底盘车	轮胎龙门吊	混合工艺	自动化装卸工艺
主要设备	船用装卸桥	岸边装卸桥	高速装卸桥	第二代装卸桥

1) 自动化码头装卸设备优化

同样地,自动化集装箱码头主要作业设备分为码头前沿作业设备、水平运输设备和堆场作业设备等。

(1) 前沿装卸设备

为了适应超大型集装箱船,岸桥技术不断创新,国内外港口先后研发了超巴拿马型、3E 级、超 3E 级和 3E PLUS 级等型号的岸桥,外伸距、起升高度和额定起重量等不断增加。

依据装卸小车的配置数量,岸桥可分为单小车岸桥与双小车岸桥两大类别。具体而言,单小车岸桥主要由门架、桥架和起重小车构成,其作业能力限定于单次搬运一个 40 英尺(1 英尺 = 0.304 8 米,约合 12.192 米)集装箱或两个 20 英尺(约合 6.096 米)集装箱。单小车岸桥与水平运输车具有较强的耦合性,即水平运输设备需等待岸桥完成集装箱的提取操作后才可抵达作业位置,这一特性使得单小车岸桥更适用于规模较小、载货量相对较低的集装箱船舶。相比之下,双小车岸桥则由主小车、门架小车以及中转平台等核心部件构成,两小车各自在其轨道上独立运行。在装船阶段,门架小车能够预先或适时地从已到达的水平搬运设备上提取集装箱,并将其放置于中转平台上,以供后续主小车作业。相应地,在卸船阶段,主小车先将从船舶上卸载的集装箱放置于中转平台,再由门架小车后续作业。

同时,随着集装箱码头管理信息化的迅速发展,岸桥操作趋向于自动化和智能化,集成先进的传感器、计算机视觉、自动导航定位等技术,实现精准的集装箱抓取和放置,通过自动化和智能化控制提高作业效率和安全性。

(2) 水平运输设备

自动导向车(AGV)。作为自动化集装箱码头的水平运输设备,AGV 是一种具有自动引导装置,通过导航定位系统实时与码头控制中心通信,实现路径规划、障碍物识别、自动避让和交通协调的车辆,既可以按照规划好的路线自主行驶,也可以根据作业需求灵活调整车辆数量和运行路线。因此,港口 AGV 的应用需要与码头的智能管理系统、调度系统等高度整合,以实现高效协同作业,降低能源消耗。此外,现有 AGV 通常使用电力作为动力来源,有助于减少港口二氧化碳与污染物排放。

目前,国际港口已大力推广 AGV 应用,如荷兰鹿特丹港正在运营的 AGV 已有数百台,使用 GPS、激光雷达和车载摄像头的组合导航,全天候运行,有效提高了码头作业效率。国内部分港口新增及重点项目中,无人驾驶车队规模也持续扩大,如广州港南沙港区四期项目已交付超 170 台 AGV。

随着技术发展,港口无人运输正在从传统的磁导航朝着无物理隔离混行兼容的方向演进,新型智能搬运机器人,如 IGV(智能导向车)采用北斗导航系统,大幅提升了车辆的柔性化和智能化程度。由此可见,AGV 在自动化码头中的应用正朝着规模化、智能化、环保化和高度系统集成的方向发展,成为提升港口作业效率和安全性的关键技术之一。

自动升降车(Automated Lifting Vehicles,ALV)。除 AGV 以外,ALV 也是水平运输区域的关键设备,它能够在无需其他辅助设备的情况下,凭借自身携带的升降台完成提箱和放箱操作。配备有 ALV 的码头通常会在岸桥下方以及堆场前方设置缓冲区域,以此降低岸桥、场桥与 ALV 之间的耦合作用,减少相互等待的时间,提升码头的运行效率。然而,由于码头前沿的面积较小,设置缓冲区域将会减少运行车道,降低运输效率。因此,目前采用 ALV 作为水平运输车辆的实例相对较少。

(3) 堆场作业设备

自动化轨道式龙门集装箱起重机(Automated Rail Mounted Gantry Crane,ARMG)。作为自动化集装箱码头的三种主要装卸设备之一,ARMG 可以借助网络通信技术、可编程逻辑控制系统以及先进的监控技术,将集卡定位、集装箱信息识别、大车防撞、吊具定位系统、自动着箱系统等多个系统加以融合,从而获取待处理集装箱任务的箱位信息(箱号、车牌号、箱门朝向、异常打开情况等),依据业务流程进行综合统筹调度,实现对轨道吊的智慧赋能。选用 ARMG 的自动化集装箱码头,通常会在每个箱区配备两台 ARMG 进行接力作业(一台与水平运输设备和岸边集装箱起重机对接,形成海侧集装箱装卸系统;一台与外集卡对接,形成路侧集装箱装卸系统)。目前,ARMG 主要有三种类型,分别为无悬臂轨道吊、单侧悬臂轨道吊和双侧悬臂轨道吊。

自动化轮胎式龙门集装箱起重机(Automated Rubber-Tyred Gantry Crane,ARTG)。ARTG 结合了 RTG(轮胎式集装箱门式起重机)的机动性和自动化技术,可以实现远程控制,操作员在中控室内通过电脑系统对起重机进行精确操控,提高了作业效率和安全性。同时,由于减少了液压系统,ARTG 提高了可靠性,减少了停机时间,降低了维护和零配件成本,适用于未开发和已开发的集装箱码头,能够适应不同的作业环境和码头条件。与传统的 RTG 相比,ARTG 通常配备有更为环保的动力系统,如混合动力或纯电动力,以减少二氧化碳和污染物排放。

2021 年,天津港集团联盟国际公司的 ARTG 单箱远控自动化改造技术成果通过专家组评审。在此基础上,2022 年,联盟国际公司进一步研发了 ARTG"双箱"自动化改造技术,在双箱吊具上增设双箱间隙中心距、角度偏差、箱孔等智能检测设备,开发了双箱引导、双箱抓放箱、双箱指令打包处理等功能。目前,堆场内双箱全自动化平均小时翻倒效率高于 20 move,对内集卡平均小时作业效率高于 18 move,预计在优化算法和改进技术后,效率还将进一步提升。

2)自动化码头装卸工艺优化

迄今为止,全球自动化集装箱码头数量已超过 40 座,自动化集装箱码头已经发展到了第四代,形成的典型装卸工艺主要有以下几种模式,如表 4-5 所示。

表 4-5 国外主要自动化集装箱码头装卸工艺

码头	自动化程度	装卸工艺系统
荷兰 ETC 码头	全自动	自动化单小车岸桥 + AGV + ARMG
荷兰 Euromax 码头	全自动	自动化双小车岸桥 + AGV + ARMG

（续表）

码头	自动化程度	装卸工艺系统
英国 Gateway 码头	全自动	自动化双小车岸桥 + ASC + ARMG
日本 TCB 码头	全自动	自动化单小车岸桥 + AGV + ARTG
西班牙巴塞南欧码头	半自动	自动化单小车岸桥 + 人工跨运车 + ARMG

（1）岸桥 + AGV + ARMG。该工艺是以荷兰鹿特丹港 ECT 自动化集装箱码头为代表的第一代装卸工艺，岸边装卸作业采用需要人工操作对位的半自动化岸桥，水平运输和堆场装卸作业分别采用无人操作的 AGV 和 ARMG。

（2）双小车岸桥 + AGV + 穿越式 ARMG。该工艺是以德国汉堡港 CTA 自动化集装箱码头装卸工艺为代表的第二代装卸工艺，装卸船环节采用了半自动化的双小车岸桥，堆场装卸环节则应用了一高一低可相互穿越运行、各自独立作业的两台 ARMG，大幅提高了码头作业效率。

（3）双小车岸桥 + AGV + ARMG。该工艺是荷兰鹿特丹 Euromax 码头（第三代自动化集装箱码头）所采用的装卸工艺。与前两代自动化装卸工艺相比，采用的装卸机械效率更高、灵活性更强，同时还应用了更为先进的码头信息化管理系统。

（4）双小车岸桥 + AGV + ARTG。该工艺是日本名古屋港 Tobishima TCB 码头采用的装卸工艺。与其他典型的自动化装卸工艺不同，其堆场是水平于岸线布置的开放式堆场，集卡可进入堆场内部进行作业，堆场装卸作业由灵活度较高的 ARTG 承担。

（5）双小车岸桥 + 自动跨运车（ASC）+ ARMG。该装卸工艺应用于澳大利亚悉尼的博塔尼湾港 ACT 码头。采用 ASC 作为水平运输设备，可以直接从地面装卸集装箱，在与岸桥或堆场间进行交接作业时无需等待，提高了作业效率。

我国的自动化集装箱码头大多采用"双小车岸桥 + AGV + ARMG"的第三代装卸工艺。例如，厦门远海码头、青岛港自动化码头以及上海洋山港自动化码头等均采用了这种工艺。而天津港北区智能化码头则采用"岸桥 + 无人集卡 + 自动化堆场"的装卸工艺。

国内沿海典型自动化集装箱码头建设及装卸工艺系统详见表 4-6。

表 4-6　国内沿海典型自动化集装箱码头建设及装卸工艺系统

项目	自动化程度	装卸工艺系统	码头布局
广西钦州港大榄坪南（7♯—10♯泊位）	全自动	自动化双小车岸桥+IGV+ARMG	箱区垂直码头布局,侧面作业; 空箱、重箱混堆
广州南沙四期码头	全自动	自动化单小车岸桥+IGV+ARMG	箱区平行码头布局,侧面作业; 空箱箱区、重箱箱区分离
深圳妈湾港	全自动	自动化单小车岸桥+智能集卡+ARMG	箱区平行码头布局,侧面作业; 空箱箱区、重箱箱区分离
厦门远海自动化码头	全自动	自动化双小车岸桥+AGV+ARMG	箱区平行码头布局,端部作业; 空箱、重箱混堆
厦门港海润码头	半自动	自动化单小车岸桥+集卡+ARTG	箱区平行码头布局,轨内作业
洋山四期自动化码头	全自动	自动化双小车岸桥+AGV+ARMG	箱区垂直码头布局,端部+侧面作业; 空箱、重箱混堆
宁波舟山港梅山港区二期（6♯—10♯泊位）	半自动	自动化单小车岸桥+集卡+ARTG	箱区平行码头布局,轨内作业; 空箱箱区、重箱箱区分离
日照港（E、F区堆场）	半自动	本地单小车岸桥+集卡+ARMG	箱区平行码头布局,侧面作业
青岛港前湾四期自动化码头	全自动	自动化双小车岸桥+AGV+ARMG	箱区垂直码头布局,端部作业; 空箱、重箱混堆
天津港北疆港区C段	全自动	自动化单小车岸桥+智能集卡+ARMG	箱区平行码头布局,侧面作业; 空箱、重箱混堆
京唐港区（21♯—25♯泊位）	半自动	自动化单小车岸桥+集卡+ARMG	箱区平行码头布局,轨内作业

4.1.2 干散货码头装卸工艺优化

相较于集装箱码头以及其他类型的码头,干散货码头具有工艺流程复杂、货物种类繁多且装卸方案多样、作业连续性强等特点。依据货物流向,可将干散货码头分为进口型码头、出口型码头以及进出口型码头三类。不同类型的干散货码头在装卸工艺和装卸设备方面存在较大差异。

1. 码头平面布局

干散货码头按照作业区域可划分为码头前沿区域、堆场作业区域、装卸车区域三个部分。

码头前沿主要用于停泊散货船舶,并通过装船机或卸船机进行装卸船作业。

堆场的布局设计能够根据进出料作业线是否独立,进一步细分为"进出合一"和"进出分离"两种模式。在"进出合一"模式里,干散货的进场和出场通过同一作业线来实现,皮带机系统需要进行正反向调转,堆场通常配备堆取料机设备。该布局的优势在于设备使用效率较高,布局较为简洁,但不足之处在于无法同时进行进料和出料作业。与之相对,在"进出分离"模式中,干散货的进场与出场分别采用独立的作业线,皮带输送系统无需进行方向切换。在这种配置下,堆场通常配置功能独立的堆料机和取料机。这种设计的优点是生产作业更加灵活,能够实现进料和出料的并行处理。然而,这种布置形式占用的陆域空间较大,堆场的空间利用率较低。此外,依据堆场的进出料方向是否相同,堆场布局还可划分为"同侧进出"和"异侧进出"两种类型。在"同侧进出"的布置形式下,干散货的进场和出场均处在堆场的同一侧。而在"异侧进出"的布置形式下,干散货的进场和出场分别位于堆场的两侧。这两种布局各具特点,在进行选择时需要考虑具体的物流需求以及场地条件。

在装卸车区域,主要使用装车机等设备对带式输送机输送的散货进行装车作业,或利用卸车机等设备将列车运送来的货物卸下,然后通过带式输送机将卸下的货物运到堆场。我国干散货码头以出口型为主,装卸车区域主要用于卸车作业。

2. 码头装卸设备

1) 装卸船机械

(1) 装船机械

装船机是应用最广的装船设备,在北方的秦皇岛港、天津港、日照港、青岛港、连云港港、黄骅港等大型煤炭码头以及南方各港口的煤炭接卸均有广泛的应用。根据装船机的功能、结构和驱动方式等特点的不同,可以分为多种类型。

按货种可分为煤炭装船机、矿石装船机和粮食装船机等。

按整机特点可分为固定式、移动式和浮式装船机。其中,固定式装船机通常安装在码头前沿,移动式可以根据需要在码头上移动位置,而浮式装船机则安装在趸船上,适用于水位变化较大的港口。

按装船机结构性能特点,可以细分为转盘式、弧线摆动式和直线摆动式三种类型。其中,转盘式常被固定安装于码头前沿的墩座或内河的墩柱上。在水位波动较大的港口环境中,可将转盘式或弧线摆动式装船机安装在趸船上成为浮式装船机,以适应水位的变化。

目前,移动式装船机是应用最广泛的机型,可以配备卸料机和供料皮带机沿码头前沿轨道行走,具有较好的作业性能和对船舶的适应性,但是由于其机型复杂,基础工程费用较高。固定转盘式装船机主要服务于内河港口,具有机体与地面皮带机供料点固定、便于采取防尘措施、机型构造简单、成本低的优点。然而,这类装船机在作业范围上具有一定局限性,通常需要通过增加装船机的数量来扩展其服务能力。摆动式装船机(包括弧线摆动和直线摆动)的码头水工结构简单、施工造价成本较低,但机体结构相对庞大。

(2) 卸船机械

根据干散货卸船机械工作特点,可以进一步细分为间歇式卸船机和连续式卸船机两类。

间歇式干散货卸船设备主要包括船舶吊杆、常规门式起重机、带斗门座起重机(简称"带斗门机")及桥式抓斗卸船机等类型,其中,以带斗门机与桥式抓斗卸船机为典型,广泛应用于专业干散货码头的间歇式卸载作业。连续式卸船机,作为一类高效实现从船舱到码头连续输送的机械设备,其类型多样,涵盖链斗式、斗轮式、螺旋式、夹皮带式、埋刮板式以及气力输送式等多种结构,如图 4-7 所示。

表 4-7　卸船机械类型及特征

类型		特征
间歇式	带斗门机	通过抓斗实现物料的抓取和卸料,高度契合散装货物的船舶卸载需求
	钢丝绳牵引型桥式抓斗卸船机	抓斗的开闭、升降及小车横向移动的驱动装置均集中设置于驱动机房内,通过钢丝绳牵引小车运行。小车重量轻,运行速度快,但是长距离钢丝绳的使用易导致磨损加剧,加之钢丝绳的弹性特性,对小车精确定位构成一定挑战
	载重小车驱动型桥式抓斗卸船机	抓斗的开闭、升降及小车横向移动的驱动装置直接集成于小车上,司机视野好,易于控制抓斗位置。然而,载重小车重量大,制造成本与对码头基础设施的载荷要求随之提升
连续式	链斗卸船机	采用链斗装置从船舱挖取物料,并通过机上输送机系统卸至码头,具有作业效率高、自重轻、能耗低等特点,适用于 10 万吨以下的船型
	斗轮卸船机	利用低速旋转的斗轮作为取料装置,挖取船舱内的物料,适用于各种散粒物料,该卸船机对于船舶随波浪的波动具有良好的适应性,并且物料输送过程密闭,具有卸船效率高、能耗低、环境污染小的特点
	螺旋卸船机	由垂直臂、水平臂、旋转塔和末端螺旋输送机组成,具有结构轻巧、密封性好、能耗高、维护困难的特点,适用于流动性差的物料
	夹带式卸船机	具有能耗低、粉尘少、运转平稳的优点,该卸船机使用承载带和覆盖带夹紧物料进行提升和输送,不适用于流动性差或含有尖锐异物的物料
	埋刮板卸船机	由垂直吊臂、水平伸臂、旋转塔等组成,通过刮板将物料从船舱底部输送到码头,具有结构紧凑、噪声低的优点,但是其牵引链条易磨损
	气力式卸船机	采用吸粮机原理,通过高速气流使物料悬浮在输送管道中进行输送,具有结构简单、操作方便、清舱效果好的优点,但是其作业噪声大、能耗高,不适合易碎物料

2）装卸车机械

（1）装车机械

仓式自动化装车站、悬臂式高效装车机械以及一系列移动式设备，如单斗装载机、履带式及轮胎式抓斗起重机等。具体来说，仓式装车站具有较高的自动化程度；悬臂装车机适用于专业化程度高且装车需求大的码头；单斗装载机适用于装车量不大的非专业化码头，通常用于装载汽车以及低于机械卸料高度的火车；履带式和轮胎式抓斗起重机装载量适中，在料堆顺铁路线布置的码头，料堆散落较多且取料范围小，适用于汽车装载作业。

针对大规模装车需求的港口，常采用集成高架存仓、漏斗及皮带运输的一体化装车系统。此系统下，可灵活配置一线至三线不等的停车线于高架存仓、漏斗之下，优化装车流程与效率。

（2）卸车机械

根据干散货运输车型的不同，干散货码头卸车机械主要有底开门自卸车、链斗卸车机、螺旋卸车机和翻车机四类。其中，翻车机应用范围最广，该设备通过翻转车皮实现物料的快速卸载，通常由车辆翻卸系统和物料输送系统两部分组成。翻车机具有高度的机械化作业水平、快速的卸车效率以及卸载后车厢内残余物料量少等优势，对货种及物料块度的适应性强，但是其投资费用相对较高。

3）水平搬运机械

干散货码头的核心水平运输设备是带式输送机，俗称"皮带机"，是煤炭、矿石装卸作业线的连接装卸船、装卸车、堆场机械和各种储存、给料等作业环节之间的转运工具。

皮带机由上下托辊支撑起承载与牵引双重功能的输送带，该带围绕头部和尾部滚筒形成闭合环路，构成一个连续的输送系统。它借助于驱动滚筒与输送带之间的摩擦来传递动力，实现物料输送。驱动装置作为皮带机的能量源泉，集成电动机、减速器、联轴器、逆止器及传动滚筒等核心部件，协同作业，确保动力稳定传递。皮带机主要特点是输送距离长，承载能力大，结构设计简单、基建费用低，运营维护费用少。此外，输送带布局灵活，可适应水平、倾斜或者在水平方向、垂直方向弯曲布置，极大地减少了地形条件的限制，作

171

业简单、安全可靠,易实现自动控制。

4) 堆场作业机械

(1) 堆取料作业设备

堆场堆取料作业设备可以分为堆料机、取料机以及堆取合一的堆取料机三类。

堆料机是国内外干散货堆场常采用的专用设备,有单悬臂、双悬臂和旋臂式三种机型,在地面堆场作业系统中多采用旋臂式堆料机。

取料机是专用于堆场取料的设备,常见的是悬臂式斗轮取料机和门式取料机。悬臂式斗轮取料机集行走移动、旋转定位、悬臂俯仰调节及斗轮取料等多功能于一身,展现了其高度的灵活性与作业效率。而门式取料机,则凭借其大车行走系统、斗轮横向移动功能及活动梁的升降调节能力,实现了跨越料堆的灵活作业。

堆取料机是一种与堆场地面固定皮带输送机系统协同工作的专用设备,兼具堆料与取料双重功能,其核心机型以悬臂式斗轮堆取料机和门式斗轮堆取料机为代表。悬臂式斗轮堆取料机巧妙融合了悬臂式斗轮堆料机与取料机的双重能力,实现了作业流程的灵活转换与高效执行。门式斗轮堆取料机,则是在门式斗轮取料机的基础上,通过增设梭状堆料输送机及供料尾车,赋予了其堆料与取料的双重作业能力,进一步提高了设备的适应性与作业效率。

(2) 堆场作业系统

堆场作业涉及货物在堆场,以及堆场到车、船之间完成水平运输的换装作业。因此,堆场堆取料设备与水平运输设备结合,共同构成了堆场作业系统,主要包括地面作业机械化系统、坑道作业机械化系统两类。

地面作业机械化系统由堆料机、取料机和堆取料机与地面带式输送机系统构成,被国内外大型干散货堆场采用。该系统分为堆区分开和堆区合一两种方式,在堆取分开的堆场系统中,由堆料机堆料、取料机取料,堆场上的带式输送机通常只需单向转动。而在堆取合一的地面堆场系统中,堆料和取料均由堆取料机完成,堆场带式输送机需要做正反双向转动。

坑道作业机械化系统是一种堆料机与坑道皮带机联合作业的系统,根据皮带机在坑道中摆放的形式不同分为 V 型存仓坑道-双(或单)臂堆料机系统、L 型存仓坑道-复杂螺旋喂料机系统、平坑道-简易螺旋喂料机系统和仓库坑道-重力输送系统等。

3. 传统码头装卸工艺

1) 装卸工艺

散货码头的装卸工艺依据三个主要区域间差异化的作业流程，可细致划分为七大类别：卸车进场作业、出场装车作业、卸船进场作业、出场装船作业、卸车装船作业、卸船装车作业以及卸船装船作业。在此分类体系下，专注于进口的码头通常涵盖卸船进场作业、卸船装车作业和出场装车作业。而出口型码头则主要涉及卸车进场作业、卸车装船作业和出场装船作业。至于兼顾进出口功能的码头，则可能覆盖上述所有七种装卸工艺，以灵活应对多样化的物流需求。不同装卸工艺的工艺流程如表 4-9 所示。

表 4-9　干散货码头不同装卸工艺的工艺流程

装卸工艺	工艺流程
卸车进场作业	火车→卸车机→带式输送机→堆取料机→堆场堆存
出场装车作业	堆场堆存→堆取料机→带式输送机→装车机→火车
卸船进场作业	船舶→卸船机→带式输送机→堆取料机→堆场堆存
出场装船作业	堆场堆存→堆取料机→带式输送机→装船机→船舶
卸车装船作业	① 火车→卸车机→带式输送机→堆取料机→堆场堆存→堆取料机→带式输送机→装船机→船舶 ② 火车→卸车机→带式输送机→装船机→船舶
卸船装车作业	① 船舶→卸船机→带式输送机→堆取料机→堆场堆存→堆取料机→带式输送机→装车机→火车 ② 船舶→卸船机→带式输送机→装车机→火车
卸船装船作业	① 船舶→卸船机→带式输送机→堆取料机→堆场堆存→堆取料机→带式输送机→装船机→船舶 ② 船舶→卸船机→带式输送机→装船机→船舶

目前，国内外干散货码头主要以卸车进场作业、出场装车作业、卸船进场作业和出场装船作业四种装卸工艺为主。

173

2) 辅助作业工艺

干散货码头除了货物装卸之外，还需要一些辅助装卸工艺。

(1) 干散货平舱工艺

干散货平舱作业是指把装船机垂直送下来的物料，转为水平方向投向舱口四周的甲板下，其主要目的是平整装船后的干散货物以确保小舱口船舶装满、防止货物在航行中发生位移、保证航行安全。平舱工艺机械主要有溜筒平舱机、直带式平舱机和曲带式平舱机等。

(2) 干散货清舱工艺

为了解决卸船机不能将物料全部卸清的问题，需要使用清舱机械来配合作业。清舱机械主要用于将散货卸船机不能直接搜取的散货汇集，以便船舱最后能尽快卸空清扫，应用较多的清舱机械主要有 WL-65 型喂料机、刮抛机、推耙机、电铲、铲斗车等。散货清舱一直是卸船作业中的一个薄弱环节，尤其是舱口驳和小船，实现机械清舱还十分困难。据了解，目前我国散货卸船清舱量约占卸船量的 18%—20%，而改造船型是彻底解决清舱问题的关键。

(3) 防尘、防污作业工艺

干散货装卸过程中，对物料抓取、投送，或物料经过坑道漏斗自流都会由于冲击和振动而产生扬尘。在露天堆场堆存中，在风的作用下，也会产生大量的扬尘，因此采取防尘、防污措施至关重要。

目前，国内外各行业对散货堆场采取的环保措施不尽相同。一般来说，比较有效、彻底地解决堆场扬尘问题的措施是将煤炭封闭在一定的空间内，以防粉尘外溢。例如，煤矿一般采用圆筒仓，电厂采用圆筒仓、大型煤棚和球形仓等。针对露天堆场，主要除尘措施为喷洒水、喷洒抑尘剂、覆盖防尘网等。

4. 自动化码头装卸工艺优化

相比技术成熟的集装箱自动化，干散货的自动化作业难度更高。近年来，我国持续深入推进码头自动化技术创新，装船自动化技术、堆场装卸自动化技术、带式传输技术日趋成熟，能够实现设备自动化运行、远程控制、整体流程的"一键控制"与"过程干预"相结合，以及设备状态在线监控和无人巡检等。目前,我国干散货码头自动化技术水平和应用规模总体位居国际前列。

1) 码头装卸设施自动化技术

(1) 装卸船自动化技术

装船机自动化技术。利用自动化装置和系统代替人工操作,完成散货、件杂货等货物从码头到船舶的装载过程。该技术的核心主要由自动化控制系统、机器视觉与识别技术和远程监控与故障诊断系统组成。其中,自动化控制系统负责接收指令、控制设备动作、监测运行状态等,通常采用先进的控制算法和传感器技术,确保装船作业的精准和高效。机器视觉与识别技术通过集成高清摄像头和图像处理软件,机器视觉与识别技术能够实时识别货物的种类、位置和数量,为自动化控制系统提供准确的输入信息。远程监控与故障诊断方便操作人员在控制中心远程监控装船机的运行状态,及时发现并处理潜在故障,确保装船作业的连续性和安全性。

目前,我国多个港口已开展自动化装船技术应用实践。山东港口烟台港开发的自动化装船控制系统利用激光扫描技术实现对船舱边缘数据的获取和自动识别,利用 GPS 定位技术提升装船机的定位精度,并根据配载图建立装船换舱模型,实现换舱过程中"停料不停机"的协同控制模式。同时,还搭建起船舶偏载智能检测模型和智能防撞模型,实现自动装船控制,确保设备和船舶安全、作业稳定。

山东港口青岛港前港公司研发的装船机全自动控制系统由中控全自动控制系统、本地全自动控制系统、远程操控系统、船舱轮廓扫描系统、视频监控系统、定位系统及船体平衡检测系统等七大系统组成,实现了装船机的全船自动化作业。

卸船机自动化技术。主要依赖于先进的控制系统、电动驱动系统、传感器技术以及人工智能等高科技手段,实现对卸船机作业过程的全面自动化控制。其中,集成先进的控制系统,能够保障卸船机实时感知作业环境,自动调整作业参数,确保作业过程的精准和高效。采用电动驱动系统替代传统的机械或液压驱动方式,可以有效提高能源利用效率,降低噪声和排放。配备高精度传感器,如雷达、摄像头等,实现对货物位置、重量、形状等信息的实时监测和反馈。远程监控和故障诊断功能,便于技术人员及时发现问题并进行处理,降低了维护成本。这些技术的应用使得卸船机能够自主完成货物的抓取、提升、转运和卸载等动作,无需人工干预或仅需少量人工监护。

烟台港开发了全球首创的卸船机自动化控制系统。该系统通过自主研发的抓斗智能防摇系统,将抓斗摆动幅度控制在 5 厘米范围内,突破了抓斗精准控制的技术难题。同时,首创智能抓取算法模型,实现最优运行轨迹规划、最佳抓取点计算,达到卸船机自动化抓取效率居国内领先水平。

日照港石臼港区南作业区的 6 台卸船机已经实现了卸船机的"无人驾驶",通过运用工业物联网、移动互联网、人工智能、自动控制和智能识别等技术,攻克了抓斗视频跟踪、雷达测距、智能防摇控制、舱内机械防撞等难题。卸船机司机只需提前设置好坐标定位和料斗位置,系统扫描船舱货物信息后,卸船机便开启无人化作业模式。

(2) 装卸车自动化技术

干散货码头装卸车自动化技术通过集成多种先进技术和设备,如自动化控制系统、智能料斗等,实现了从货物装卸到车辆运输的全程自动化操作,提高了装卸效率和作业质量。

自动化装卸车技术。通过远程控制和智能调度,实现货物的自动化抓取和装载。常见的自动化装卸车设备有自动化门机、装车楼(装车机)等。例如,青岛港董家口港区的自动化矿石装车楼在国内外属于首套,相关技术成果达到国际领先水平;烟台港首创的装车机自动化控制系统,通过多机协同和高精度定位技术,率先实现换厢自动翻板、车厢序号自动识别、空车自动跨越、尾车自动翻板弃料,有效减少弃料量,显著提高了装车效率,火车平均在港停时压缩了 20.8%。

智能料斗系统。通过自动化控制和破拱集成技术,实现大料斗卸料装车一体化智能作业模式。该系统能够自动调整料斗位置和角度,确保货物均匀装载到车辆中。同时,它需要在港区内部搭建 5G 定制化专网,实现设备间的实时通信和数据传输,有助于提高数据传输速度和稳定性,为自动化作业提供可靠的通信保障。

(3) 堆取料自动化技术

堆料取料自动化技术是指通过集成传感器、自动化控制系统、无线通信技术等手段,实现对散粒物料堆场的高效、准确、安全的堆料和取料操作。堆取料自动化的核心技术主要包括高精度定位技术、传感器技术、无线通信技术、自动化控制技术和图像监控技术。

高精度定位技术。采用格雷母线、编码器、倾角传感器等高精度定位设备,确保堆料机在堆料过程中的精确位置控制,同时实时监测堆料机的行走、旋转、俯仰等状态,确保堆料作业的准确性。其中,格雷母线高精度位移检测系统是基于电磁感应原理的非接触式位移测量技术,通过在移动设备上安装感应器和在固定轨道上铺设格雷母线,实现对移动设备位置的实时监测和精准定位。这种技术具有高精度、高可靠性、长寿命等优点,适用于各种复杂的工作环境。编码器与霍尔开关用于堆取料机的行走精确定位,编码器定位误差小,霍尔开关则作为辅助定位手段,两者结合使用可以显著提高定位精度。

传感器技术。配备超声波传感器、料位雷达等检测设备,实时监测料堆高度、耙车取料深度等参数。其中,超声波传感器用于检测料堆高度、耙车取料深度以及设备与障碍物之间的距离,防止设备碰撞和出轨。倾角传感器用于实时监测堆料机悬臂的角度变化,确保堆料作业的准确性。料位雷达用于实时监测料堆的料位变化,为自动化控制提供数据支持。

无线通信技术。可以实现堆料机与中央控制系统之间的实时数据传输和远程控制。这种技术避免了有线通信的线缆断裂问题,提高了通信的稳定性和可靠性。

自动化控制技术。通过 PLC(可编程逻辑控制器)等自动化控制设备,结合运动控制技术和 AI 视频摄像机等设备,实现对堆取料机的精准控制。操作员可以通过远程监控系统实时观察堆取料机的工作状态,并进行必要的调整和优化。

图像监控技术。可以实现对堆料过程的远程监控和故障诊断。在堆取料机下料口、取料机耙车、堆料机悬臂等关键部位安装高清摄像头,使操作员能够远程监控堆取料机的工作状态,确保作业的安全性和准确性。

(4) 辅助作业自动化技术

智能清舱技术。传统清舱作业需要人工进入货舱操作挖掘机、装载机等传统机械,存在作业效率低、安全隐患大、劳动强度高等问题。智能清舱技术实现了清舱作业的无人化,通过自动化设备进行舱内残留物的清理工作,提高了作业效率,减少了人工作业的安全风险。智能清舱设备就是指通过智能路径规划、智能货垛信息扫描等技术手段,具备自主导航、避障、抓取等功能,能够在复杂的货舱环境中灵活作业的自动化设备。例如,烟台港研发的智能履带式船舱清舱机(履带式智能清舱机器人)可以自主完成推铲、扒料、输送、布料、清扫等一体化作业。该项技术成果使得卸船机能够实现100%自动化作业,有效避免了"机械对人"操作的安全隐患。

智能清舱系统的核心技术如表4-10所示。

表4-10　干散货码头智能清舱系统核心技术

技术	描述
传感器与感知系统	包括高精度激光传感器、点云毫米波雷达、视频AI等,用于实时感知货舱内的环境信息,如货物位置、形状、大小等,为智能清舱设备提供精确的导航和作业指令
智能控制系统	通过集成先进的算法和模型,能够自主规划清舱路径、优化作业策略,并实时调整作业参数,以适应不同的清舱需求和环境变化
远程监控与操作系统	便于操作人员通过远程监控界面实时查看货舱内的作业情况,并对机器人进行远程控制和干预。这提高了作业的安全性和灵活性

随着人工智能、机器人技术和自动化控制技术的不断发展,智能清舱技术将不断得到优化和完善。未来,智能清舱技术将更加智能化、自主化和高效化,为航运和物流领域带来更多便利和效益。同时,随着全球对环保和安全的重视程度不断提高,智能清舱技术也将更加注重环保和安全问题,推动航运和物流行业的可持续发展。

堆场智能防尘技术。基于生产作业的具体参数、堆垛表面含水率以及实时风速、风向和堆场典型点位空气中粉尘浓度等信息,通过智能控制系统自动调整水喷洒量,以达到最佳的防尘效果。系统具备实时环境数据采集与分析能力,研判堆垛含水率的变化趋势,并在达到预设含水率临界值时,自动触发喷枪进行精确的水量喷洒。同时,系统还能智能识别局部起尘重点区域,并针对这些区域实施靶向洒水作业,从而降低粉尘排放。

堆场智能防尘核心技术如表4-11所示。

表 4-11　干散货码头堆场智能防尘核心技术

技术	描述
"1＋N"粉尘智能监测技术	结合了激光雷达和多个粉尘在线监测仪,能够实时反映港口区域粉尘浓度及其分布情况,实现粉尘全域网格化实时动态监测
粉尘精准控制运算模型	通过大数据统计划定网格区域内加权粉尘浓度,利用高斯扩散模式的反推模式计算得到无组织排放源的源强,实现高排放的智能识别
粉尘智能化控制系统	基于粉尘精准控制运算模型开发的智能联动控制软件,通过生产指挥中心智能控制堆场喷枪,实现粉尘智能控制和超标预警
智能堆场管理平台	利用 AI 技术全面管理堆场中的人、车、库,提供高效的安全预警、语音喊话和数据记录等功能。系统能够准确识别人、车、库的各种事件,无惧恶劣天气环境,实现无人化管理

2）装卸工艺优化

散货码头设备种类虽不多,但都较庞大与复杂,大型设备本身由多组机构及控制系统组成,通过完成一系列的协调动作才能完成装/卸车、堆料、取料及卸/装船的功能。要实现码头全流程自动作业,单机设备首先要达到全自动化能力并具有开放接口。此外,散货码头工艺联锁性很强,要最大限度提高全员生产率,势必要求各个作业环节能够依据计划或合同实现排产各环节的无缝衔接,以提升生产效率,减少现场人员的投入。

目前,我国已建成自动化干散货码头 28 座,已建及在建自动化码头数量位居世界首位。

广州港通过分步探索和研究,实现了干散货装卸作业流程从卸船、水平运输到装船的智能化全覆盖。新沙公司投用的煤矿系统装船流程自动化"广州港方案"以及新港公司推动的散货门机远控自动化改造等项目均取得了显著成效。

山东港口渤海湾港东营广利港区成功实施了全球首例通用干散货码头全流程作业自动化升级改造与应用项目。该项目实现了 2 台门机全自动化作业、6 台港口自卸车无人驾驶运输、2 台智能料斗一体化装车等功能。所有设备通过智能设备控制系统（ECS）统一调度,实现从码头前沿到堆场的全流程自动化运行。该项目的成功实施不仅提高了港区作业效率和安全性,还降低了人力成本和运营成本,为通用干散货码头的自动化升级提供了可借鉴的"山东港口方案"。

烟台港通过自主研发和创新,成功打造了全球首个专业化干散货全自动化码头,实现了卸船、水平运输、堆取料、装车、混配、装船等全过程的自动化作业和集中管控,大幅提高了作业效率和安全性。

未来,干散货码头需要持续深化与物联网、5G、区块链、北斗导航定位和辅助驾驶等新技术的融合应用,不断提高港口数字化、智能化水平,实现干散货作业流程全自动化,生产环节向无人化智能化转变,港口服务向平台化信息化迈进。

4.2 能源使用结构优化

根据我国典型港口能耗统计数据,柴油等化石能源消费占比达 60% 以上,加快推进港口岸电设施应用与港作机械、运输车辆的新能源替代,优化港口能源使用结构,是实现港口减污降碳的关键路径。

4.2.1 港作机械新能源替代技术

根据消耗能源的不同,港口作业机械可大致划分为两大类别:其一,为装备有钢质车轮行走机构的电动港口机械设备,此类设备通常沿预设的固定轨道实施整体移动作业,主要以电力作为动力来源;其二,则是以轮胎为行走机构的港口移动设备,亦称港口流动机械,主要以柴油、液化天然气、电力等作为动力来源。不同港作机械的能源消耗类型如表 4-12 所示。

表 4-12 不同港作机械的能耗类型

能耗类型	港作机械类型
电力	岸边集装箱起重机、轨道式集装箱门式起重机、桥式抓斗卸船机、门式起重机
柴油或 LNG (正在经历新能源替代)	轮胎式集装箱门式起重机、集装箱正面吊运机、空箱堆高机、装载机、叉车

《绿色交通"十四五"发展规划》提出，到 2025 年全国 11 个国际集装箱枢纽海港的新能源清洁能源集卡比例达到 60%。《交通领域绿色低碳发展实施方案》提出，到 2030 年，具备条件的沿海主要港口、铁路物流基地、物流园区、机场等内部车辆装备和场内作业机械等总体完成新能源、清洁能源动力更新替代。2023 年 9 月，工业和信息化部等七部门联合发布《机械行业稳增长工作方案（2023—2024 年）》明确指出，聚焦矿山、港口等典型应用场景及川藏铁路等重大工程建设需求，开展电动挖掘机、电动装载机等电动化产品的示范应用等。

可以看出，港作机械新能源替代将是未来一段时期促进港口绿色低碳发展的重要任务之一。

1. 港作机械新能源设备与改造技术

1）轮胎式集装箱门式起重机

轮胎式集装箱门式起重机（简称"场桥"，RTG），具备跨箱区作业能力，机动性较高，无需铺设轨道从而显著提升了堆场空间的有效利用率。RTG 动力来源为柴油，作业时产生的噪声和能耗污染较高。港口通过 RTG"油改电"，将起重机驱动系统动力来源由柴油转换为电力，可以有效减少装卸设备对港口所在区域的各种污染物排放。

传统 RTG 由柴油发电机组驱动，能量转换效率较低，同时 RTG 多采用间歇式工作模式，空耗时间长，设备能耗大。为了解决港口 RTG 作业能耗和污染问题，国家探索并出台了一系列相关政策措施。早在 2006 年，国家发展改革委、科技部联合发布了《中国节能技术政策大纲》，指出优先选用以电能作为动力源的装卸设备，为 RTG"油改电"技术的全面推广与应用提供了政策支撑。同时，我国多个港口积极探索电驱动的轮胎式集装箱门式起重机（ERTG）技术并开展试点示范。

相较于传统的柴油发电机组驱动方式，"油改电"技术方案能大大改善 RTG 电源质量，对于设备整体故障率的降低有着积极作用。ERTG 在过街或者转场时，提前启动柴油发电机组，确保在市电供应中断的情况下，依然能够维持交流电源的持续供应，有效解决了夜间作业中因电源切换而可能导致的照明中断问题，保障了作业连续性与安全性。目前，我国港口 RTG"油改电"

技术日趋成熟,具有显著的经济与环境效益。

RTG"油改电"技术的基本原理,在于将原有的作业能源供给模式从依赖柴油发电机组转变为利用市电供电,以此驱动 RTG 上的各交流变频电动机运行。此过程中,原内燃机驱动 RTG 所配备的大功率柴油发电机组被替换为小功率机组,其主要功能转变为在 ERTG 转场时提供必要的驱动力,或在电网故障时进行应急操作。基于不同的电力供应策略,RTG"油改电"的实施可细分为三大技术方案:电缆转盘系统、安全滑触线系统(亦称"低架滑触线系统")和高空架线系统。

电缆转盘。其核心在于在门架的一侧设置电缆卷筒,负责承载并有序卷绕电缆,通过连接市电和 RTG 的电缆实现对 RTG 直接供电。当 ERTG 沿堆场轨道移动时,电缆卷筒的控制系统依据 ERTG 行进过程中供电电缆所承受的张力变化,采用变频调节技术精准控制电缆卷筒的收放速度,确保与 ERTG 的移动速度保持动态平衡,从而有效保障供电电缆的安全性与稳定性。此技术方案在国外部分小型集装箱码头以及中国东北地区的集装箱堆场中均有应用。

安全滑触线。2006 年,青岛港实现了低架滑触线供电技术的创新与应用,该技术巧妙地依托低空架设的滑触线及其配套专用集电装置来实现 RTG 的移动供电。具体而言,滑接输电导线或导管的供电端与城市电网相接,利用集电刷与输电导轨的动态滑动接触机制,高效地将电网电能传输至有轨导向集电小车。集电小车沿轨道与 ERTG 同步移动,并通过其电缆与 ERTG 配电柜电源输入端连接,从而将电网电能无缝输送至 ERTG 系统,实现移动中的连续可靠供电。

高空架线。2007 年,上海港率先探索并实践了高架滑触线供电技术,该技术的供电机理与低架滑触线系统相仿,但其核心区别在于滑触线的架设高度显著提升,普遍设定在 32 米以上(相较于 ERTG 的顶端高出约 2.5 米),更节约空间。ERTG 从铜质滑触线获取电能的过程,依赖于专门的受电装置完成。当前,针对高架滑触线 ERTG 的受电需求,业界提供了两种成熟的技术方案:一是采用类似于城市电车的"取电杆";二是采用类似于城市轻轨的"受电弓"。

三种"油改电"技术方案的特点和适用性不同。具体而言,电缆线卷式方案以其灵活性和低成本,适用于 RTG 数量相对较少的小型港口。相比之下,滑触线方式在大面积推广上更具优势。此外,在电力供应条件严苛的港口,变频技术改造与混合动力系统的引入,也是降低 RTG 能耗的有效辅助策略。

2）集装箱正面吊运机

集装箱正面吊运机主要用于集装箱的装卸、堆码和水平运输作业。

（1）混合动力正面吊技术

2013 年,科尼集团在瑞典赫尔辛堡港隆重推出全球首台混合动力正面吊 SMV4531TB5HLT,最大起升能力为 45 吨。该产品融合多项顶尖技术,设备的动力系统由柴油发动机直接驱动发电机,实现整个行驶系统电气化驱动;液压起升系统由电动机直接驱动,对司机指令的反应更加灵敏和迅速;设备配备能量储存装置和能源再生系统,用于回收和储存设备在制动及吊具下降时产生的能量能源,从而比传统的正面吊节省燃油 30% 以上。与此同时,系统响应和加速度性能的提升使生产效率也得到提升。

（2）电动正面吊技术

电动正面吊运机采用电动机代替传统的内燃机作为动力源,配备大容量电池组,实现零排放和低噪声运行。

2018 年,徐工集团推出世界首台纯电动正面吊 XCS45。之后,正面吊生产厂家开始研制应用纯电动正面吊,探索应用各种新技术。例如采用 200 kW 大扭矩驱动电机,匹配专用 AMT 变速箱、大速比驱动桥,达到最大牵引力 300 kN、最高车速 25 km/h,运用 235 kWh 大容量免维护动力电池和双枪充电技术,具备势能回收功能,行驶时由双电机驱动,无级调速,换挡冲击,易于操作;电机驱动电控泵系统,动作流量可以精确分配;臂架伸缩、臂架俯仰、吊具动作及行驶由不同电机驱动,产生良好的联动效果;电池单元适用 220 V 或 380 V 电源充电,可匹配不同功率固定式移动电动汽车通用充电桩,充电时间 1.5 h,可续航 6—8 h。

3）空箱堆高机

电动空箱堆高机的工作原理类似于普通的货物堆高机,但其具有更高的升降高度和更大的升降承载能力。工作时,机器先将前装框固定在集装箱前端的吊环上,然后通过电动驱动系统将集装箱升高到指定的高度进行叠放。起重系统是电动空箱堆高机的重要部分,它反映堆高机的起重能力和装卸效率,是决定堆高机作业生产率的重要因素。

卡尔玛是电动空箱堆高机领域的先行者之一。其电动空箱堆高机的设计注重能源效率和操作时间的最大化,通过优化能量回收减少能源损耗,内置的温度管理系统确保电池在最佳温度范围内运行,延长电池寿命并降低成本。此外,该设备兼容多种充电器类型,并配备了成熟的 EGO 驾驶室,为操作员提供舒适的工作环境,提高作业效率。2024 年,卡尔玛推出了基于其成熟 G 代平台的新型电动空箱堆高机。这款设备采用了与卡尔玛电动正面吊和卡尔玛重型电动叉车相同的电力驱动系统,提供了 9 吨和 10 吨两种单箱提升能力,以及 10 吨和 11 吨两种双箱提升能力,堆垛高度可达 5 至 8 层高或"5 + 1"至"8 + 1"层高。

三一重工推出的 SDCE90K7E2,该机型具有高效势能回收技术,能效较一代产品提升了 10%,并且优化了行车制动回收技术,在常见行驶工况下的回收效率可达 17.5%—20.6%。

徐工集团推出的 XCH908E2 换电堆高机,采用磷酸铁锂电池驱动,具有三电机技术,匹配先进的电控系统和能量回收系统,实现了快速换电和能量的高效利用。

厦门港海天码头使用的远程控制电动空箱堆高机为全球首创,该设备配备了全景摄像头和激光雷达扫描系统,融合了 5G 通信技术和智能感应系统,实现了数据的稳定传输和远程精确控制。

随着技术的不断进步,电动空箱堆高机正逐渐实现智能化和自动化,如友道智途无人纯电智能平板车与堆高机实现的无人化交互作业,展示了港口在空箱区智能化作业的潜力。未来,空箱堆高机将更加侧重于集成先进驾驶辅助系统(ADAS)、人工智能技术,实现无人化操作。

4) 装载机

电动装载机技术作为工程机械领域的一项重要创新,近年来得到了快速发展和广泛应用。

目前,世界范围内其他地区销售的有限的电动化设备多集中在紧凑机型上，而中国对电动装载机的需求集中在更大吨位的产品上，目前 5 吨级电动装载机为市场主流，未来会进一步向 6 吨、7 吨等中大吨位产品延伸和覆盖。

在技术路线选择上，国内电动装载机有混合动力和纯电动两种路线，纯电动装载机可选用氢燃料电池和锂离子电池。市场上实际在售的多为采用锂离子电池的纯电动装载，其中又分双电机和三电机两种不同的实现方式。国内部分已上市电动装载机产品和主要技术如下：

柳工 856E-MAX 智能遥控电动装载机采用新一代定变量液压技术，按需供液压油，力量更大，速度更快，损失更小。双泵合流技术的应用实现动臂提升速度提高 15%，掘起力提高 15%。电比例操作手柄，独立操控，可实现不踩油门动臂快速举升，工作速度提升 17%，生产率较 5 吨产品提升 20%。该设备搭载柳工自主研发的基于物联网的智能施工管理平台、智能铲装、5G 远程遥控、智能管家系统等先进技术，真正实现装载机电动化、智能化、自动化的理想形态，获得"2021 中国工程机械年度产品 TOP50"技术创新金奖。

徐工 XC958-EV 纯电动装载机采用行业首创的"三电机"技术方案，配备徐工电机功率分配技术，扭矩大、三相和时间短，铲装效率比燃油装载机高出近 20%。同时，该设备采用无毒环保电池，适应于 -35℃ 到 55℃ 的环境温度，使用寿命长。XC968-EV 升级为 6T 级纯电动轮式装载机，利用徐工核心自主的功率智能匹配优化技术，对整车电机功率、转速、转矩等进行集成化智能控制。此外，徐工正在加快推动针对特定工况进行拖线式电动装载机和无人驾驶电动装载机的研发和试验，前者针对续航时间长的痛点，后者基于对未来无人化集群作业的前景审视。

三一重工 SW956E 电动轮式装载机行走系统采用大功率永磁同步电机，瞬时扭矩 2 400 Nm，动力强劲、高效。该设备突破创造智能启停技术，对驾驶员意图进行识别，当车辆处于非工作状态时，对泵用电机进行停机操作。这样解决了待机能耗损失的问题，使电装能耗降低 5%。它采用能量回收技术，利用制动过程将动能转化为电能存储，使电装能耗降低 18%；采用智能控制系统，可根据负载、车速等条件自动调节动力输出，动力响应快，效率高。

山东临工 L956HEV 5T 级纯电动轮式装载机选用行业优质三电资源，性能匹配合理，整机操纵舒适，兼具传统装载机的稳定性强和纯电装载机的响应速度快的特性。

山推 LE56-X2 5T 级纯电动轮式装载机,配置超大容量动力电池组,传动系统匹配高性能永磁同步电机和定轴式电控变速箱,传动高效可靠,作业效率高。

国外中大吨位电(混)动装载机产品仍然处于培育发展阶段。相较之下,小型装载机的电动化市场稍有领先。除沃尔沃、威克诺森等主流品牌外,Schaeffer、GIANT 等小众品牌均已推出小型纯电动装载机。

5) 叉车

随着新能源的发展以及叉车配套件的技术进步,电动叉车(主要包括电动平衡重乘驾式叉车、电动乘驾式仓储叉车和电动步行式仓储叉车等类型)正逐步取代传统的内燃叉车。电动叉车主要包含以下几个关键技术:

电动叉车驱动技术。电动叉车的驱动主要依靠于交流驱动系统,该系统拥有强劲高效的电机,能够承受高电流的反复冲击;其运用的矢量控制交流异步电机驱动技术,便于驱动系统进行高低电压转换,同时具有构造简单、易于维护、造价低的优点,因此该技术也被逐渐推广至其他电动车辆中。

液压控制技术。液压系统能够在液压泵电机对门架进行控制时,实现无极调速的功能,使电动叉车各电机转速维持在最优化的稳态运行区间。此外,它借助液压泵电机控制器的智能化管理,能够显著提升蓄电池组的续航能力,延长叉车整体作业时间,并有效降低液压系统运行过程中的热耗散,优化能源利用效率。

转向技术。电动叉车的转向系统对其日常作业效率、驾驶员劳动强度和驾驶的安全性都有非常大的影响。全液压转向系统具有较高的灵敏度和可控性,能够实现实际作业中的各种操作要求,同时可以对突发情况进行紧急响应和调整。目前该技术已被广泛应用于电动叉车设计生产中。

随着叉车电动化的不断推进,铅酸叉车向锂电叉车转型已成为叉车电动化的内部趋势。2020 年之前,国产叉车以铅酸电池为主,但是铅酸电池充放电次数少、使用寿命短、维护要求高、对环境影响较大。相较于铅酸电池,锂电池具备质量更轻、体积更小、能量密度高的特征,因此锂电池叉车车型更加紧凑,整车稳定性更高;此外,锂电池较铅酸电池充电速度更快,使用寿命更长，维护成本更低。

叉车发展的下一阶段是实现叉车无人化、智能化。目前主流的乘驾式或步行式叉车虽然能够大幅提升搬运效率，但仍需要操作员进行手动操作。随着人工智能、物联网等技术的飞速发展，具备无人驾驶、远程监控、管理等功能的智能工业车辆产品成为行业技术发展的新趋势。其中，无人叉车具备更高的搬运效率，应用前景广阔。叉式移动机器人是在叉车上加载各种导航技术，构建地图算法，辅以避障安全技术，实现叉车的无人化作业。叉式移动机器人能保证操作精度、效率和安全性，协助实现整个生产流程的无人化作业，维持 24 小时全天候稳定运转，有效提高搬运效率。目前多家传统叉车制造商已有相关叉式移动机器人的实际应用案例，如安徽合力的 AGV 整体智能物流解决方案应用于宜欧国际物流公司智能仓储系统项目；杭叉集团的 AGV 进驻阿里菜鸟物流，协助仓库物流运输；中力股份的 X-Mover 搬运机器人应用于物流公司转运中心，有效提高搬运效率。

2. 港作机械供电技术

港口机械供电模式主要分为动力蓄电池供电和移动供电两类。

1）动力蓄电池供电模式

动力蓄电池供电模式主要包括三类：插电式充电、换电站换电池和机会充电。

（1）插电式充电模式

插电式充电模式作为电动港口机械领域广泛采用的供电方式，其运作模式与电动汽车的插电式充电模式相类似，使用码头布置的充电桩为电动港口机械充电。此模式的显著优势在于初期投资成本相对较低。然而，其局限性亦不容忽视，主要包括充电速度慢、配备多个充电桩导致空间占用需求较大等缺点。

（2）换电站换电池模式

换电站换电池模式的核心在于将电池设计为标准化的模块单元，在换电站内利用自动化设备对电动港口机械进行换电池。此模式的显著优势在于换电过程极为迅速，平均更换一块电池的时间可缩短到 3 至 5 分钟，显著提升了设备的连续作业能力与运营效率。然而,该模式在推广初期需承担较高的初始投资成本,包括换电站的建设、自动化设备的购置与安装等。尽管如此,鉴于其高效性与便捷性,换电站换电池模式在矿山电动自卸车及港口电动机械领域得到了广泛应用。目前,在海南洋浦国际集装箱码头、广西北部湾港防城港港区、日照港集装箱码头等均建设了电动集卡换电站。

(3) 机会充电模式

机会充电模式是一种高效利用时间的能源补给策略,是指利用港口机械在堆场等待场桥进行集装箱装卸作业的间隙进行充电。在此模式下,电动港口机械能够在每个工作循环的空闲时段内,进行数分钟的快速充电。这样通过这种周期性的、频繁的充电操作,确保电动港口机械的动力蓄电池能够持续维持在一个相对饱满的电量状态。

2) 移动供电模式

移动供电模式也主要包括三类:电动 RTG 供电、电动港口流动机械滑触线供电、电动港口流动机械无接触式供电。

(1) 电动 RTG 供电模式

如前文所述,ERTG 的电力供应体系涵盖了低架滑触线、高架滑触线及电缆卷筒三大模式,每种模式均展现出独特的优势与局限性,并在市场中占据一席之地,其中低架滑触线模式应用更为广泛。当前,我国仍有约 15% 的RTG 尚未完成"油改电",主要是因为港口管理者为确保在电力中断等应急情境下 RTG 的持续运作能力,选择维持柴油发电机组作为供电方案。此外,部分港口引入了混合动力型 RTG,该类型设备在实现节能的同时,保留了传统柴油发电机组供电的功能,尽管如此,其运行过程中仍不可避免地会产生大气污染物及二氧化碳排放。

(2) 电动港口流动机械滑触线供电模式

电动港口流动机械的滑触线供电模式与城市电动公交或高速铁路的供电系统相类似,适用于港口内水平运输路径相对固定的区域,如栈桥、码头堆场主干道等关键区域。车辆顶部安装有受电装置(类似于高铁的"受电弓"),可通过张紧装置紧密地贴合在供电电线上,保证电力的供应。这样当车辆运行于电网覆盖区域内时,不仅由电网直接供电以支持其运行,同时还为车载动力蓄电池进行充电，实现能源的即时补充。车辆在驶离电网覆盖区时，则电力供应体系切换至动力蓄电池供电模式，驱动车辆继续行驶，从而确保港口物流作业的连续性与高效性。

（3）电动港口流动机械无接触式供电模式

电动港口流动机械的无接触式供电系统核心构成涵盖能量输出模块、能量接收单元以及通信组件等关键部分。具体而言，能量输出模块集成了主线圈与地面充电板等组件，埋藏铺设于港口的指定路段地下。相对地，能量接收单元则主要由副线圈与无接触式供电板等构成，安装于港口流动机械底部。当埋设于地下的主线圈被激活通电后，依据电磁感应原理，与港口流动机械底部的副线圈之间建立起能量传输的桥梁，将电能无线传输至车辆端。一旦港口流动机械驶入预设的充电区域，路面上的能量输出组件将迅速识别并与之建立通信连接，系统自动开始对港口流动机械无线充电。

4.2.2　集卡新能源替代技术

近年来，我国机动车排放标准不断升级，排放物限值水平不断趋严，进一步限制燃油车排放，同时，国家持续出台零排放重型车激励措施，倒逼重卡新能源替代进程加速。

目前新能源重卡主要分为三类：①纯电动。纯电动重卡受续航的影响，主要运用于短距离运输，比如港口物流、建渣清运等，大多为换电模式方便快捷；②混动。混动细分为插电混动和增程电驱，混动重卡续航长，主要用于长途运输；③燃料电池。目前主要是氢，后续可能会有氨和甲醇作为主要原材料的燃料电池。

与混动技术相比，纯电动和氢燃料重卡能够实现零排放，是全球汽车行业内公认的零排放转型的重要方案。

1. 纯电动重卡

现阶段，已有应用的纯电动卡车及其分类如表 4-13 所示。

表 4-13　电动重卡分类

类型	描述
纯电动厢式运输车	包括车厢与驾驶室一体的封闭式运输车和车厢与驾驶室分离的运输车等车型。根据行业划分标准,包含电动微卡、电动轻卡等
纯电动载货汽车或纯电动栏板式货车	底盘结构跟微卡和轻卡相似,且驾驶室与载货部分分离。这类电动卡车主要包含了轻卡、中卡和重卡类车型
纯电动仓栅式运输车	在纯电动载货汽车或栏板货车的基础上增加了栏杆,通常用于载生禽牲畜等
纯电动冷藏车和纯电动保温车	在厢式运输车内加装了制冷保温设备,目前公告里最常见的是微卡、轻卡改装车型,也有少量的中重卡改装车型
纯电动牵引汽车	专门用于牵引挂车或半挂车的汽车,通常无载货车厢,轴距较短,有两根驱动轴
纯电动自卸车等工程类车型	应用于固定线路的中短途运输场景

电动重卡技术涵盖了多个方面,主要包括动力系统、底盘技术、电控系统以及换电模式等。

1) 动力系统

(1) 电池

电动重卡需要搭载高能量密度的电池以满足长续航需求。例如,三一重卡采用的 MTC(Module to Chassis,创新性底盘与电池集成技术)技术,使得电池包直接与车架融合,实现了电池能量密度 40% 的提升,达到了 139 Wh/kg。

电池管理系统(BMS)负责监控电池的状态,确保电池的安全、高效运行。精准的电池管理可以延长电池寿命,提高电动重卡的可靠性和经济性。

(2) 驱动电机

永磁同步电机和异步电机是最常见的两种电机类型。其中,永磁同步电机主要是利用转子本身产生固定方向的磁场实现转子的转速与定子转速相同,不需要从电网吸收无功电流,转子损耗低,功率因数高。同时,永磁电机功率密度大(比异步电机提高 25%)、效率高、高效区宽(25%—100% 额定转速时效率达到 95%—97%),转速控制更加精准。低速永磁电机具有低转速、大扭矩的特点,可采用直接驱动的方式,省去传统驱动机构的减速器等部件,简化车辆驱动机构的结构形式。这与异步电机的驱动形式相比可节约 30% 电能，但由于永磁电机成本较高，对于港航业来说其仅在电动集卡上开展了一定程度的应用。随着材料科学及相关工艺的进一步发展，永磁电机价格会逐步降低。在港口领域，岸桥、场桥等电动港口机械的驱动电机将逐步被永磁电机替代。

此外，为了应对电动重卡的大扭矩需求，部分车型采用多电机驱动方案。这样通过多个电机的协同工作，可以实现更高的动力输出和更好的驱动性能。

2）底盘技术

（1）滑板底盘技术

滑板底盘技术将电池与底盘融合，是智能车时代下的一种新型平台化生产模式。

滑板底盘设计采用了模块化策略，将传统电动车中的转向系统、制动系统、三电系统（电池、电机、电控）以及悬架系统等核心组件，集成在电动车的底盘上，可以根据不同车型的要求，对相应模块进行变更，从而缩短开发周期，实现上下车体的解耦开发。

滑板底盘具有三大技术特征和优势：首先在于其高度集成化的设计，不仅融合了动力系统、精密控制系统及高效热管理模块，还展现出对未来技术的兼容潜力，未来有望进一步集成辅助驾驶技术、智能网联系统等尖端前沿模块。其次，滑板底盘采用了全线控系统搭配集成化电子电气架构，实现了车辆加速、制动、转向等功能的全面线控化操作，即控制器与执行器之间通过电信号控制无需采用硬性连接。此架构的高度集成性为全线控系统的实现提供了坚实基础。最后，滑板底盘促进了车身与底盘的分体式研发模式，通过解耦上下车体设计，实现了独立开发与快速迭代。上部厢体支持多种不同结构及样式，满足个性化定制需求，而底盘部分单独开发及迭代，仅需确保与上部厢体接口的精准对接，从而大幅提升了整体研发效率与灵活性。例如，三一重卡在魔塔 1165 产品中运用了滑板底盘技术，实现了电池与底盘的一体化设计。

（2）电驱桥方案

经过几年的迭代，高集成度、多档化、分布式驱动技术以及为专为电卡设计的电驱动桥技术发展迅猛。电驱动桥作为一种高度集成的系统,其核心构成包括"电机+电控单元+减速器"或其功能相似的电机电控组件与其他关键部件的集合体。此集成设计显著缩小了电机、电控装置与变速箱的总体积,同时,通过母线集成策略有效降低了成本。进一步地,冷却系统与高压电缆的集成化处理不仅减少了能量损耗,还提升了系统的整体运行效率。电驱动桥依据其结构特点可分为集中式与分布式两大类别。集中式电驱动桥结构相对复杂,但具备成本低、对传动系统设计影响较小、开发难度低的优势。相较之下,分布式电驱动桥具有结构简单、质量轻以及效率高的优点,但差速控制困难、非簧载质量大。

一般而言,电驱动桥的性能主要受三方面因素的影响:首先,电驱动桥的动力传输路径及其分配机制随其构型差异而发生变化,这种变化直接作用于电驱动桥的输出性能;其次,电驱动桥结构会影响其自身的质量、体积,进而影响其性能;最后,电驱动桥控制策略是调控其各组成部件协同工作的关键。

与传统的中央电驱方案相比,电驱动桥具有更高的效率和制动能量回收效率。优化电驱动桥的设计,可以实现更好的动力传输和能量回收效果。

从未来趋势来看,需要基于新材料的应用,优化设计电驱动桥架构,使其更加紧凑轻便。从整车角度考虑电驱动桥智能化,将整车数据进行互联,使智能化程度进一步提高。同时,随着人工智能的快速发展,有必要运用深度学习、强化学习等前沿机器学习算法,针对多样化的电动汽车类型与结构特征,定制化开发更为智能的换挡策略,以适应未来电动汽车智能化、高效化的发展需求。

3) 电控系统

(1) 整车控制器

整车控制器(VCU)是用在纯电车型中的控制器,类似于燃油车的发动机控制器(EMS),负责整车控制决策,是新能源车辆控制系统中的大脑。主要功能如下:

行驶控制。接收并处理来自整车各子系统的实时反馈信息,为驾驶员提供精准决策支持;同时,向整车各子系统精准发送控制指令,以实现车辆的正常行驶。

附件管理。对 DC/DC 转换器、车载充电机、水泵、空调压缩机等进行控制管理。根据整车及部件的温度、电压、电流条件进行 LOS（Limitation Operation Strategy）处理，适当地降低功率甚至停机。当部件温度过高时，它请求冷却，计算冷却需求水流量。当车辆开启空调时，它启动空调压缩机工作，通过脉宽调制（PWM）控制压缩机工作，为整车制冷。

能量管理。为最大化车辆续驶里程，整车控制器通过优化能量分配策略来提升能量利用效率。当检测到电池 SOC（荷电状态）处于较低水平时，整车控制器将向特定电动附件发送指令，限制电动附件的输出功率，从而延长车辆的续驶里程。

故障处理。车辆状态监控系统通过高精度传感器与 CAN（Controller Area Network）总线技术，采集汇总车辆及其各子系统的运行状态信息。这些信息传输至车载信息显示系统，驱动显示仪表精准呈现包括电机转速、车速、电池剩余电量以及任何故障报警在内的多项关键数据。系统具备智能故障诊断功能，依据故障严重程度自动触发相应的安全保护机制。对于非紧急性、不影响即时行驶安全的轻微故障，系统允许车辆以受限的低速模式运行至最近的维修站点，以确保安全并便于后续检修作业。

信息交互。主要是与仪表等进行交互，将动力系统，电机、电池、高压系统、空调的主要数据、故障状态等传到仪表，接收驾驶员的控制信息。

（2）电机控制器

电机控制器（MCU）是电动车的核心电子模块，它位于电池组和电机之间，负责根据驾驶者的油门输入来控制车辆的速度和加速度。其核心功能是通过电压源逆变器（VSI）和脉宽调制（PWM）技术，将电池提供的直流电转换为交流电，驱动电机工作。

这一过程中，MCU 使用位置传感器的反馈来生成 PWM 脉冲，通过调节开启时间/占空比来控制电机速度和扭矩。为了实现高效和精确的电机控制，MCU 采用了矢量控制方法/场定向控制（FOC），这种方法允许独立控制扭矩和磁通，从而实现快速且高效的电机驱动。

4）换电模式

相较于集卡充电，换电模式可以快速补能，解决重卡续驶焦虑，同时，换电重卡通过"车电分离"的购买方式（购买车身、电池租赁），可以有效降低客户的购置成本。

目前，纯电动重卡的换电包括顶吊式换电、整体单侧换电、整体双侧换电等方式，不同方式具有各自的特点和适用性。

(1) 顶吊式换电

顶吊式换电技术作为换电领域的先驱示范方案，其核心在于采用钢索吊装电池包，电池包接近落座时，钢索具有一定的柔性，误差兼容性较好。顶吊式换电的定位方式相对简单，对驾驶员的操控技术提出了较高要求，在港口、矿山等司机经过强化培训的封闭场景，能够充分发挥司机管理优势，使控制系统简化降低成本。然而，受限于自动化与智能化水平的不足，顶吊式换电站在提升换电效率方面的潜力相对有限，未来需通过技术创新加以突破。

(2) 整体单侧换电

整体单侧换电的电池抓取机构是刚性的，其间不含有柔性缓冲环节。当车辆电池与预设位置存在对位偏差时，换电机器人为校正此偏差所需施加的力将增加，存在潜在的设备损坏风险。因此，整体单侧换电方案高度依赖于先进的智能化技术，需要装备激光雷达、高精度视觉传感器等先进设备，以实现高精度的定位与控制需求。同时，由于该方案智能化程度较高，对驾驶员的专业技能要求相对较低，可适应城市中的渣土车、牵引车、水泥搅拌车等多类车型。然而，值得注意的是，整体单侧换电系统的构建与运营成本相对较高。

(3) 整体双侧换电

整体双侧换电系统主体设备的设计高度与车辆高度相当，这一特点使得其在建设过程中，更容易被界定为专业装备类别，从而有效规避了复杂的建筑审批程序。此换电模式能够在极短的五分钟内完成单车的电池更换作业。此外，整体双侧换电最大的优势在于电池不占货箱空间，适用于电池存储位置有限的车型。因此，对于部分必须双侧布置电池的场景及车型来说，整体双侧换电技术具有无可替代的优越性和适应性。然而，由于整体双侧换电系统需配置双套换电机器人及对应的电池存储与充电单元，成本相对较高。

2. 氢燃料电池重卡

燃料电池汽车,作为新能源汽车领域的一条关键技术路径,凭借其零排放、高效能、安全性高等优点,已成为学术界与产业界广泛关注的焦点与研究热点。

1）燃料电池技术

根据燃料类别与电解质特性的不同,燃料电池可以分为六大类型,分别为：甲醇燃料电池、磷酸燃料电池、碱性燃料电池、质子交换膜燃料电池、固体氧化物燃料电池、熔融碳酸盐燃料电池,如表 4-14 所示。

表 4-14　不同类型燃料电池特性对比

燃料电池类型	燃料	氧化剂	工作温度（℃）	转化效率（%）	电解质腐蚀性	主要应用领域
甲醇燃料电池	甲醇	空气	60—130	30—40	低腐蚀性	便携式电子设备、无人机、轮船、汽车等
磷酸燃料电池	氢气/天然气	空气	100—200	40—50	强腐蚀性	发电站、船舶、军事装备等
碱性燃料电池	氢气	氧气	50—200	50—60	中等腐蚀性	航天器、汽车、站场电源、电网平衡、军事、船舶
质子交换膜燃料电池	氢气/天然气	空气	50—100	40—60	无腐蚀性	发电站、汽车、移动电源、航空航天、军事、船舶
固体氧化物燃料电池	氢气/天然气	空气	800—1 000	50—60	无腐蚀性	发电站、轨道交通、工业
熔融碳酸盐燃料电池	氢气/天然气	空气	650—700	50—55	强腐蚀性	发电站、工业、航空航天、船舶、轨道交通

总体来说,质子交换膜燃料电池在整个反应过程中,氢气与氧气分别在阳极与阴极的催化剂表面发生氧化还原反应,形成电子和质子。电子在外部电路中定向迁移,形成电流;而质子则借助质子交换膜传递至阴极一侧,与氧气结合生成水。整个反应过程中不产生二氧化碳等温室气体排放。因此,相

较于其他类型的电池,质子交换膜燃料电池原理简单、效率更高、环保性更强,具有更广阔的应用前景。

2）燃料电池车关键技术与核心部件

燃料电池汽车系统主要由发动机系统、电机系统、辅助电源系统、车载储氢系统、整车控制系统等构成,如表 4-15 所示。

表 4-15　燃料电池汽车系统

系统组成	描述
发动机系统	动力系统主要组成部分,其中,燃料电池电堆是氢燃料电池车最核心部件,为电动发动机供电
电机系统	由电动机和电池控制模块组成,用于转换电能为动力驱动车辆
辅助电源系统	包括车载电池和 DC/DC 转换器,用于为整个车辆系统提供电力
车载储氢系统	由氢气储存罐和氢气输送管道组成
氢气储存罐	采用高压氢气储存技术,储存氢气的压力通常在 350—700 bar 之间
整车控制系统	包括车辆的电子控制单元、传感器、执行器等组件,用于控制和监测车辆各个系统的运行状态,确保整车的安全和稳定性

发动机系统是燃料电池汽车系统的核心部件,由多个模块组成,这些模块及其主要功能如下:

燃料电池电堆。主要功能是将氢气和氧气在化学反应中转化为电能。燃料电池电堆由多个电化学单元组成,每个单元内部有阳极、阴极、电解质和电极催化剂等组件,当氢气通过阳极进入电解质层时,电解质将氢离子和电子分离,电子流经外部电路产生电流,而氢离子则通过电解质层向阴极移动,在阴极与氧气结合产生水,并伴随热能释放。

空气供给模块。主要功能是向燃料电池电堆供应氧气。为实现此目标,空气供给模块集成包括空气过滤器、空气压缩机和空气预处理系统等组件。具体而言,空气过滤器担当着前置净化的角色,有效滤除空气中的颗粒物与杂质。空气压缩机作为动力核心,将过滤后的空气进行压缩处理并送入电堆。此外,空气预处理系统负责调节空气的温度和湿度,保证燃料电池电堆的稳定运行。

氢气供给模块。主要功能在于向燃料电池电堆供应氢气。氢气供给模块通常包括储氢罐、氢气压缩机、氢气温度控制器和氢气质量控制器等组件。其中，储氢罐用于存储氢气，氢气压缩机负责将氢气进行压缩处理，氢气温度控制器可以调节氢气的温度，氢气质量控制器则用于保证氢气的纯度。

散热模块。主要功能在于调节燃料电池电堆的温度，确保其维持在60℃—90℃的最佳工作区间内。散热模块通常包括散热器、循环水泵、水箱和传感器等组件。其中，循环水泵驱动冷却水在系统内循环流动，散热器负责将水冷却，传感器实时监测燃料电池电堆的温度状态，为控制系统的调节提供精确反馈，以保持电池堆在合适的温度范围内运行。

智能监控模块。主要功能是全面监测燃料电池发动机的运行状态。智能监控模块通常涵盖传感器、控制器和显示器等组件。其中，传感器负责监测并采集燃料电池电堆的温度、氢气与氧气流量等关键运行参数。控制器基于传感器反馈的实时数据，调整燃料电池发动机的运行状态以优化其性能与效率。显示器直观展示发动机的运行状态及任何潜在的故障信息，便于操作人员迅速识别并处理故障，提高燃料电池发动机运行水平与可靠性。

综上所述，燃料电池作为氢燃料电池汽车的核心技术，其性能稳定性与使用寿命直接关系到整车的使用年限及可靠性水平。面向未来，亟须对燃料电池电堆的材料构成、结构设计及制造工艺进行进一步优化，以增强其运行稳定性并显著延长生命周期。同时，聚焦于延长续驶里程的相关技术，深入探索氢燃料电池车辆的动力性能优化策略。此外，还需进一步降低氢燃料电池车辆的制造成本与使用成本，通过技术创新与成本控制，提升其市场竞争力。

4.2.3　港口岸电技术

港口岸电是指利用岸电电源系统，为靠港船舶提供相对廉价、高质量稳压稳频的电源，满足其水泵、通风、照明、通信和其他设施电力需求，降低靠港船舶在港期间的燃油消耗和污染物排放，同样属于典型的"以电代油"的能源替代范畴。

早在 1989 年,瑞典哥德堡港便率先部署了 400 V 低压岸电电源系统,为滚装轮渡提供电力支持;2000 年,该港又创新性地于渡船码头安装了高压岸电系统,开创了全球港口岸电技术应用的先河。随后,美国、瑞典、加拿大及欧洲多国的主要港口纷纷开始利用岸电为各类船舶供电。

相比之下,我国在靠港船舶岸电供应领域的发展起步较晚。2009 年,青岛港成功完成了 5 000 吨级内贸支线码头的低压岸电设施建设改造,标志着我国对岸电建设的首次尝试。2010 年 3 月,上海外高桥二期集装箱码头实施了小规模试点,运行了移动式岸基船用变频变压供电系统。同年 10 月,连云港港首次应用高压岸电系统为靠港船舶供电。此后,港口岸电技术在全国范围内逐步推广普及,促进了我国港口环保与能源利用效率的双重提升。

1. 港口岸电系统组成

港口岸电系统主要由岸基供电系统、船岸连接系统、船载受电系统三部分组成。其中,岸基供电是港口岸电系统的核心。

1) 岸基供电系统

岸基供电系统,作为一种能源转换与分配的关键设施,旨在将变电站输出的电力依据船舶受电系统的特定需求,进行电压等级与频率的转换处理,随后将适配的电能安全输送至港口泊位处的连接点或专用岸电箱。依据岸基供电系统所输出的电压等级差异,可将此类系统分为三大类别:高压岸电系统、低压岸电系统和低压小容量岸电系统。

高压岸电系统。指港口向船舶配电系统供电的电源额定电压设定在 1 kV 至 15 kV 范围内(以 6.6 kV 和 11 kV 为主)的船舶岸电系统。适用于辅机功率大、负荷高的大型船舶,如邮船、货船、集装箱船等。

低压岸电系统。指港口向船舶配电系统供电的电源额定电压在 1 kV 及其以下(以 440 V 和 400 V 为主)的船舶岸电系统。适用于中小型码头以及发电机功率不超过 800 kW 的小型靠泊船舶。

低压小容量岸电系统。进一步细化了低压岸电的应用范畴,其供电容量通常限制在 100 kVA 以下,岸基设备以低压岸电桩为主,适用于内河航道、湖泊区域的小型船舶。

2) 船岸连接系统

连接岸上连接点及船上受电装置间的电缆和设备。电缆连接设备必须满足快速连接和存储的要求，不使用的时候存储在船上、岸上或者驳船上。

3) 船载受电系统

船舶受电系统改造，旨在优化船舶配电系统以兼容岸电接入，核心在于安装岸电受电装置。此装置通常包括电缆绞车（用于自动或手动操作电缆的收放），船用变压器（实现岸电电压至船舶系统电压的适配转换），控制设备（负责监控、调节及保护电力传输过程）以及并车装置（确保岸电系统与船舶自备发电机的平稳并联或切换操作），必要时还会增设船用变频器，用以调整电力频率或优化电力质量。

2. 港口岸电供电模式

不同国家或地区的港口及受电船舶的电压等级不同。目前，岸电供电模式主要分为三种供电模式，分别为：低压船舶/低压岸电、低压船舶/高压岸电、高压船舶/高压岸电。

1) 低压船舶/低压岸电

港口输入频率为 50 Hz 的市电电压 10 kV 或 6 kV，经降压变压器降为 690 V 或 380 V 的低压电后输入岸电变流器，再经变流器变压变频至 60 Hz 后输入升压变压器，由升压变压器升压至 11 kV 或 6.6 kV 再送至码头岸电箱，码头岸电箱用电缆将电力传输至岸电配电板，再经船上降压变压器降压后送至船舶配电板以满足低压船舶负载需求。

2) 低压船舶/高压岸电

将 10 kV 或 6 kV 的 50 Hz 市电输入岸电变流器，经岸电变流器变频后的电力由升压变压器升压至 11 kV 或 6.6 kV，再通过码头岸电箱和电缆将电力传输至岸电配电板，通过船舶自带的降压变压器降压至 440 V，实现为低压船舶负载供电。

3) 高压船舶/高压岸电

采取直接将码头岸电箱输出的电力，通过特制高压电缆与船舶配电板进行物理连接，无需再配船上降压变压器。

4.3 集疏运结构调整

4.3.1 港口集疏运系统

港口集疏运体系是指一种综合性的物流运输网络,旨在实现货物向港口的汇聚以利用水路运输进行远距离转移,或自港口接收的货物通过多元化运输模式拨至其最终目的地。港口集疏运结构是指港口在进行货物集散过程中所依赖的运输方式及其相互之间的组织和协调方式。一个合理的港口集疏运结构对于提高港口作业效率、降低物流成本、促进区域经济发展具有重要意义。

港口集疏运体系中的运输方式多种多样,既可以是单一的,例如公路运输、铁路运输、水路运输、管道运输以及皮带机运输等,也可以是将多种运输方式结合,也就是多式联运,例如现在常见的公铁联运、公水联运、水铁联运等等。多式联运作为现在比较提倡的运输方式能够减少部分货运成本并且提高货运效率。

但是,目前我国集疏运体系存在诸多不足,具体表现为铁路与水路运输的占比相对较低,多式联运发展相对滞后,港口集疏运结构性矛盾日益凸显。因此,亟待深化对公路、铁路、水路等多元化运输通道及其配套设施的建设与优化,强化不同运输方式之间的顺畅衔接与高效协同,促进集疏运体系的整体效能与平衡发展。

4.3.2 海铁联运

海铁联运以沿海港口为枢纽,连接铁路与海运,共同完成以集装箱为主要形式的货物运输。集装箱货物经铁路运输至港口再装船运出,或由船舶运至港口由火车疏运至全国各地,全程运输只需办理一次业务。

随着国内港口集装箱吞吐量增长，发展海铁联运业务的沿海港口正逐渐开展铁路专用线进港建设。

目前，海铁联运主要有三种作业模式。

1. "水-公-铁"模式

在"水-公-铁"联运模式下，由于铁路集装箱场站与集装箱港口距离较远，导致运输时间与运输成本相对较高。以海铁联运的进口作业流程为例，集装箱由船舶运抵码头前沿，经港口运输设备水平运输至港口后方堆场短暂堆存。随后，货主委托社会外集卡，在码头后方堆场提取集装箱，并运送至铁路集装箱场站。待列车抵达场站后，由铁路场站内集卡运输至铁路装卸线，完成装载作业并通过铁路运输至货主单位附近的另一铁路集装箱场站。最后经"最后一公里"公路运输或铁路专用线运输至收货人处，完成整个联运流程。

2. "船舶-列车"的车船直取模式

"船舶-列车"的车船直取模式下，海铁联运集装箱直接在船舶和列车之间转运，无需在堆场堆存。以海铁联运进口箱为例，船舶靠港后，岸桥将集装箱直接卸载至设在码头前沿的列车；或者卸载至集卡，然后由集卡运输至码头后方铁路装卸线直接运出。水平运输集卡包括港口内集卡或者社会外集卡，这取决于海铁联运港站的资源共享程度和资源可用性，若码头运营方与铁路运营方的资源共享程度高，且码头内集卡资源足够，则水平运输则可能由码头内集卡承担，否则，铁路运营商可能需委托社会外集卡。车船直取模式下，集装箱无需在堆场装卸、堆存和翻倒，作业流程相对简单、作业环节相对较少，节省堆场空间资源，同时集装箱操作成本较低、在港停留时间较短、转运时效较高。然而，该模式对船舶和列车的靠离港时间、装卸计划和运量要求极高，一方的延误可能造成另一方的长时间等待，反而降低了集装箱转运效率，增加集装箱周转时间成本，违背了海铁联运高效化运输的初衷，此外，还有可能影响海铁联运港站后续其他船舶和列车的正常作业。目前，我国港口和铁路衔接与协同作业程度较低，车船直取模式在国外发达海铁联运港站应用较为普遍，而在我国利用率极低。

3.“船舶-堆场-列车”的堆场转运模式

在“船舶-堆场-列车”的堆场转运模式下，集装箱在船舶和铁路换装期间需在海铁联运港站堆存，此种模式在我国应用最为广泛。该模式包括“船舶-堆场”“堆场-列车”两个衔接环节，以及装卸船、水平运输、堆场装卸和装卸车四个作业工序。

“船舶-堆场”衔接环节包括装卸船工序、水平运输工序和堆场装卸工序。以海铁联运进口箱为例，港口按照卸船计划，由岸桥将集装箱卸载至集卡，经集卡从码头前沿运输至海铁联运港站堆场，由场桥将集装箱由集卡提取至堆场暂存。海铁联运出口箱作业流程与之相反，即场桥将暂存在堆场的集装箱提取至集卡，由集卡经水平运输至码头前沿岸桥下方，最后由岸桥调度人员依据集装箱装船计划装载至船舶舱位。

“堆场-列车”衔接环节包括堆场装卸工序、水平运输工序和装卸车工序。列车抵达装卸线后，场桥将海铁联运进口集装箱从堆场提取至集卡，集卡经水平运输至铁路装卸线轨道吊下方，由轨道吊装载至列车。海铁联运出口箱随列车抵达港口后，由轨道吊将集装箱卸载至集卡，由集卡运输至堆场堆存。在此需特别说明，若进出口海铁联运集装箱堆存在铁路装卸线堆场，则“堆场-列车”衔接环节则省了水平运输工序，集装箱在装卸线堆场的装卸和堆存作业均由轨道吊负责。

与车船直取模式不同，堆场转运模式下，集装箱需在堆场短暂缓冲。堆存期间，堆场需进行堆垛、拆垛、移箱、核箱和驳箱等操作。堆垛过程是指场桥将集装箱堆存至堆场，拆垛则是场桥将集装箱从堆场提取至集卡过程。由于海关查验、修箱、堆场整理、快速装卸等原因，堆场可能需要进行移箱操作。核箱操作则是指堆场管理人员为提高堆场箱位准确率、掌握集装箱动态，在装船和装车前核对集装箱信息。集装箱在堆场之间和箱区之间的短距离转运，称为驳运，例如为提高装卸效率，将集装箱由码头堆场驳运至铁路堆场，或者由铁路堆场驳运至码头堆场。

从三种海铁联运作业模式对比来看，“水-公-铁”作业模式的作业环节最为繁杂，“船舶-列车”作业模式最简单，仅包括码头前沿装卸、内集卡运输至装卸线、铁路装卸线装卸三个环节，若铁路装卸线设置在码头前沿，则省去了内集卡运输至装卸线环节。因此，无论是运输还是周转速度，"船舶-列车"的车船直取模式均是最优的，"船舶-堆场-列车"的堆场转运模式其次，"水-公-铁"模式最差。

4.3.3　水水中转

水水中转包括三种货物运输模式：内河（沿江）中转、沿海中转和国际中转。

内河（沿江）中转指通过驳船在内河运输港口与内陆腹地间的往来货物，可以细分为两类情形：一是货物在沿海港口与内陆腹地直接运送，没有中转环节；二是货物运抵港口后再装船并转运至其他港口。例如，陆港型国家物流枢纽的重要物流品牌，成渝地区双城经济圈长江水上穿梭巴士和江津珞璜港至上海港集装箱航线班轮，以及驳船将外贸集装箱从苏州太仓港运至上海洋山深水港进行出口。

沿海中转指外贸货物从沿海港口启运，经水路运抵沿海大型枢纽港进行中转，再转运至国外港口。例如，外贸货物从山东烟台转运至青岛港，从广西防城港转运至钦州港。

国际中转指货物从境外港口或者陆运口岸运送至我国沿海港口，再换装至远洋船舶后，继续运送至第三国或者地区。我国水水中转以内河（沿江）中转和沿海中转为主，环渤海地区的大型枢纽港多进行货物沿海中转，长江三角洲和珠江三角洲地区河网密布，水系发达，船舶通航条件好，长三角港口群和粤港澳大湾区港口群集装箱江海联运优势明显。

4.3.4　智慧空轨集疏运体系

为了加速国内集装箱港口运输业的蓬勃发展，解决集装箱港口运输过程中存在的"碎片化"接驳难题，可以借鉴高速铁路中应用的电磁驱动技术和独立编组形成的智能调度技术，在大中型港口中设计并实施一套基于此类技术的智慧空轨集疏运系统。

智慧空轨集疏运系统是一项创新性的、颠覆传统且跨领域融合的交通理念,通过三维立体视角重构未来港口物流的集疏运网络结构。该系统借鉴高铁磁电驱动技术实现计算机管控与智能运行,全面覆盖港口运单流程自动化控制、空轨车辆自主行驶调控及空轨车辆与 AGV 间的智能交互控制等复杂应用场景。

空轨集疏运系统运行效率较高,不受地面空间限制,能够在繁忙的地面交通上空全天候、不间断运营,有效缓解过量水平货运车辆占用道路而带来的城市交通拥堵、道路安全隐患等压力。由于该系统是悬挂在空中的,故又称其为"悬挂式空中轨道系统"。

1. 空轨系统构成

空轨系统由六大核心组件构成：动车系统、轨道系统、供电与通信系统、运行控制系统、信息系统和站点装卸系统。

(1)动车系统包含车架、转向架、牵引与制动系统、提升系统和防护系统,用于货运动车的水平运输和垂直升降,可使得动车免受天气影响全天候运行。

(2)轨道系统包含墩柱、轨道梁、道岔梁等结构,在设计时应综合考虑码头空间布局、最小作业空间、结构可靠性和维护成本等多方面的因素。

(3)供电与通信系统为动车车体等配套设备提供牵引力和电源,供电系统由变电所、外部电源、接触轨等组成,其位置应综合考虑空间距离、经济性等因素。

(4)运行控制系统依托列车自动控制系统构建,其核心组件涵盖列车自动监控系统、车载控制器、计算机联锁子系统、区域控制器以及数据通信系统。该系统采用全自动化的控制模式,集成了智能调度与站点装卸控制等功能,有效规避了人为操作失误可能引发的安全事故。

(5)信息系统可分为空轨调度系统和车辆运输控制系统两大模块。空轨调度系统通过平衡各方运输需求,应对码头运行、装卸、调度、作业等复杂多变的应用场景。车辆运输控制系统以集装箱运输调度为核心,实现空轨车辆与其他子系统设备间的协调联动。

（6）站点装卸系统采用了三层架构设计，由上层的空轨运行控制系统、中层的站点装卸管理系统和终端的接驳辅助定位系统共同组成，实现了各装卸站点的装卸设备和空轨系统货运车辆之间的无缝衔接。

2. 空轨系统作业流程

空轨系统架设相对灵活，可部署于码头与铁路站场之间、物流园区与铁路站场之间以及码头与物流园区之间。该系统使用信息系统获取铁路站场、物流园区、港口区域的集装箱信息，以及运输设备和装卸设备的调度状态，进而自动生成高效的运输计划。它通过运行控制系统控制空轨动车运行至指定位置，依托龙门吊、集卡、自动导引车等地面设备的配合，完成集装箱的抓取、释放、装卸及转运作业。

1）铁路端空轨系统集疏运作业

铁路卸车。铁路卸车作业流程可分为落地式与非落地式两种模式。当铁路列车抵达铁路站场后，龙门吊负责从列车上吊取集装箱放至箱场堆存或直接放置于场内集卡上。集卡运输至空轨装卸作业区的指定位置并完成对位。接着，空轨动车系统执行抓取操作并将集装箱运送至下一个指定的作业地点。

铁路装车。铁路装车作业流程同样分为落地式与非落地式两种模式。当空轨动车到达空轨装卸区域后，场内集卡完成对位操作，空轨动车系统落箱至场内集卡，场内集卡接箱后运送至箱场堆存或直接由龙门吊抓取放至列车上。

2）码头端空轨系统集疏运作业

以空轨动车到达码头执行卸车作业为例，从铁路端/物流园区端到达码头空轨装卸线的重载空轨动车，在集卡或 AGV 完成精确对位后，随即解锁锁定装置并平稳地将集装箱下放至集卡或 AGV 上。在集卡或 AGV 驶离装卸区域时，系统将对集装箱的箱体信息进行复核，确保信息准确无误，随后将其运送至码头的集装箱堆场进行存储。

相应地，对于通过海运或内河运输抵达的集装箱，由集卡或 AGV 送到空轨装卸线，空轨动车完成装车作业后，将其运送至物流园区或铁路站场，从而实现整个物流链的高效衔接与转运。

3) 空轨动车(重车)到达物流园区端空轨系统集疏运作业

物流园区端的装卸车作业流程可参照码头端的操作流程进行设计。对于抵达物流园区的集装箱,其运输方式通常以公路集装箱卡车(集卡)为主。基于作业时间的灵活安排,可有两种处理方式:一是直接由公路集卡将集装箱运送至空轨装卸线进行装车作业,以节省转运时间;二是先将集装箱运送至园区内的集装箱堆场进行临时存储,随后再根据调度计划,由内集卡或AGV将集装箱从堆场转运至空轨装卸线进行装车。

4.3.5 地下集装箱物流系统

地下物流系统是绿色、节能、高效的运输方式之一,它是利用地下深40—50米空间,通过地下运输通道连接各个主要货运场站,以自动化的方式实现货物的地下运输。地下集装箱物流系统是指港口内陆侧的集装箱地下运输专用系统,利用地下深层通道和浅层通道连接港口到物流园区场站(公路终端)、铁路场站(铁路终端)、中转堆场(水路终端),实现港口与各种集疏运终端之间的无缝衔接。具体的城市地下物流系统的多层框架模式如下:海港到城郊外物流园区建立深层地下集装箱物流系统、海港到铁路场站建立浅层地下集装箱物流系统、郊外物流场站到各城区物流中心建立网状胶囊运输地下物流系统,它不仅可以衔接自动化集装箱港口的装卸模式,也可以解决集装箱港口堆场资源不足的问题,更是解决港城发展矛盾的有效手段。

地下集装箱物流系统由城外的集装箱枢纽场站、地下集装箱运输通道以及港口堆场组成。地下集装箱物流系统的运输组织包括运输模式、设施及设备、运输流程以及运营设计与管理等。运输组织的优劣对整个运输系统起着至关重要的作用。

1. 地下集装箱物流系统运输模式

根据地面与地下的衔接方式不同,地下物流系统的运输模式可以分两种:一种是斜坡式,另一种是垂直式。运输模式的不同,通道内的搬运工具也不同。斜坡式一般采用胶囊式运输工具,适用于运输轻型货物的城市地下物流配送系统,而对于集装箱运输,在垂直模式下采用轨道穿梭车。

2. 地下集装箱物流系统设施设备

除了场站的基础设施,如堆场装卸设备、堆场运输设备、道口等堆场基本设施以外,该系统中两端堆场都设置有装卸区域。装卸区域有场内运输设备(集卡或 AGV)以及装卸口,装卸口是连接地面和地下的接口。在装卸口上设置几台自动化场桥,以用于装卸集装箱。通道内有地下缓冲车场、铺设轨道的地下隧道,以及可编组的地下轨道穿梭车。

3. 地下集装箱物流系统运营设计与管理

在运输模式、设施设备以及运输流程的基础上制定各作业的计划、方案、协调、控制、经营、决策等。整个运输系统的最终目标是考虑最小成本下的效率最大化,这需要通过运输组织优化来实现。运营设计里包含城郊堆场的箱区划分与布置、堆场装卸区域作业线布置、堆场运输设备配置、地面装卸口自动化场桥配置、地下车场装卸线布置、穿梭车配置等。运营管理包含堆场运输设备调度及装卸口自动化场桥调度、穿梭车调度等。这些配置与调度不仅要考虑流程的无缝衔接,也要考虑效率的最大化。由于地下运输通道的"高效性",两端堆场的装卸和运输的及时性、准确性都会影响整体系统的效率。

4.4 智能技术应用推广

随着互联网、大数据、区块链、人工智能等技术飞速发展,依托现代高新技术,将港口相关业务和管理创新深度融合,使港口更加集约、高效、便捷、安全、绿色,创新港口发展新模式,打造智慧港口、推进港口转型升级,实现港口科学可持续发展,已成为 21 世纪现代港口在竞争中赢得主动的重要举措。

4.4.1 智慧港口特征

智慧港口是港口发展新理念和科技催生的新概念,是指运用物联网、传感网、云计算及决策分析优化等前沿智慧技术手段,对港口供应链各核心环节关键信息进行透彻感知、广泛连接、深度计算,以期实现港口供应链资源的高效整合,以及和参与方之间的无缝连接与协调联动,从而对港口管理运作作出智慧决策。

与传统的自动化码头相比,智慧港口具有如下四个方面的特征。

全面感知。指利用各种信息获取设备,如射频识别技术(RFID)、传感器、北斗卫星导航系统、激光扫描器等,自动感知和采集船舶、货物及港口物流流转节点状态等信息,实现对整个运输过程实时跟踪、定位、监控和管理,保障货物运输的安全性和经济性等。

信息整合与共享。通过信息捕获技术,全面搜集并汇聚运输流程中的各项活动数据,利用高效的信息传输机制,将此类数据实时导入港口后台数据库。借助信息深度处理与整合技术,将这些数据在码头综合信息化平台上进行可视化呈现,实现信息的广泛共享与即时访问。

全程参与。利用 5G 通信、物联网及大数据技术等实现信息实时通信和交流,确保综合信息化平台能够持续、稳定地服务于管理者及码头运输各环节的所有参与方,促进决策与执行的紧密同步。

智能决策。根据系统中累积的数据,运用先进的数据分析模型与算法,对运输活动的未来走势进行精准预测,从而为未来港口发展提供决策依据,助力港口规划与发展策略的科学制定与优化调整。

4.4.2 港口智能化技术

1. 智能识别技术

1) 技术特点

准确快速地获取集装箱数据是提高港口效率的关键。智能识别主要运用计算机视觉对集装箱箱号、箱型、装卸提箱状态、铅封有无等进行识别，覆盖集装箱装卸、堆放、理货、验残、提箱、出关等全流转环节，突破了传统 OCR 技术易受外界干扰而导致识别准确率较低的技术限制，从而大幅提高物流大数据的流转效率。

2）智能集装箱

智能集装箱是利用物联网（IoT）技术实现的，能够提供关于集装箱位置、状态、温度、湿度等实时数据的高科技物流设备。这种集装箱一般装备有传感器、定位系统和通信设备，可以显著提高货物运输的安全性、透明度和效率。

智能集装箱实现的主要功能有：

智能锁具。通过集装箱内置传感器，精准捕捉并记录集装箱开启时刻。利用预设的编程逻辑验证预期的开放时间窗口，一旦发现实际开放时间偏离了预定的视察时段，系统将立即触发基于 GPRS/3G 通信技术的警报机制，以确保及时响应与干预。

监测货物运输环境。通过温湿度传感器检测环境信息，在运输过程中管理货物（对湿度温度敏感）。

识别货物信息。基于 RFID 技术，将集装箱货物及签单信息及时传输至交通安全管理系统以实现签单信息的电子化。

尽管集装箱智能化领域已取得显著进展，但现有技术体系仍无法满足国际物流行业的趋势，主要表现为智能集装箱实时化、信息化和互联化不足，急需进一步的技术突破以满足行业日益增长的需求。

3）应用情况

以"丝路海运"航线为例，该航线已经启用了我国首批智能集装箱。这些智能集装箱依托国际航运综合服务平台，通过物联网技术和卫星定位技术实现了集装箱物流的全程可视化。货主和物流服务企业可以实时掌握集装箱的位置和状态信息，为供应链物流及跨境电商等新兴贸易模式提供了更加高效的信息服务。

2022 年，交通运输部发布了《智能冷藏集装箱终端设备技术指南》，进一步推动物联网、北斗等信息技术与冷藏集装箱运输的深度融合，提升冷链物流服务品质。

据 Drewry 的报告预测,到 2027 年全球将有超过三分之一的集装箱安装远程信息处理设备,实现智能化升级。随着技术的不断进步和应用场景的不断拓展,智能集装箱将为全球贸易的便捷化、高效化和智能化发展作出更大的贡献。

2. 辅助驾驶技术

充分利用网络与通信技术、定位等相关技术等前沿科技手段,为港口车辆提供智能导引、作业流程规整、系统支持、信息存储、路径优化决策各种关键支持,实现港口的运输车辆全面可控、可视化与高效管理,降低港口集疏运车辆作业的复杂度,是最终实现信息化、智能化、现代化港口的关键路径与必然要求。

1) 技术特点

港口辅助驾驶技术核心在于集成并高效运用北斗卫星导航定位系统、激光雷达(LiDAR)支持的 SLAM(即时定位与地图构建)、视觉 SLAM 技术及多传感器融合定位策略,以实现港口区域内运输作业的智能化与水平移动的高度自主性。

(1) 核心算法

传感器融合感知算法。无人驾驶车辆的核心传感器主要包括激光雷达传感器、深度摄像头传感器、LiDAR 传感器等,可帮助车辆侦测多维下的不同障碍物,时刻扫描周围环境,进行合理规避。融合感知算法结合所有传感器的数据,提供更全面和准确的信息环境,弥补了单一传感器的局限性。

融合定位算法。融合定位算法基于车辆本身自带的高精地图及多传感器的数据反馈,提供精确的车辆位置,增强对信号丢失或干扰的抗扰能力,确保在城市峡谷、隧道等信号弱或不稳定区域,车辆仍能保持高精度的定位和稳定。

导航决策规定算法。决策规定算法通过分析和处理来自感知系统的数据,通过模型预测控制和机器学习技术,对动态交通环境进行实时分析,使车辆能够准确预测和适应周围车辆和行人的行为,为无人驾驶车辆提供安全、高效的路径规划,确保车辆能够在复杂交通环境中平稳行驶,同时避免潜在的碰撞和障碍。

（2）核心模块

车云协同。允许无人驾驶车辆实时上传和下载关键信息，包括交通状态、路况变更等，通过云端强大的计算和存储能力，加快数据处理速度，提供实时的智能决策支持；同时通过持续的数据交换和分析，远程监控车辆状态，预测维护需求，提升运营效率。

感知软件。感知软件依赖于预处理和部分融合后的数据来完成其功能，如目标检测和语义分割，通过精确识别并追踪车辆周围的物体和结构，为决策模块提供支持，确保行车安全。其中，环境感知能力是感知软件的核心功能，旨在对车辆周围的环境进行实时监测和理解。这包括障碍物检测（如其他车辆、行人、自行车等）、道路标志和信号的识别等。

高精定位。在拥有感知软件传来的传感器数据后，高精定位系统结合高精度地图、实时接收更新路况信息，能够使无人驾驶车获得厘米级的精确定位，保证车辆能够准确识别所在位置，保证在 GPS 信号弱或丢失的情况下同样能够辅助路径规划。

路径规划。路径规划系统属于决策系统下的核心组件，其功能主要发生在行驶前以及行驶过程中，根据道路条件、交通状况、车辆性能、目的地位置，以及实时的数据更新，通过预测不同路线的行驶时间和可能遇到的风险，及时调整并指定最佳行驶路线，避开问题区域并保证路线符合当地交通法规。

在多车并行或相继行驶的情景中，路径规划系统还需要与其他无人驾驶车或有人驾驶的车辆进行动态交互协同，对其他车辆路径进行预测和适应，在必要时与其他车辆协商路径选择。

2）辅助驾驶设备

港口水平运输常见的自动化解决方案包括 AGV 平板运输车、ASC 无人跨运车、无人驾驶集卡等。其中，ASC 车在我国港口应用较少，AGV 自动导引运输车占比最高，历史也最为悠久。

值得注意的是，港口早期投用的 AGV 采用的是磁钉导航技术，需铺设磁轨配合运行，车辆以固定路线行驶，路线长、不灵活，会产生堵塞、堆场前沿占用面积大等弊端，且后期面临运营维护成本高、升级改造难等问题。

近年来,随着国家深入推进智慧港口建设工作,港口智能化、无人化转型加速,无人驾驶技术的应用也更加成熟。在新技术的加持下,港口导引运输车不断升级,IGV、ART、AIGT、IMV 等更多新型的无人驾驶平板运输车加速进入市场。与传统磁导 AGV 相比,新型智能无人驾驶平板运输车采用多种传感器融合技术,无需借助任何标记物行驶,免去铺设磁钉的烦琐过程,车辆柔性化程度更高,路径灵活多变可根据实际生产需求灵活调度、规划简单,运营和维护成本也进一步降低。这些特点在传统码头的无人化改造中极具优势,特别对于习惯了使用平板运输车的港口运营方,其无人驾驶运输解决方案多了一种选择。

(1) IGV

智能导引车(IGV),采用配备卫星导航定位、激光雷达 SLAM(同步定位与建图)、视觉 SLAM 等多传感器融合定位技术,相较于传统磁导 AGV,IGV 的导航方式更加灵活,能在码头堆场间自由穿梭,将集装箱运输至堆场箱区内。

在广州港南沙四期码头,投用的 70 台 IGV 由振华重工和一清创新联合打造,这也是目前国内港口规模较大的 IGV 应用项目。另外,振华重工作为该码头自动化项目系统总承包商,其自主研发的"单小车自动化岸桥 + 智能导引车(IGV)+ 堆场平行布置"作业模式亦为全球首创。同时,码头停车位内设置自动充电装置,可供 IGV 自动充电,实现无限续驶。

在合肥港国际集装箱码头,国唐汽车和仓擎智能合作的首台"鸿擎 F01"IGV 无人集装箱运输车早已抵达港口,开启集装箱运输服务。车辆基于港口集装箱装卸作业工况打造,根据港口运营需求实施智能化管理,有效提升运营效率、降低运营成本。

(2) ART

人工智能运输机器人(ART),车身采用了激光、视觉、毫米波、机械防撞四重安全防护,配备智能可视化管理系统,具有三维可视化界面、远程状态监测、维保动态管理等功能,可轻松实现高效、便捷的全生命周期管理。

在天津港北疆港区,徐工集团联合主线科技打造的 ART 已交付 76 台并投入运营。车辆采用 4 轴 8 轮底盘系统,实现全轮驱动和转向,具有转弯半径

更小、操作更灵活、控制更精准的优势；此外，轻量化设计理念，使其总重量仅
23 吨，降低了设备运行能耗。

西井科技为天津港北疆港区 C 段码头提供了无人驾驶车队管理调度系
统 FMS，并为部分 ART 设备提供了单车无人驾驶智能系统，完善了辅助驾驶
技术；史陶比尔为 ART 提供快速自动化充电（QCC）解决方案，充电 20 分钟
即可支持 ART 连续工作四五个小时，大大减少了 ART 充电时间，提高了车辆
运输效率。

（3）AIGT

无人驾驶集装箱运输车（AIGT），由"车架总成、柜体总成、底盘总成、电器
总成、动力系统、外饰总成"六大系统组成，采用卫星导航定位、激光雷达
SLAM、视觉 SLAM 等多传感器融合定位技术，可实时构建地图并多车协同共
享环境信息的融合定位方法，不但节省成本、提高效率而且更加安全。

在青岛港辅助驾驶码头，山东港口装备集团联合西井科技打造的 AIGT，
在市场上瞄准"传统码头的高端化、绿色化、智慧化"需求，在设计上瞄准"模
块化、轻量化、车规化、智能化"四大要素，攻破四大技术难关。

其智能水平运输系统支持多种不同类型的无人驾驶工具，对全场无人驾
驶设备进行统一调度管理，为单车提供路径规划，配合码头生产系统（TOS）
完成装卸船作业，最终实现低成本高效率的自动化作业。

（4）IMV

智能移动运输平板车（IMV），采用车、云端相结合的方式，无需全部依赖
云端调度，消除了全依赖云端下的资源调配、数据及时性、系统稳定性的断点
问题，实现端到端无人化高效作业。这样就真正解决了传统混行码头作业场
景中，无法自主避障停障和稳定安全运行作业的两大痛点。

在苏州港太仓四期码头，徐工港机与斯年智驾联合开发的 IMV 已经率先
落地，已大批量交付 38 台 IMV 于厦门港海润码头投入作业。

据悉，这款产品将是业内在混行码头创新应用的无人智能平板运输设
备。IMV 还将搭载斯年智驾自主研发Ⅲ代辅助驾驶系统，配备多种传感器实
现 360 度车身覆盖，能够自主完成港口全场景感知预测、云控全功能实时监
控、全局智能调度等辅助驾驶功能，真正达到混行复杂作业场景中的高精度、

真无人、强稳定的运输作业。

（5）ASC

无人跨运车（ASC），通过加装雷达、摄像头等硬件，利用辅助驾驶技术，实现跨运车的无人化改造。无需事先埋设磁钉，仅依靠人工智能技术，即可实现自主定位、自主导航的无人驾驶功能，行驶过程中可自动规避障碍物，做出减速、刹车或绕行等遭遇突发状况的各种智能决策。此外，ASC可以根据码头实时路况信息，自主规划并优化集装箱水平运输的最优行驶路径，更适用于码头这种特殊的封闭场景决策。能够一机完成多种作业，包括自取、搬运、堆垛、装卸等，可自行抓取并运走集装箱，节能环保、维护成本低。

例如，振华重工牵头、联合西井科技等研制的全球首台辅助驾驶无人集装箱跨运车，自主作业的准确率几乎达到100%。未来将直接改变现有水平运输作业模式，可以提升码头水平运输效率50%以上。

3）应用情况

交通运输部印发的《关于加快智慧港口和智慧航道建设的意见》明确强调，到2027年全国港口和航道基础设施数字化、生产运营管理和对外服务智慧化水平全面提升，建成一批世界一流的智慧港口和智慧航道；明确提出要推进新一代自动导引车、无人集卡等智能化水平运输设备规模化应用；加快研发新一代自主可控的自动化集装箱码头生产管理系统，并有序推广应用。

在国家政策引导下，浙江、上海、天津、江苏等省（市）均将智慧港口建设列入"十四五"规划；2021年11月，交通运输部印发《关于组织开展自动驾驶和智能航运先导应用试点的通知》，鼓励港口开展集装箱水平运输和港口集疏运自动驾驶先导应用。

自先导应用试点开展以来，天津港、上海港、厦门远海码头、深圳妈湾港等多个集装箱港口投入数百辆辅助驾驶车辆，试点效果取得积极成效。在先导示范效应下，国内其他省份纷纷开始大力推进智慧港口建设，港口无人化建设进程再次取得明显成效。

3. 智能装卸技术

传统码头面临装卸作业自动化程度不足、资产设备与人力资源利用效率低下、信息系统孤立未联通，以及专业人才结构失衡等挑战；半自动化码头则要求人工全面介入装卸作业各环节，效率相对较低；而自动化码头装卸作业仍处于"预设程序执行、决策过程受控"的初级阶段，智能化程度低，遇到非预设的特殊情况，需要人工干预，影响装卸作业整体效率和安全性。因此，融合多元技术手段，特别是深度应用人工智能技术，依托泛在信息环境的全面感知与广泛互联，对码头装卸作业中的各关键要素实施智能化赋能，能有效补足目前装卸工艺中存在的一些短板，切实压缩人工干预比例，减少安全隐患，提升码头装卸作业的可靠性、效率、安全性及智能化程度。

智能装卸就是指利用先进的传感器、控制系统和计算机技术等手段，对装卸作业进行自动化、智能化控制和管理，实现货物自动装卸、自动堆放等操作。在装卸设备种类繁多、作业流程复杂的码头场景中，需要对其时空动态作业数据进行智能关联、分析、监测、推理和决策，实现从主动感知数据层到智能综合决策层的任务交互，实现设备硬件、算法软件与数据知识的有效融合。目前，智能装卸主要包括集卡防吊起、漏摘锁垫预警、轮胎吊大车行走自动纠偏与防撞、龙门吊自动抓放箱、集卡自动引导等核心技术。

4.4.3　港口智能系统

5G 商用化、物联网、大数据及人工智能的发展为港口的自动化、智慧化提供了底层技术支持，在此基础上依托 AI 识别技术对港口闸口、集装箱编码等进行识别，并依托无人运输技术和网络层实现港口低延迟通信及高带宽视频传输，为智慧港口各个板块的联动发展提供了基础的技术支持。在此基础上，结合港口发展实际和产品货物特征搭建智能生产管理系统、设备控制系统和大型设备智能监测/远程操控系统，辅之利用能源消耗系统实现能源控制管理、运维一体化发展。这样结合港口内部智能装卸设备，通过细分的岸桥系统、堆场系统及车队管理系统的统筹实现港口从整体管理、监测、统筹控制全流程的智能化操作运营，从而在提高码头运输安全性的同时，提高码头的货运效率。

1. 智能生产管理系统

码头智能生产管理系统（Terminal Operating System，TOS）的开发和完善是码头实现智能化、信息化和现代化的关键，也是智慧港口建设与发展的主要途径之一。

TOS包括船务管理、箱务管理、闸口作业、EDI（电子数据交换）管理、业务受理、商务计费、统计分析、泊位计划等多个模块。它根据堆场库存情况及船舶进出港计划，结合船舶到港信息和货物信息，综合分析制定一体化的港口生产计划，同时对多个部门、实际情况自动进行计划更新和调整，根据多艘船舶的抵港时间和在航情况进行实时更新。实时监控生产流程中的各个环节，采用图形化技术将港口信息，如集装箱装卸船情况、水平运输过程等实时展示，帮助码头管理者合理管理、分配现有资源，加快装卸货效率，缩短货物在港中转时间，提高堆场空间利用率，减少码头运营成本，降低港口作业能耗等。

目前，国内一些港口集团和科技公司已经成功研发并应用了自主知识产权的TOS系统，如表4-16所示。

表4-16　自主研发与应用的TOS系统概况（部分）

港口/科技公司	系统	描述
宁波港信息通信有限公司、宁波北仑第三集装箱码头有限公司	超大型集装箱码头生产操作系统（n-TOS）	实现了智能给位、集卡多路共享、自动配载、智能调度等智能化模块；扩展了海铁公联合作业功能；搭建了超大型集装箱码头业务模拟测试平台，用于评估系统能力，分析排查系统瓶颈
天津港集团与浙江海港集团、上海海事大学、华为公司等	全新一代智能化集装箱码头管控系统（JTOS）	基于码头设备全物联，实现了生产管控系统与设备控制系统等生产作业资源的互相感知、数据交换、信息相通，实现了系统互通万物互联
青岛港全自动化集装箱码头	全国产、全自主的自动化码头生产管控系统（A-TOS）	实现了全域多场景资源优化配置和实时调度。该系统通过智能算法和协同控制技术，显著提升了码头的作业效率，降低了运营成本

（续表）

港口/科技公司	系统	描述
国家能源集团黄骅港务	国内首套散货港口智能生产操作系统（CE-TOS）	覆盖港口运输全工艺，贯通港口群协同、港内计划、调度、设备运行等全环节。系统的应用有效提高了港口运营信息的全面性和计划的精准性，为同类散货港口提供了标准化、通用性智能生产解决方案
浙江海港内河港口发展有限公司与浙江智港通科技有限公司	综合型码头操作系统（S-TOS）	强调调度自动化、流程规范化，充分集成n-TOS和C-TOS的系统优势，重构了船舶管理、预约管理、闸口管理、堆场管理、作业控制等核心模块

2. 设备管理系统

设备控制系统（Equipment Control System，ECS）主要负责对每个细分区域的设备进行具体统筹，管理着码头的岸桥、场桥等港机设备、水平运输车辆和智能堆场等。ECS从TOS获取任务后，自动指挥设备安全、高效地把货物转运至目标任务位置，实现对码头所有设备的全方位自动化管控，主要包括了车队管理系统、堆场系统和装卸系统。

1）车队管理系统

车队调度管理系统与港口既有业务和控制系统（TOS、ECS等）进行数据对接与逻辑匹配，完成对智能水平运输车辆的动态任务调度，保障各岸桥和堆场的作业效率均衡，并根据场地实时交通情况，合理规划任务行驶路径。该系统基于港口生产流程，实现锁销装卸、引导车辆与港机精准对位、配合作业等多种工艺，也能对智能车辆进行充电、维修等辅助调度功能。

2）堆场系统

该系统对堆场、贝位、货物内容等信息进行实时在线管理，并按照堆场作业计划对场桥进行智能调度并派发作业指令，实现堆场贝位倒箱、移箱全自动的作业模式，与集卡运输配合作业时人工抓箱、放箱半自动的作业模式相结合，提升垂直运输与水平运输协同作业能力和堆场整体作业效率。

3）智能装卸系统

利用人工智能和自动化控制等技术，按照货物装卸作业需求制定智能分路计划,并分派对应数量的智能装卸设备,进一步结合智能堆场系统,实现货物从堆场到装船以及从卸船到堆场全流程的智能化调度和自动化执行,大幅提升货物装卸效率。

3. 智慧能源管理系统

新一代智慧能源管理系统是指在集成物联网、大数据、人工智能等先进技术的基础上,综合运用 GIS、BIM、实时渲染及 AI 技术,构建的高度集成的智能化数字化能源与环境管控平台,旨在精准复刻港区环境,实现港区环境与关键设施的三维可视化建模,同时通过动态数据接入,实时展示港口设备的运行状态、污染物排放与能耗信息,实现物理世界与数字孪生的无缝融合,提升决策响应速度与精度。

智慧能源管理系统不仅是港口智能系统的重要组成部分,也是未来港口能源管理的重要发展方向。

4. 智能监控系统

安防系统是港口日常生产运营的重要保障。利用云计算与云存储技术,港口安防系统可以满足进出港车辆分析、驾乘人员面部识别、火灾分析、烟雾分析、禁区报警等智能监控分析需求。数字孪生港口运营仿真平台的诞生,进一步扩大了智能监控范围。利用数字孪生技术,港口可接入各类箱体信息,实现超大规模集装箱体的动态生成与同步,也可通过显示拖车正在执行的计划指令轨迹和实际运行轨迹,协助安全人员实时监控异常状态,保障安全运输。

4.5 港口装卸及辅助设备节能优化技术

4.5.1 能量回收技术

能量回收是机械设备提高能量利用效率的有效手段之一,其工作原理是在设备装置下放、行走制动与回转体制动过程中，采用合理的能量转换元件，将势能和动能转换为其他能量回收并加以利用。

依据是否具有能量储存元件，能量回收系统可分为无储能元件型与含储能元件型两大类别。其中，含储能元件的能量回收系统进一步细化为机械式、电气式及液压式三大类。此类系统通过内置的储能元件，将可回收的能量进行存储，随后在后续工作周期内释放，以提供辅助动力。此类系统受实际负载工况影响较小，节能效果显著。然而，这一机制也引入了额外的能量转换环节，因此，其能量回收与再利用的整体效率高度依赖于储能元件的性能及所采取的能量回收策略。目前，港作机械能量回收主要基于有储能元件的回收系统。

1. 势能回收技术

势能回收是指机械设备中需承担负载的部件将下降势能储存在储能装置中，并在液压系统需要补偿时释放。港作机械势能回收一般分为两种方式，油电混合的储能装置主要是蓄电池和超级电容，油液混合的储能装置主要是液压蓄能器。

由于港口设备起升机构的单机功率大，用于重力势能回收的储能单元需要满足能量充放速度快、循环次数多、寿命长、能量充放效率高、储能单元容量大等条件。目前的技术条件下，大多数普通电池充放电速度慢且容量有限，相对比较可行的技术方案是采用液压蓄能器、高能储电组件（如超级电容组及其电压均衡电路、锂电池）或储能重锤。

1）液压储蓄能

采用液压储蓄能回收技术的设备，其起升机构传动系统必须配置至少两根输出轴：一轴直接与起升钢丝绳卷筒相连，另一轴则衔接至液压泵。当重物下降时，钢丝绳的拉力驱动卷筒旋转，进而通过减速器带动液压泵转动，实现将油液压入液压蓄能器的过程。此过程不仅生成了反向制动扭矩，有效抑制重物过速下降，还能将重物的重力势能转化为液压能并储存起来。在随后的起吊作业中，通过操作控制阀，液压蓄能器内的高压油液被释放，驱动液压泵/马达（此时起液压马达的作用）旋转，驱动卷筒，卷动钢丝绳使重物上升。然而,由于液压油的黏性特性,液压系统不可避免地存在沿程压力损失与局部压力损失,加之内部泄漏现象,相较于机械传动系统,液压传动的效率通常较低。

因此,需要强化防渗漏措施,确保液压系统维持高效运行状态,同时实施有效的防尘处理,以减少外部污染对系统的影响,持续优化液压系统的工作条件与运行参数,从而提升液压系统的整体效能与使用寿命。

液压储能制动方案实施起来相对容易,可用于中小吨位或者全液压的港口设备。

2) 高能储电组件

使用高能储电组件的RTG,在固定作业模式下主要由交流电网供电,而在转场过程中由柴油发电机组供电,通过整流模块和逆变模块供电给变频电机,执行正常起吊任务。与此同时,该系统集成了由直流电机与高能储电组件构成的能量回收与储能制动系统。具体而言,当起吊的重物下降时,直流电机充当发电机角色,将重物的重力势能转化为电能并输送至高能储电组件,同时生成反向力矩对重物制动限速;当再次起吊时,高能储电组件中的电能释放,为起吊过程提供辅助动力。相较于传统RTG,采用能量回收储能技术的RTG在节能方面展现出显著优势。其中,基于超级电容的RTG节能约30%,搭载了锂电池的RTG节能在58%左右。然而,锂电池寿命较短,通常仅有5年左右。超级电容系统具有充放电迅速、寿命长、不受温度限制、使用安全等优点。

3) 储能重锤

储能重锤是以能量回收储能制动为基础,利用一个可升降的重锤来实现储能制动的技术。以RMG为例,它需要在设备上增设这一可升降的储能重锤,并相应减轻原配配重块的质量,实现设备重心平衡。在重物起吊并下降的过程中,若司机通过手柄执行减频减速操作,使起升电机的转速超过其同步转速后,电机将进入回馈制动状态,起吊重物的势能转换成电能回馈到直流母线。为确保系统安全稳定运行,直流电压继电器的动作电压值的设定比直流母线的额定电压略高,若回馈时直流母线的电压达到或超过继电器的动作电压,继电器发出启动信号至可编程逻辑控制器(PLC),进而允许储能重锤上升进行储能。电机的转速由旋转编码器检测并反馈给PLC控制器,若检测到重物下降速度降至预设的低速阈值以下,则不再进行回馈制动,转换为电气能耗制动或机械摩擦制动。电机由 PLC 控制器控制,从而驱动储能重锤使之随着升降。

2. 动能回收技术

电机动能回收技术基于能量守恒定律,通过将电机运行时产生的惯性能量回收并重新利用,从而实现能源的有效利用,主要适用于一些具有回转机构的机械。

目前,装备动能回收的主要方法有液压回收和电气回收两种方式。

1) 液压回收

液压回收技术通过在原有机械系统中增设液压蓄能器,使转台制动过程中释放的动能转化为液压能并储存于蓄能器内,构成液压混合动力单元,再利用时释放蓄能器内的高压油液辅助驱动系统。按照蓄能器中存储油液的利用方式,液压蓄能器能量回收技术可分为液压耦合和机械耦合两类。其中,机械耦合是将液压蓄能器存储的能量配合液压泵/马达,转化为机械能作用于回转马达或主泵。而液压耦合方式则更为直接,它将液压蓄能器存储的高压油直接释放至回转马达进油口或主泵吸油口,辅助动力源启动。

2) 电气回收

电气回收是在原系统中增设液压泵/马达和电动/发电机,在制动时将制动动能转换为电能,存储到超级电容或电池中,辅助动力源驱动负载。

我国随着港口机械设备绿色低碳转型进程的持续推进,对能量回收技术及其装置的性能与效率提出了更高的要求。未来,能量回收装置需要进一步采用更先进的节能优化技术,通过控制接触器,对能量回收装置和整流系统进行调节,提高港口作业效率,保障作业安全可靠,为港口的可持续发展奠定坚实基础。

4.5.2　装卸设备轻量化技术

传统的港作机械在设计中安全系数取值过大,导致机械本身比较笨重,进而带来油耗过高、燃油经济性差的问题。轻量化技术是在保证产品的基本使用性能要求、安全性要求和成本控制要求的前提下,从结构、材料、工艺等方面,应用新设计、新材料、新技术来实现对产品整体的减重。因此,港作机械轻量化技术不仅可以提高了集装箱机械的动力性能,使驱动力、接触力和摩擦力有所下降,有效延长整机的使用寿命,还能节省驱动部件工作时所消耗的能量,实现港作机械向"低能耗""低排放"的转变。

目前,实现港作机械轻量化主要包括材料的轻量化、制造工艺的轻量化以及结构的轻量化三种技术途径。

1. 材料轻量化

材料的轻量化是指通过选用高强度钢材、合金、工程塑料、陶瓷、玻璃纤维等材料代替普通高强度钢来减少加强结构零件的数量实现轻量化设计。此外,热成型材料本身也是一种材料轻量化的设计,既能保证结构的性能,大大降低机械重量,同时轻量化效果更为明显,但是这些材料的价格昂贵,使得制造成本很高。

2. 制造工艺轻量化

制造工艺的轻量化是指新的热处理工艺、激光焊接、增压技术、真空等,其中焊接技术作为主要工艺,针对焊接时收缩、弯曲、扭曲等主要变形可以采取逐段焊接作业、焊接顺序尽量由内至外、由中间到四周、焊前预热处理焊后回火的方式进行,将手工焊和半自动焊转变为全自动焊或者焊接流水线作业,并对自动焊接进行有效控制。

3. 结构轻量化

结构的轻量化是指在不改变各项性能要求的前提下,对整个产品的主要承力部件进行加强,通过改变结构形状,选用适合的材料板厚以减少材料使用量,最终实现结构轻量化设计,具有成本低、性价比高的优点。

4.5.3 照明节能技术

目前,国内港口码头均采用 24 小时全天候作业模式,使用规模庞大的高杆灯群支持夜间作业,照明光源灯具以功率大的高压钠灯光源为主,电能消耗巨大。此外,港区照明多采用时间控制器管理,在夜晚,不论有无船舶、机械、人员作业,港口码头的高杆灯都会通宵达旦地照明,浪费大量电力资源。在白天,阴雨或沙尘暴、扬沙等特殊天气情况下需要临时照明时,照明系统却无法及时启动。

随着光源技术不断迭代更新与自动化控制技术的延伸,绿色照明灯具与智能照明系统逐渐成为照明领域的新趋势。

1. 绿色照明灯具

港口绿色照明的前提是满足照度要求,同时尽量采用小功率的高效照明灯具,根据生产生活需要进行照明,避免长亮灯和无效亮灯,减少能量的损耗,其节能照明的思路有:

(1) 提高光源的光效,高光效的光源能够在相同照明效果的前提下,消耗较少的电能;

(2) 提高电能和光能之间的转化效率,减少非光源消耗电能;

(3) 提高光能的利用效率,在相同电能消耗下,减少光能的损失。

LED(Light-Emitting-Diode)是一种能够将电能转化为可见光的半导体,它改变了钨丝发光与节能灯三基色粉发光的原理,而采用电场发光。近年来,LED 制造工艺和相关新材料的开发和应用不断进步,高亮度 LED 取得了突破性进展,其发光效率提高了近 1 000 倍,色度方面已实现了可见光波段的所有颜色,其中最重要的是超高亮度白光 LED 的出现,使 LED 应用领域拓宽至高效率照明光源市场。

港口机械化作业具有较强的噪声和振动,因此港口照明灯具应在保证提高照度的前提下,避免特殊作业场地的灯光过度集中,提高照明的均匀度。LED 灯具有寿命长、光效高、低功耗、抗震性能强等特点,采用 3 000 K—4 000 K 色温,具有在雨雾天良好照明效果,适应港口作业场景条件。从环境方面考虑,LED 灯具发光效率高,不含汞、钠有害元素,不会对环境造成污染,是更符合绿色照明的产品,具有良好的社会效应。目前,LED 照明技术已经在码头建筑设施、装卸设备上有广泛的应用。

2. 智能控制技术

港口是一个动态的工作环境,其照明需求随着时间、天气和作业类型的变化而变化。港口智能控制技术就是指利用各种传感器、控制器和软件算法,实时地根据环境条件、工作需求和能源管理策略,自动调整照明系统的亮度、颜色和分布。

港口动态照明调节。当自然光线不足时,自动增加照明强度。反之,系统可以减少照明的亮度,从而节约能源。

区域性调节。港口内不同的区域(如货物堆放区、装卸区、行人通道)可能有不同的照明需求,区域性调节系统可以根据每个区域的实际需求进行独立调节。

应急响应。在紧急情况下,如火灾或其他安全事故,应急响应系统可以自动调整光线,确保安全疏散和紧急应对。

数据分析与优化。智能照明系统通过收集和分析照明系统的使用数据,港口管理者可以进一步优化照明策略,提高能效并满足工作需求。

第5章
终端治理：港口碳排放处理技术

二氧化碳捕获、利用与封存（CCUS）技术，指的是从能源利用、工业生产等排放源头或大气环境中高效捕获并分离 CO_2，随后将其输送至适当场所进行资源化利用或安全封存的过程，是实现 CO_2 减排的有效技术手段，也是我国实现"双碳"目标的关键技术路径。

按照技术流程，CCUS 主要包括碳捕集、碳运输、碳利用、碳封存等关键环节。具体而言，碳捕集环节主要包括燃烧前捕集、燃烧后捕集和富氧燃烧捕集等方式；碳运输是通过管道、船舶运输等方式将捕集的 CO_2 运输到指定地点；碳利用是指通过工程技术手段将捕集的 CO_2 实现资源化利用的过程，主要包括矿物碳化、物理利用、化学利用和生物利用等；碳封存是通过一定技术手段将捕集的 CO_2 注入深部地质储层，使其与大气长期隔绝，封存方式主要包括地质封存和海洋封存。

5.1 碳捕集技术

5.1.1 碳捕集方式

碳捕集是 CCUS 的首要环节，主要从工业、交通等排放废气中捕获，CO_2

浓度越高,捕集成本越低。按捕集与燃烧过程的先后顺序,可将碳捕集技术分为燃烧前捕集、燃烧后捕集和富氧燃烧捕集三类。不同技术的优劣势与适应性存在差异,如表 5-1 所示。

表 5-1　碳捕集技术对比

技术类别	流程	主要优势	主要劣势
燃烧前捕集	将化石燃料气化成合成气,通过变换反应将 CO 转化为 CO_2,利用溶剂吸收等方式分离 H_2 和 CO_2 进行捕集	发展较为成熟,成本相对较低,效率较高	局限于基于煤气化联合发电装置,应用较少
燃烧后捕集	在燃烧排放的烟气中捕集 CO_2,通过分离设备产生较纯净的 CO_2 的过程	仅需在现有燃烧系统后增设 CO_2 捕集装置	能耗和成本相对较高
富氧燃烧捕集	利用氧和碳生成 CO_2 的原理进行碳捕集	节能环保	对操作环境要求高,仍处示范阶段

1. 燃烧前捕集技术

燃烧前捕集是指燃料在燃烧前通过碳捕集技术将碳分离出,主要利用煤气化反应和水煤气转换反应。

1) 煤气化反应

煤的气化反应是指将固态的煤转化为气态产物的一个化学过程。煤气化是一种热化学过程,通常在高温($800℃$—$1\,500℃$)下进行,可分为直接煤气化和间接煤气化。直接煤气化通常是将煤与空气或氧气直接反应,生成 CO 和 H_2 等气体。间接煤气化是通过外部热源(如高温蒸汽、惰性热载体或间接加热器)间接加热煤,使其在缺氧环境下热解和气化。化学循环煤气化技术是一种基于载氧体的间接气化技术,通过金属氧化物(如 Fe_2O_3、NiO、CuO)的氧化还原循环实现煤的清洁转化。

2) 水煤气转换反应

CO 和 H_2 的混合气称作"水煤气",而水煤气转换反应(WGSR)的实质就是转换成 CO_2 和 H_2 的放热反应。

$$CO + H_2O \longrightarrow CO_2 + H_2$$

水煤气转换反应具备较高的能源转换效率,能在燃烧前实现二氧化碳的富集,对二氧化碳的排放有着较大的影响,主要在以煤、天然气和石油为原料的制氢工业中大量应用。

2. 燃烧中捕集技术

燃烧中捕集是指通过分离空气制取纯氧并将其作为氧化剂送入燃烧系统,同时辅以烟气循环的燃烧技术,主要包括富氧燃烧技术和化学链燃烧技术两类。

1) 富氧燃烧法

富氧燃烧法是一种利用高纯度氧气代替空气作为燃烧氧化剂的燃烧技术。在传统的燃烧过程中,空气中包含约 78% 的 N_2 和约 21% 的 O_2,使用富氧燃烧技术时,N_2 被大幅稀释或几乎完全消除,仅供给高含氧的 O_2,提高了燃烧效率,减少能源浪费。由于减少了 N_2 的稀释作用,富氧燃烧产生的尾气中 CO_2 浓度更高,有利于后续的 CO_2 捕集、利用及储存。富氧燃烧降低了 NO_X 的生成,减少了 CO_2 的排放,提高了燃料燃烧效率,推动了清洁能源转型。

2) 化学链燃烧技术

1994 年,化学链燃烧技术作为一种新的 CO_2 捕集与燃烧方式被正式提出,其基本原理是借助于载氧剂将空气中的氧传递到燃料中,并将燃烧反应分解为 2 个气固反应,整个过程燃料与空气无需接触。

化学链燃烧技术简化了 CO_2 分离过程,使高浓度的 CO_2 在燃料反应器中产出,实现了低耗高效捕集。利用此技术不需要气体间的分离便可实现燃料的燃烧及 CO_2 的分离,不需要外加分离装置进行 CO_2 捕集,可看作是在燃烧中分离 CO_2 的改进技术,是一种极具前景的燃烧方式。

3. 燃烧后捕集技术

尽管,直接从燃烧后烟气中分离 CO_2 技术的初始投资较少,但烟气中 CO_2 分压较低,使得 CO_2 捕获能耗和成本较高。然而,燃烧后捕获技术不改变原有燃烧方式,仅需要在现有燃烧系统后增设 CO_2 捕集装置,对原有系统变动较少,已成为当前应用较为广泛且成熟的技术。

5.1.2 碳捕集分离技术

根据分离过程,碳捕集分离技术主要分为物理吸附技术、化学吸收技术、膜分离技术、低温分离技术等,如表 5-2 所示。

表 5-2 碳捕集分离技术对比

技术类别	适用性	主要优势	主要劣势
物理吸附技术	适用于 CO_2 排放浓度较高的行业	吸收容量大,能耗较低,腐蚀性较小	CO_2 回收率较低
化学吸收技术	吸收容量受 CO_2 分压和总压影响较小	吸收速度快,净化度高,CO_2 回收率高	溶剂再生能耗高,腐蚀性强
膜分离技术	需要较高的 CO_2 分压,多应用于制氢、天然气处理等	能耗低,操作简单	投资高,工业化不成熟
低温分离技术	适用于 CO_2 排放浓度较高的行业	CO_2 浓度高于 90% 时,分离具有经济性	CO_2 浓度较低时,能耗高

1. 吸附法

吸附法是指利用多孔固体的吸附性吸附 CO_2 并将其解吸出来,从而分离、富集的技术,根据吸附方式可分为变压吸附和变温吸附。根据吸附原理的差异可分为物理吸附和化学吸附两类。物理吸附是利用吸附剂表面具有的范德华力实现吸附,吸附速率快,吸附热小,吸附过程可逆,但选择性不高。化学吸附是利用吸附剂表面分子基团与 CO_2 分子间的相互反应实现吸附,吸附速率慢,吸附热大,不可逆,但选择性高。

目前,已开发的吸附材料有沸石(天然沸石、人工合成沸石)、碳基吸附剂(活性炭、活性炭纤维、石墨烯等)、金属有机骨架、碱金属及金属氧化物碳酸盐基材料、硅基材料等。其中,沸石分子筛、碳基等材料属于物理吸附,通常采用变压吸附的方式,而金属有机骨架、碱金属等吸附材料属于化学吸附,通常采用变温吸附。

在实际应用中,物理吸附与化学吸附往往搭配使用,吸附剂的性能及吸附工艺设计仍需进一步提升和优化。

2. 直接空气捕集

1999 年,从空气中去除 CO_2 的技术(Direct Air Capture,DAC)被首次提出。2018 年,国际能源署(IEA)发布《直接空气二氧化碳捕集：应对气候变化的策略》的研究报告,提供了对直接空气捕集技术的全面评估,包括技术路线、潜力、挑战以及与其他减排方式的比较,引起了强烈反响。2022 年,国际能源署又发布了题为"直接空气捕集——迈向碳中和的关键技术"的研究报告,深入探讨了 DAC 技术的未来发展态势,并进一步强调了其在实现净零排放目标中的重要性。

相比于较高浓度 CO_2 的烟气,空气中的 CO_2 分压极低、水汽含量较大。这些特点使得许多烟气捕集技术无法直接应用于空气捕集领域。例如,空气中存在水汽时,沸石吸附剂的吸附能力会显著降低;采用氨液吸收法则会因为需要处理大量空气而导致化学溶剂蒸发损失等问题;深冷法则由于所处理空气中 CO_2 的浓度过低,导致能耗过高,因此在空气捕集中没有实际应用价值。目前,对低分压 CO_2 具有良好适应性的固体吸附法与碱液吸收法已成为空气捕集的主流方案。

5.1.3　碳捕集与原位转化技术

二氧化碳捕集与原位转化(Integrated CO_2 and in situ conversion,iCCC)排除了 CO_2 压缩、存储和运输等问题,相比传统 CCUS 工艺流程在能耗和成本方面表现出特殊优势。更为重要的是,iCCC 技术应用于高温烟气中 CO_2 捕集与原位转化可以充分利用高温烟气的热能和吸附热,将热能在原位 CO_2 转化过程中直接转化为化学能(化学品或能源小分子),为实现重点碳排放工业过程的"碳中和"提供创新途径。

该工作基于钙循环和甲烷干重整耦合反应,通过 CaO 吸附位点和 Ni 催化位点界面上中间物种的交互溢流作用,实现了 $CaCO_3$ 与甲烷直接转化制合成气的协同反应新路径,同时有效抑制了常规 CH_4 干重整深度脱氢造成催化剂"积碳"失活等瓶颈问题。在此协同促进机制指导下,优化合成的 Ni-CaO 双功能材料的碳捕集量高达 12.8 mol/kg,捕集的 CO_2 转化率高达 96.5%,CH_4 转化率 96.0%,优于媒体报道的双功能材的性能以及传统甲烷干重整催化剂效率。该项工作提出的协同促进机制为理解复杂连串反应过程提供了新思路,并为功能材料的结构优化设计提供理论指导。

5.1.4 船载碳捕集技术

船载碳捕获系统(Onboard Carbon Capture System,OCCS)是碳捕集技术在船舶领域的具体应用,该系统旨在从船舶排放的废气或燃料中分离并捕获 CO_2,之后通过运输工具输到目的地加以资源化利用或注入海底/地层封存,有效阻止其排放至大气中。作为一项颠覆性的碳减排技术,OCCS 使得船舶在继续使用低成本传统化石燃料的同时,仍能实现碳减排目标,为航运业的绿色转型与低碳发展开辟了一条切实可行的路径。

基于传统能源动力系统的船载碳捕获技术,通常采用化学吸收法对船舶尾气实施碳捕捉,其技术原理主要是根据吸收液的温度变化来实现 CO_2 的吸收和释放,从而将 CO_2 从尾气中分离并捕获。除了 CO_2 捕捉以外,船载碳捕获技术体系还涵盖分离提纯、压缩液化及存储转运等核心环节。首先,它将船舶尾气导入吸收塔内以捕获 CO_2,随后在分离塔中对捕获的 CO_2 进行分离,之后对分离出的 CO_2 气体进行压缩液化提纯,提纯液化后的 CO_2 再输送到存储容器。被捕获并存储的液态 CO_2,既可以在港口直接通过驳船转运给 CO_2 运输船舶,也可以在专业港口卸载,将其作为碱类、醇类等化学品的生产原料或用于地质封存、生物利用等领域,还可以制成干冰并投放至指定海域实施海底封存。

5.2 碳运输技术

CO_2 运输是 CCUS 技术系统的中间环节,根据不同场景,可以选择管道

运输或罐车、船舶等各种交通工具运输。其中，管道适用于大规模、长距离
CO_2 的运输；公路罐车适用于小容量、短距离运输，铁路罐车适用于大容量、
长距离运输；船舶运输运量大，运输距离超远，适合于近海碳封存运输。不同
运输方式的优势与局限性如表 5-3 所示。

表 5-3 CCUS 运输方式比较

运输方式	优势	不足
管道运输	运输成本低，CO_2 运量大，距离远、安全性高、规模效应明显	建设造价较高、管道腐蚀 CO_2 泄漏
罐车运输	灵活、适应强，投资较低	供应间断、蒸发泄漏、运输成本高
船舶运输	运输方向灵活、运量大、运输距离超远、长距离运输成本较低	运输间断、蒸发泄漏、投资较高

5.3 碳利用技术

目前，我国 CO_2 利用主要以地质利用的方式为主，化工利用和生物利用相
对较少。具体来看，地质利用是指将 CO_2 注入油层、深部不可开采煤层、枯竭天
然气气藏地表等地质体内，利用地下矿物或地质条件生产或强化有利用价值的
产品，兼顾经济与环境效益，短期内具有较高的可行性；化工利用是指以化学转
化为主要特征，将 CO_2 和共反应物转化为目标产物从而实现资源化利用，对
CO_2 浓度要求低、实施成本低，具有开发价值；生物利用是指以生物转化为主要
手段，将 CO_2 用于生物质合成，对 CO_2 的浓度要求较高、实施成本较高，但单吨
CO_2 产出效益也相对较高。不同碳利用技术的主要特点如表 5-4 所示。

表 5-4 碳利用主要方式

利用方式	描述
地质利用	① CO_2-EOR（强化石油开采）：注入油层，与石油产生物理化学反应，实现增产石油 ② CO_2-ECBM（驱替煤层气技术）：注入深部不可开采煤层中，实现长期封存并强化煤层气开采 ③ CO_2-EGR（增强地热系统技术）：注入枯竭天然气气藏地表，提高采收率并实现碳减排

（续表）

利用方式	描述
化工利用	① 无机产品：生产纯碱、小苏打、硼砂以及各金属碳酸盐等大宗无机化工产品；合成尿酸和水杨酸 ② 有机产品：能源、燃料以及大分子聚合物等高价值含碳化学品
生物利用	① 微藻固碳：转化为液体燃料、化学品、生物肥料等 ② CO_2 气肥使用：注入温室提升光合作用速率，提高作物产量 ③ 人工生物固碳

5.4 碳封存技术

目前，CO_2 的排放量远超其利用能力，无法被利用的 CO_2 需要利用封存技术埋存。碳封存是 CCUS 的核心环节，其可靠性和安全性直接影响 CCUS 的可行性和社会接受度。目前，碳封存方式主要有陆上地质封存和海上地质封存两类。

5.4.1 陆上地质封存

地质封存一般是指将处于超临界状态（气态及液态的混合体）的 CO_2 注入至含油、含气、含水或不具备商业开采价值的煤层等密闭地质构造内部，以实现 CO_2 的长期乃至永久性地质封存。地质封存被认为是当前 CO_2 封存的首要选择。

利用高压将超临界 CO_2 注入油田或气田中，使其驱动原油或天然气向生产井方向流动，进而提高原油产出率（应用增强型采油技术 EOR，可实现石油产量 30%—60% 的增长）。将其注入无法开采的煤矿，同样可以把煤层中的煤层气驱离出来，提高煤层气采收率。然而，若要封存大量的 CO_2，最适合的地点是咸水层。咸水层一般在地下深处，富含不适合农业或饮用的咸水，这类地质结构较为常见，同时拥有巨大的封存潜力。

根据联合国政府间气候变化专门委员会（IPCC）的研究显示，CO_2 具有稳定的化学性质,能够在相当长的时间内保持封存状态。若地质封存点经过谨慎的选择、设计与管理,超过 99%的 CO_2 能够封存 1 000 年以上。

5.4.2 海上地质封存

海上地质封存是指将 CO_2 注入海底的咸水层、油气藏、煤层或玄武岩等地质构造中,使其长期稳定地储存在海底,不进入海水或大气层。海上地质封存具有封存空间大、成本低、安全性高等优势,被认为是未来碳封存的首选。

海上地质封存的技术原理和封存机制与陆上地质封存类似,主要包括物理封存、水化学封存和矿物化封存三种方式。物理封存是指利用储层的孔隙结构和盖层的低渗透性,将 CO_2 以超临界流体的形式储存在海底,形成一个封闭的气体圈闭。水化学封存是指 CO_2 与储层水或海水发生水解反应,形成碳酸或碳酸盐溶液,降低 CO_2 的浓度和活度。矿物化封存是指 CO_2 与储层或盖层的矿物发生碳酸盐化反应,形成稳定的碳酸盐矿物,永久地固定 CO_2。

5.5 港口碳排放处理技术应用与未来发展方向

现阶段,碳处理技术主要应用于钢铁、工业、航运、煤电、能源、汽车、石化、水泥、油田、制氢等场景。对于港口运输装卸作业来说,碳处理技术的适用性不强。但是,港口是产业融合和能源系统集成的中心节点,承载和服务于多个行业,包括石油和天然气、航运、卡车运输、铁路、邮轮旅游和制造业。因此,未来港口碳排放处理技术主要有三个应用场景:一是针对船舶碳捕集系统捕集的二氧化碳进行接收储存,并进一步转运输送至离岸 CCS 枢纽。这也是现阶段港口碳排放处理技术最重要的发展方向。二是针对港区工业设施碳排放的收集、储存,并进一步通过管道或 CO_2 运输船输送至离岸 CCS 枢纽。三是针对港口自身能源生产过程中产生的二氧化碳进行捕集利用。

5.5.1 针对船舶捕集二氧化碳的接收转运

2024 年 4 月,装备有全球首套全链条海洋运输船舶碳捕集(OCCS)系统的 14 000 TEU 大型集装箱船,在上海洋山港顺利靠泊并圆满完成了液态二氧化碳(LCO$_2$)的岸基卸载作业。5 月,岸端卸载的首罐 LCO$_2$ 被正式移交给使用单位,标志着全球首次实现了从"二氧化碳捕获-液化存储-岸基卸载-转运处理-资源化利用"的完整船用碳捕集生态闭环流程,树立了 OCCS 产业发展历程中的一个里程碑式典范。

然而,由于 OCCS 技术尚未大规模使用,国内各港口暂未建成完善的 CO$_2$ 回收配套设施,LCO$_2$ 的卸载与转运成为难题。根据劳氏船级社和奥雅纳(ARUP)共同撰写的《卸载船上捕集的二氧化碳的概念研究》报告,全球十多个计划中的 LCO$_2$ 相关基础设施项目均坐落于二氧化碳排放工业集群附近或与之相关的运输系统中。对于港口而言,要实现规模经济,其卸载、储存和运输船上捕集的二氧化碳所需的基础设施或许需要同这些项目进行整合。此外,在港口原本就错综复杂的作业流程中引入 LCO$_2$ 的卸载环节,可能会对港口的效率和操作性造成一定影响。为确保 LCO$_2$ 装卸和储存的安全,需要设置额外的缓冲区,这也会进一步加剧港口和码头现有空间的紧张状况。

5.5.2 针对港区工业及能源生产过程的碳处理

港口作为基础性、枢纽性设施,通过提供货物装卸、航运贸易、现代物流等综合服务,能够有效促进临港产业快速发展,从而带动产业转型升级和产业链延伸拓展。临港产业的高质量发展,又对城市的综合服务功能提出更高要求,在很大程度上倒逼城市提升服务能级、增强保障能力,加快推动绿色低碳高质量发展,全力打造区域经济增长极。因此,推进港产城融合发展,对于统筹发挥港口优势、优化资源要素配置具有重要意义,已成为世界一流港口建设的重要方向。同时随着我国海上风电产业规模逐步扩大,海上风电产业对"海上风电母港"的需求也逐步显现。

　　由此可见，未来港口的碳处理需求将拓展至针对临港产业二氧化碳捕集
的接收、转运和处理。目前，国外港口行业也正在积极探索碳排放处理技术
的应用。例如，鹿特丹港管理局和相关方共同研究在鹿特丹港区建立一个收
集和运输 CO_2 的基础设施设备，并将捕集的 CO_2 封存在北海海底的气田中。
比利时的安特卫普-布鲁日港以建成欧洲绿色母港和欧洲绿色能源门户作为
目标，积极探索开展碳捕集、利用和封存等行动。瑞典斯德哥尔摩港口计划
在斯德哥尔摩诺维克港建造临时 CO_2 储存设施。

"碳"寻实践之路篇

提炼国内外典型港口在规划、建设、运营与监管中的成效经验,揭示绿色港口发展从局部试点到全域推广的实践逻辑,彰显中国在港航减排中的示范性与引领性。

引言

在全球应对气候变化与低碳经济转型的背景下,港口作为国际贸易枢纽与能源消耗重地,其绿色低碳发展已成为实现"双碳"目标的关键领域。传统港口依赖化石能源的作业模式导致碳排放与环境污染问题突出,而绿色港口通过清洁能源替代、运输结构优化、智能化管理等系统性改革,正逐步构建起环境友好、资源集约的可持续生态。这一转型不仅是航运业自我革新的必然选择,更是推动区域经济低碳发展、实现陆海协同的重要支点。

国际绿色港口建设呈现出"技术驱动、市场引导、生态协同"的多元特征。发达国家通过碳交易机制、绿色金融工具等市场化手段激励企业减排,并依托技术创新实现岸电普及、氢能应用与多式联运整合,形成港口与城市生态系统的深度协同。例如,欧洲港口率先构建覆盖能源监测、污染防控的数字化管理体系,将环境成本纳入港口运营全生命周期。而中国绿色港口则以"政策引领、多能互补、全链协同"为核心特色,通过顶层设计推动港口群资源整合,构建"风光储氢"一体化能源体系,并探索港口与腹地产业的低碳联动模式。国内港口还通过岸电全覆盖、智能调度系统、零碳码头等实践,实现了吞吐量增长与碳排放强度下降的"脱钩"。

本篇聚焦港口层面的建设实践,旨在通过剖析国内外典型案例的运营逻辑,提炼可复制的转型路径。相较于宏观政策解读与技术原理分析,港口作为政策落地的微观载体,其能源结构、管理模式与协同机制更能直观反映转型痛点与创新突破。报告系统梳理不同资源禀赋下的港口实践,既为全球港口提供涵盖规划、运营、监管的转型图谱,也为政策制定者优化制度设计、企业探索低碳模式提供实证参考,从而在微观实践与宏观战略间架设桥梁,推动全球港口绿色进程向纵深发展。

第 6 章
国外典型绿色港口实践

西方发达国家在绿色港口建设的方面目前已经取得了巨大的进展,国外的专家、学者积极研究发展理论、提出一系列发展策略,并运用到实际建设当中,收到良好的成效,为世界各国建设绿色港口提供了积极的参考策略。

6.1 美国

港口的环境管理,特别是在运营期间的管理,是港口可持续发展的关键,环境管理成效的大小,直接关系到港口可持续发展实施的前景。美国为了实现港口环境三个"洁"、一个"静",即港区水域要清洁、地面要清洁和空气要清洁,环境要安静,推出严厉的港口绿色法规。在港口环境日益恶劣的情况下,美国政府制定《环境政策法》《资源保护与回收利用法》等法律法规和政策,促进各港口大力建设绿色港口。

6.1.1 加州地区港口

1. 港口概况

美国加州拥有全球最繁忙的港口群,包括洛杉矶港(POLA)、长滩港、奥克兰港、旧金山港等。这些港口不仅是美国西海岸的贸易枢纽,也是全球供应链的关键节点。

经济地位。洛杉矶港和长滩港组成的圣佩德罗湾港口群,处理美国约40%的集装箱货物,2020年合计吞吐量达1 730万标箱,位居全球前列。

地理优势。加州港口紧邻太平洋,连接亚洲、欧洲和美洲航线,是美国对亚太贸易的核心门户。

2. 绿色港口建设典型实践

加州港口以严格的环保法规和技术创新引领全球绿色港口发展,主要实践包括:

1) 多层次法律法规体系

国际公约。执行《国际防止船舶污染海洋公约》(MARPOL)划定的北美排放控制区(ECA),要求船舶燃油硫含量从2015年起降至0.1%,并限制氮氧化物排放。

州级法规。加州通过《有毒空气污染物控制法》,强制要求集装箱船、邮轮等靠泊时使用岸电的比例逐年提升(2020年后达80%),违者罚款高达7.5万美元。

2) 清洁能源与技术创新

岸电系统。洛杉矶港、长滩港、奥克兰港等均大规模部署岸电设施,船舶靠港时关闭辅机,改用岸电供电。例如,洛杉矶港岸电覆盖80%的集装箱船挂靠量,显著减少碳排放。

清洁拖车计划。推广电动或低排放拖车,奥克兰港曾投入3 800万美元升级拖车设备,禁止高污染车辆进入港区。

自动化码头。洛杉矶港和长滩港建设全自动化集装箱码头,采用电力驱动的无人化设备(如自动化场桥),实现码头区"零排放"。

3) 多式联运与物流优化

铁水联运。加州港口投资数十亿美元扩建铁路网络,例如长滩港中部港区改造后铁路运输占比提升,日均减少1 000辆集卡通行;洛杉矶港建成32公里快速货运铁路,缩短货物内陆转运时间。

智能调度系统。通过手机 APP 实时监控集卡等待时间,优化装卸流程,减少无效怠速碳排放。

4) 污染治理与生态修复

土壤修复工程。长滩港"S"码头对石油开采遗留的污染土壤采用化学固化技术,处理 32 个废土坑并回填清洁土方,最终建成现代化海运码头。

船舶尾气处理驳船。为无法使用岸电的船舶提供尾气收集与净化服务,确保碳排放达标。

5) 绿色发展规划与目标

《圣佩罗湾洁净空气行动计划》(2006 年启动)。洛杉矶港与长滩港联合制定减排目标,至 2020 年颗粒物排放减少 85%,氮氧化物减少 59%,硫氧化物减少 93%。

长滩港"绿色港口政策"。涵盖水生生态保护、空气质量提升、可持续发展社区建设等六大领域,计划投资 40 亿美元建设全球最先进的环保码头设施。

3. 成效与影响

加州港口的绿色转型已取得显著成果:

环境效益。洛杉矶港与长滩港的污染物排放较 2005 年下降超 50%,空气质量显著改善。

经济效益。绿色技术应用(如岸电、自动化)降低了长期运营成本,同时提升了港口竞争力,吸引更多国际航线挂靠。

社会效益。通过社区参与和就业创造(如南卡罗来纳港贡献全州 10% 的就业),推动区域可持续发展。

加州港口的绿色实践为全球港口提供了可复制的经验,尤其在法规制定、技术创新与多利益方协同治理方面具有示范意义。

6.1.2　纽约-新泽西港

纽约-新泽西港,原名"纽约港",位于美国东部,为纽约与新泽西港务局所建设。港口直接和间接地给当地提供约 230 000 个工作职位,每年给纽约和新泽西这两个州的居民带来至少 94 亿美元的收入。为了缓解运输压力和保持港口的竞争优势,港方持续投入大量资金用于港口扩建和部分设施的改造并大量采取环保措施,以适应美国联邦政府强制推行的绿色港口政策和缓解来自居民和环保主义者的压力。目前这些措施已经取得良好的效果。

1. 港口环境管理体系

纽约与新泽西港务局主要通过建立港口环境管理体系(EMS)进行绿色港口建设。该体系主要采用 ISO14001 的规范作为指导标准,这是一个比较全面系统地综合了环境和组织目标的评估方法。这套方法有利于评估港口的各项工作对环境造成的显著性影响,并且便于港务局发现潜在的危害根源,这对预防污染、节约能源和合理应用港口资源大有裨益。早在 2004 年,纽约与新泽西港就开始在公用泊位和船舶给养区域执行 EMS,后来逐渐扩展到航道疏浚以及码头操作等各个方面。同时,港务局也注意加强内部培训和对外宣传,增强港口员工的可持续发展理念,并将其融入到港口发展与操作的过程中,也帮助社会大众了解港口的发展目标以便对港口的经营行为进行监督。

2. 日常营运监控

为了在保持航运贸易对当地经济的促进作用的同时保护环境,近年来纽约-新泽西港投入大量资金提高生产效率和增加港口吞吐能力,并且在基础项目建设的环保方面以及运输系统的综合效益方面严格执行绿色规划要求,兼顾港口短期和长期的环境效益。

这项绿色港口规划的当前任务是确保纽约与新泽西港务局和港口经营方职员形成绿色环保任务的合力,使双方在合作上遵守共同的规范。目前,港口经营方开始利用污水处理系统处理港口的污水,并且大力推行可再生设备的使用,同时注重更新码头的装卸设备,淘汰大批严重污染环境的设备,尽量使其现代化电气化,减少有害气体的排放。

在把绿色港口规划措施具体落实到实际操作的过程中,纽约与新泽西港务局和港口经营人采取以下措施,并取得显著效果。

1) 装卸设备的电气化

使用电气化的港口装卸机械代替柴油动力的装卸机械,并将超过 1 亿美元的资金用于基础设施改进,减少柴油机的废气排放。

2) 港区大门的改进和新堆场设备的引进

港口经营人在许多码头安装电子门、移动式大门以及通过延长工作时间来减少卡车的滞留和道路拥堵,一些经营人还更新那些以柴油作燃料的铲车,代之以丙烷或电气化铲车来减少废气排放。

3) 航道疏浚

纽约-新泽西港是河口港,为了满足新一代大型集装箱船舶挂靠的需要,港口计划把航道疏浚到 50 英尺(1 英尺 = 0.304 8 米,约合 15.24 米),这就意味着有大量的航道淤泥需要处理。由于淤泥一般含有大量有害金属物质,不能够随意作抛弃处理,必须经过化学分析,有利用价值的部分可以用来填海造田或作他用,有害物质则要慎重对待,以防对生态系统内的动植物造成损害。港区有专人负责从事该疏浚区域生态状况的勘测和记录(如鸟的种类和数量以及水中生物存量),保证将港口的发展和环境的保护结合起来,最大限度地维护生态系统的平衡。

4) 压载水的排放

作为绿色港口规划的一部分,针对压载水港区排放可能带来的危害,港务局联合新泽西海洋基金专门出版介绍压载水知识的小册子,详细介绍外在水域的生物种类通过压载水的排放对本地水环境生态系统可能造成的损害,以期引起港口经营人和航运企业足够的关注。相关的具体环保措施是要求船舶在进入港区前的外海中更换压载水,以确保外在水域的生物种类不进入该港的淡水水域。

5) 船舶主引擎的改造

港口与海运空气质量工作小组合作,测试货船废气低排量技术的有效性,降低船舶改造成本,并且在降低船舶主引擎排放的同时不会造成新的污染,目前这项技术已通过测试并开始在航运界全面推广。

6) 船舶进出港口速度的控制

在靠离港时距离防波堤 20 海里(1 海里 = 1.852 公里,约合 37.04 公里。

中国标准)处必须减速至 12 节(1 节＝1.852 公里/小时,约合 22.224 公里/小时),否则,港口便拒绝派工作人员为其导航、靠泊等,对自觉遵守规定的船舶给予一定的经济奖励。通过这些积极的措施,2004 年港务局货物装卸设备废气排放记录表明,空气中污染物质放射源比 2002 年至少降低 30％。这样不仅排放物达到规划要求,港口装卸效率也同比提高 19％,港口集装箱吞吐量同比增加 25％。如果以一个集装箱的运输成本作为衡量基准,则费用综合降幅为 45％—48％。

3. 高效快捷的集疏运系统

为了减少空气污染,严格控制港区卡车的气体排放和降低集疏运系统的拥堵概率,纽约与新泽西港务局目前正加强基础设施的建设,以期缓解因交通问题而产生的环境问题。

1) 拓建高速铁路降低阻塞

铁路建设是该港口发展规划中的一个重要决策。目前大约 13％的货物是通过火车运送出港的,港口希望通过拓建高速铁路在不久的将来把这一数字提升到 30％。港口已投入 6 亿美元用来在各主要集装箱港区建设高速铁路集疏运系统。2004 年 10 月该系统的一期工程在该港的伊丽莎白码头投入试运行,目前该码头的集装箱吞吐量已提高到 350 000 TEU。高速铁路集疏运系统一旦全面投入运营,港口的货物吞吐能力可以达到 150 万 TEU/a。港务局还同时给纽约港和新泽西港分别提供 2 500 万美元用于改造其地方性的铁路系统,以适应港口的高速铁路集疏运系统。

2) 改善港口物流系统

利用污染小、效率高的自装卸驳船承担直接转运内陆货物以及铁路运输系统的疏港运用,二者的共同作用使以前港区卡车排队等候的局面明显改观,明显降低卡车废气的排放,提高空气质量。

6.1.3 休斯顿港

按外国船舶总吨位计算,休斯敦港是美国第一大港。该港除公立港务局有 8 套设施和 2 个集装箱码头外,沿着 25 英里(1 英里≈1.61 公里,约合 40.25 公里)长的休斯敦航道,还有约 150 家私营港务企业。他们在企业经营和港口发展两方面都运用了环保理念。休斯顿港已率先通过 ISO 国际环境质量标准认证,成为美国第一家和世界首批的绿色港口。

休斯敦港务局把绿色理念注入到新建和改建的建筑项目设计中去,早在 20 世纪 90 年代初扩建休斯敦航道时,休斯顿港务局的环保管理活动便开始了,因对海湾产生不良影响受到环保团体的反对。美国陆军工兵部队为休斯敦港务局设计出另一套计划,要在 50 年内,利用疏浚海湾取得的淤泥,开发 4 250 英亩(1 英亩≈4 046.86 平方米,约合 17 199 155 平方米)的湿地栖息地。这样终止了港湾任意处置淤泥的做法,在加尔维斯顿湾开辟了一个新的商业养殖场。

此后,休斯敦港务局又开始探讨如何更好地顺应环境,减小对环境的不良影响。第一项经确认的项目是逐步处理从油漆到清洁溶剂范围内的各种有害废料,尽可能地消灭一切废物流。方法是用对环境无害的产品来代替有害产品,从废物流中重新回收利用。根据需要采购产品,并加强培训活动。这些措施取得了巨大成功,不仅每月产生的有害废料达到最低量(每月低于 30 加仑,1 美制加仑≈3.79 升,约合 113.7 升),而且业务量不断增长,几乎不需要任何监管。

休斯敦港务局把这一理念应用于所有的环保项目中,包括空气质量和暴雨雨水对环境的不良影响。休斯敦港务局邀请了美国各地有着不同设施的 14 座城市的有关专家,在两年期间作为环保顾问献计献策。最终,休斯敦港务局于 2002 年率先在美国港口中取得 ISO 14001 认证。

6.2　澳大利亚

澳大利亚制定了十分全面的环境保护法律法规,联邦政府下设的环境保护管理局,负责制定各种环境保护条例和法令,防止在建设港口和港口生产运作中发生破坏,污染水域陆域环境、空气以及威胁水生物生存的情况,在港口开发建设中,政府重视港口规划与港口所在城市规划的协调一致,并且注重港口环境的规划。澳大利亚海上安全局注重与周边国家合作,共同制定环保措施;积极进行宣传,防止海洋污染;参加签署防止海洋污染法,承诺处理本区域内的船舶废水,防止船舶油的泄漏,保护经济区的海洋环境;与船公司协商在区域内的环境保护问题。

6.2.1 悉尼港

悉尼港,东临太平洋,西面 20 公里为巴拉玛特河,周边两面是悉尼最繁华的地区,主要由悉尼港区和波特尼港区组成,位于澳大利亚 NSW(新南威尔士州,New South Wales)东部。悉尼港是政府所有的州立型港口,经营者在港区的管理下具有经营权,所有权与经营权分离。澳大利亚近 99% 的外贸货物都需要通过海洋运输,悉尼港是澳大利亚第二大集装箱港口,每年吞吐量约占全澳总量的 1/3,对澳大利亚的经济起着巨大的推动作用:每年吞吐价值约 500 亿美元的货物;每年为 NSW 创收 25 亿美元,创造 17 000 个就业岗位;对临港产业的贡献是 100 万美元/艘次。

悉尼港是最早的具有绿色发展理念的港口之一,从水体质量、空气质量、噪声控制、生物多样性、垃圾管理、危险货物管理、环保教育及培训 7 个方面实施"绿色港口指南"(Green Port Guidelines)。澳大利亚制定了十分全面的环境保护法律法规,严格的法律法规对悉尼港产生了积极的约束作用。同时,澳大利亚政府制定了相当严格的环境保护法规,积极地协助推进悉尼港口的绿色发展建设。严格的法律手段保护了港口生态环境,让悉尼港在绿色建设方面收到成效,为全球提供了积极的借鉴意义。

1. 加强立法、严格执法

目前,澳大利亚关于环境保护的法律法规已相当完备,悉尼港严格执行这些法律法规,近五年,悉尼港依法共开出了数百张关于环境污染的罚单,起诉并胜诉了十多起关于港口污染的诉讼。

2．提高员工环保意识

提高员工的环保意识是建设绿色港口的重要方面，近几年，悉尼港有近500 人次参加环保专业培训，总学时超过 3 000 学时，覆盖面广，基本上每名员工参加了培训。

3．积极与政府、社区合作

建设绿色港口不单单是港口的个体行动，还需要包括政府和社区在内的多方共同参与。悉尼港积极与政府合作，例如配合 NSW 实施相关运输法规、检验检疫法规、危险货物管理法规等。此外，悉尼港还积极与社区合作，例如资助社区教育、资助悉尼航海博物馆建设等。

6.2.2 布里斯班港

澳大利亚布里斯班港口布里斯班港位于东海岸中部昆士兰州东南部的布里斯班河口，是昆士兰州的最大海港。现为商业和文化中心。有铁路、公路与腹地相连。主要工业有制糖、毛纺、肉类加工、炼油、机械制造、水果罐头、汽车装配、木材加工等。布里斯班港从 1999 年起建立了公司的环境管理系统，并在 2000 年 5 月成为澳大利亚第一家获得 ISO14001 标准证书的港口企业。根据 ISO 程序，外部检查员对公司每六个月进行一次监督检查，确保了公司环境绩效目标能够实现生态型港口规划。

6.3 日本

日本十分重视港口和海域的环境保护，制定实施了一系列有关海洋环境保护法，如《预防海洋船舶油污染法》《海上灾害法》，修订《港口法》有关港口环保设施的规定并加大环保力度。日本制定强制性的法规标准，通过立法及颁布最低能效标准和碳排放标准等，推动港口低碳化。2007 年 9 月，日本中央环境审议会就公布了低碳社会的基本理念,要实现低碳化,就要改变大量生产、大量消费、大量废弃的发展模式,通过节能、低碳能源的利用,提高资源有效利用等途径,确立起二氧化碳最低排放的低碳社会经济体制。2009 年 12 月,日本政府提出制定《全球气候变暖对策基本法》,明确规定从 2010 年起实施温室气体排放量的计算、报告、公布制度,改变以往以公司为单位的报告制度,以港口为单位,对温室气体排放量做到准确计算与报告,并向全社会公布。

6.3.1 东京港

东京港位于日本东京都,是东京首都圈地区与国内、海外各地运输的重要节点,也是东京湾的主要港口之一。东京港拥有海域面积 5 453 公顷,陆域面积 1 080 公顷,内外贸码头共计 24 个,泊位总数为 115 个,其中集装箱码头4 个,集装箱泊位 16 个。东京港作为首都圈地区的重要交通枢纽,其腹地为拥有 3 000 万人口的东京圈及其周边的关东北部、甲信越等广大地区。

东京港是日本较早地提出绿色发展理念的大型港口。

在环保规划与实施方面,东京港务局出台了港区公园的绿色规划措施,通过不同绿地形成由点到线再到面的布局结构,互联互通形成了绿地网络。这些绿地不仅美化了港区环境,还提高了港区的生态功能。

在资源循环利用方面,东京港注重资源的循环利用,通过建设废物回收处理设施,实现了港口废弃物的有效处理和再利用。

在节能减排方面,东京港积极推广清洁能源和节能技术的应用,如使用电动港口设备、优化港口作业流程等,以降低能耗和污染物排放。

在环境监测与保护方面,东京港建立了完善的环境监测体系,对港区内的空气质量、水质等环境指标进行实时监测,确保港区环境符合环保要求。

6.3.2 横滨港

横滨港位于东京湾西北部,是日本著名的大商港,也是日本第二大港口。横滨港拥有优越的地理位置和自然条件,港内风平浪静,航道水深 10 米以上,是一个天然良港。横滨港港区有铁路与高速公路相通,连接北方陆路网和关西地区。至 1999 年,横滨港共有泊位 228 个,其中商业港区的公共泊位 99 个(包括 24 个集装箱专用泊位),码头线总长 6 300 米,另有企业千吨级以上专用泊位 129 个,最大靠泊能力 30 万吨级。近年来,横滨港的吞吐量不断增加,每天可以同时有 70 多艘大型船只进入。

横滨港在绿色港口建设方面也取得了显著成效,典型实践包括:

在清洁能源推广方面,横滨港积极推广 LNG 动力船舶等清洁能源的使用,以减少对化石燃料的依赖和排放。

在节能技术应用方面,港口通过优化作业流程、提高装卸效率等方式降低能耗,同时引入先进的节能技术和设备,如电动港口机械等。

在污染治理与资源利用方面,横滨港建立了完善的污染治理体系,对港口作业产生的污染物进行有效治理和回收利用。同时,横滨港注重资源的循环利用,如利用港口废弃物进行再生利用等。

在海洋生态资源开发方面,横滨市还实施了“蓝碳”项目,通过保护和再生海洋生态系统来增加碳吸收能力,为当地渔业创造新的就业机会,并推动港口的绿色低碳发展。这一项目不仅有助于减少温室气体排放,还促进了海洋生态系统的保护和可持续发展。

6.4 荷兰

6.4.1 鹿特丹港

鹿特丹港(Rotterdam Port)位于莱茵河和马斯河河口,西依北海,东溯莱茵河、多瑙河,地处世界上最繁忙的大西洋海上运输线和莱茵河水系运输线的交接口,是欧洲最大的贸易港和世界信息大港,素有“欧洲门户”之称。该港口共有 7 个港区,港区面积达 80 多平方公里,年吞吐量超过 4 亿吨。每年大约有 3.4 万艘海船和 13.3 万艘内河船舶挂靠,有 500 多条班轮航线连接世界 1 000 多个港口。据统计,近年来鹿特丹港完成货物吞吐量保持在较高水平,集装箱吞吐量也有显著增长。

1. 港口节能降碳举措

鹿特丹港致力于到 2050 年成为碳中和港口。为此,鹿特丹港开发了 WarmtelinQ 地下管道将鹿特丹港多余热量输送至海牙,为家庭和企业供暖;并与欧洲天然气基础设施公司 Gasunie 和荷兰能源管理公司 EBN 合资开发荷兰首个 CCUS 集群项目 Porthos,捕获港口内工业企业排放的二氧化碳,储存于北海海底下空置气田,利用余热为附近建筑供暖;为减少高碳排放燃料的使用,鹿特丹港投资建设了连接荷兰和周边国家的氢气管道,与几十个国家和地区开展氢气进口项目,以替代天然气;建造了欧洲最大的绿氢工厂——荷兰氢气 1 号绿氢厂,将从 2025 年起每天生产 60 吨可再生氢气。此外,鹿特丹港还建造了荷兰南海岸海上风电场;扩建全球最大的风电场和油气平台海上基础制造工厂;壳牌和芬兰能源公司 Neste 分别在佩尔尼斯和马斯平原港区建造生物燃油炼厂,生产可持续航空燃料等。

2. 港口服务绿色转型

2023 年,鹿特丹港采取订购集装箱电池推进内河船电动化运行以及开发一系列码头岸电项目等措施。鹿特丹港宣布扩建马士基(APMT)和鹿特丹世界门户(RWG)集装箱码头,其中,RWG 集装箱码头将为其整个泊位配备船舶岸电;鹿特丹港预计,第一个泊位将从 2026 年起配备岸基动力,未来,RWG 码头将成为欧洲第一家全面使用岸电的远洋码头。

6.4.2 阿姆斯特丹港

阿姆斯特丹港是荷兰的重要港口之一,具有优越的地理位置和完善的交通网络。该港口不仅服务于本地经济,还承担着国际货物运输的重要任务。阿姆斯特丹港拥有现代化的装卸设备和仓储设施,能够处理各种类型的货物,包括散货、集装箱、滚装货等。

虽然阿姆斯特丹港在绿色港口建设方面的具体实践可能不如鹿特丹港那样突出,但荷兰整体在可持续发展和环保方面有着较高的意识,阿姆斯特丹港也必然在这方面有所努力。在清洁能源推广方面,鼓励使用清洁能源船舶和港口设备,如 LNG 动力船舶、电动港口机械等;推广使用岸电技术,减少船舶在港口停泊期间的燃油消耗和污染物排放。阿姆斯特丹港还积极进行港区绿化和生态修复工作,改善港口及其周边区域的生态环境;建立环境监测体系,对港区内的环境质量进行实时监测和治理;制定港口可持续发展战略,将绿色港口建设纳入港口长期发展规划中。这样通过政策引导、技术创新等手段,推动港口朝着更加绿色、低碳、可持续的方向发展。

6.5　德国

6.5.1　汉堡港

汉堡港位于德国北部易北河下游,是德国最大的港口,也是欧洲第二大集装箱港口。汉堡港拥有优越的地理位置和先进的港口设施,是连接欧洲内陆与全球贸易的重要枢纽。汉堡港不仅处理大量的集装箱运输,还涉及散货、件杂货等多种货物运输。

汉堡港正在加速发展气候友好型能源中心,特别是绿色氢能的引进和利用。2022 年 11 月,Air Products 公司和德国油储公司宣布计划在汉堡港的 Blumensand 建立一个绿色氢的进口码头,并计划在未来几年内建立电解厂生产绿色氢气,以满足港口及周边地区的能源需求,以在港口建立一个全面的氢气价值链,加速发展气候友好型能源中心。这一举措旨在推动汉堡港成为欧洲领先的氢能驻地,确保德国的能源安全,并推进工业和经济的去碳化。在最新出台的《2040 年港口发展规划》中,汉堡市政府将"可持续发展和气候保护"列为四个核心主题之一。为实现这一目标,汉堡港务局(HPA)成立了一个全新的"港口能源解决方案"部门,用以负责有关可持续能源中心、可再生能源开发以及岸电和电气化的项目。

汉堡港积极推动清洁能源在港口作业中的使用,减少对传统化石燃料的依赖。例如,通过引入电动和氢动力船舶,以及安装太阳能和风能发电设施,降低港口运营的碳排放。汉堡港在港口区域内建设了多个环保设施,如废水处理厂、垃圾回收站等,以确保港口运营对环境的影响最小化。

6.5.2 不来梅港

不来梅港位于德国西北部威悉河入海口,是欧洲岸线最长的集装箱港口之一。不来梅港以其高效的物流系统和完善的运输网络而闻名,是连接欧洲内陆与全球贸易的重要节点。不来梅港不仅处理集装箱运输,还涉及散杂货、滚装船等多种货物运输。

不来梅港在集装箱码头建设了多个环保仓储设施,如冷箱接口和冷库,以满足对食品和非食品保税仓储的需求。这些仓储设施采用先进的节能技术和环保材料,降低能耗和减少对环境的影响。

不来梅港注重多式联运的发展,通过铁路、公路和水路等多种运输方式的结合,提高运输效率并减少碳排放。港区铁路资源丰富,具备便捷的公铁联运条件。

不来梅货运村作为德国第一、欧洲第二大物流园,注重绿色物流的发展。园区内进驻了多家环保企业,提供绿色物流解决方案,推动物流行业的可持续发展。

6.5.3 杜伊斯堡港

杜伊斯堡港位于德国西部莱茵河畔,是欧洲重要的内河港口之一。杜伊斯堡港以其优越的地理位置和便捷的交通网络,成为连接欧洲内陆与全球贸易的重要门户。港口货物吞吐量巨大,主要涉及矿石、煤炭、石油产品、钢铁等大宗货物的运输。

杜伊斯堡港积极推动清洁能源在港口作业中的使用,通过安装太阳能发电设施和利用可再生能源等方式,降低港口运营的碳排放。港口在区域内建设了多个环保设施,如废水处理厂和垃圾回收站等,以确保港口运营对环境的影响最小化。杜伊斯堡港注重绿色物流的推广,鼓励企业采用环保包装和运输方式,减少物流过程中的碳排放和环境污染。

6.5.4 罗斯托克港

位于波罗的海的罗斯托克港正加速能源转型,将其发展为德国东部进口国际氢气的重要枢纽。当前,港口已拥有海外港和氨气码头,并于 2021 年开启了"HyTechHafen"项目。项目计划在罗斯托克港建造一个生产绿色氢气的电解站,从再生能源中生产绿色氢气,然后将产出的氢气输送到德国乃至欧盟各地,供当地使用。

6.5.5 穆克兰港

液化天然气接收设施的建设是德国实现天然气进口多元化、维护本土能源安全的一大重点。当前,德国政府已经制定了"天然气战略储备计划",并希望在 2024 年年初前在穆克兰港建设至少一座浮式液化天然气接收站,同时计划在该港口安装第二艘浮式 LNG 运输船舶。2022 年 11 月 23 日,德国接收的首个浮式液化天然气储存及再气化装置已顺利抵达穆克兰港。

此外,穆克兰港因其得天独厚的海洋地理条件,还是一个开发海上风力发电工业的理想基地。目前在港口周围 30 海里(1 海里 = 1.85 公里,约合55.5 公里)内拥有众多已获批准或正在审批的风力发电项目。穆克兰港已被荷兰 Van Oord 公司选为建造海上风电场"波罗的海之鹰"(Baltic Eagle)的基地港,该风电场在 2023 年和 2024 年由西班牙第二大电力公司和全球最大的风电营运商 Iberdrola 公司建造。

6.5.6 威廉港

德国能源供应商 Uniper,绿色能源公司 Tree Energy Solutions 和下萨克森港口(NPorts)计划在德国威廉港建设一个新的绿色气体进口码头。计划中的绿色脱碳气体进口项目将使威廉港成为德国最大的能源枢纽,并将在未来作为商业场所为德国提供绿色能源。这将加快绿色进口基础设施的发展,从而实现从化石燃料进口的转变。

6.6 英国

英国各港口在交通环境部下属的海洋污染控制中心的监督下,对环境保护工作非常重视,成立自己的环保队伍,采用先进的环保防治技术,如"干湿"除尘法,防止港口作业粉尘,建设码头废弃物接收处理设施和废水处理系统,并成立环境污染监测控制中心,负责港口环境监测、管理及海上应急计划。并且各码头每年要向港务管理局提供环保及应急计划,提出具体目标、措施和实施办法,各级有明确的责任和监督措施。此外,港口还十分重视环境管理理论的研究和公众环保意识的提高。

6.6.1 伦敦港

伦敦港是英国最大的港口之一,位于泰晤士河下游,拥有悠久的航运历史和丰富的航运资源。它不仅是一个重要的国际贸易港口,还承担着国内货物运输的重任。伦敦港的发展促进了伦敦及其周边地区的经济繁荣。

伦敦港设有环境污染监测控制中心,负责港口环境监测、管理及海上应急计划。港务管理局还统一负责港区商业用途和娱乐用途的协调,以及船舶污水、垃圾接收处置等工作。伦敦港采用节能技术和智能化能源管理技术,实现港口能源的精细管理,降低能源消耗和碳排放。鼓励使用清洁能源驱动的港口交通工具,如电动汽车、电动叉车等,减少污染物的排放。

6.6.2 利物浦港

利物浦港是英国的第二大商港,位于英格兰西北部默西河畔。它是英国著名的商业中心,对外贸易占全国的比例显著。利物浦港以其宽广的腹地和强大的运输能力而著称。

利物浦港设有环境污染监测控制中心,负责港口环境监测、管理及海上应急计划。利物浦港积极采用先进实用的环保防治技术,对各类污染进行防治,如使用"干、湿"两大基本除尘方法对港口作业粉尘进行防治;推广使用可再生能源,如太阳能、风能等,减少港口对传统能源的依赖。

6.6.3　南安普顿港

南安普顿港位于英格兰南岸,是英国重要的远洋贸易港和客运港。它拥有优越的地理位置和深水港条件,是连接英国与欧洲大陆的重要交通枢纽。

南安普顿港注重港口周边的生态保护,采取措施保护海洋生态,如设置海洋水下生物平台、人工珊瑚等。其研发轻量型水上施工设备,减少港口建造过程中的碳排放;同时,推广使用绿色低碳混凝土等环保材料。其实施绿色供应链管理,促进供应链各环节之间的协同,降低港口运营对环境的影响。

6.7　新加坡

新加坡港位于新加坡的南部沿海,西临马六甲海峡的东南侧,南临新加坡海峡的北侧,是连接太平洋及印度洋之间的航运要道,战略地位十分重要。它是亚太地区第二大港口,也是世界沿海港口行业中比较知名的港口,更是世界最大的集装箱港口之一。新加坡港自 13 世纪开始便是国际贸易港口,现已发展成为国际著名的转口港。在 2023 年,新加坡港的集装箱吞吐量达到 3 901 万标箱,同比增长 4.6%,创历史新高。此外,新加坡港还拥有广阔的水域和深度适宜的水道,港口设施先进完善,包括各种岸吊、门吊、集袋箱吊等装卸设备,其中浮吊的最大起重能力达 203 吨,拖船功率最大为 1 400 千瓦。

新加坡港在绿色港口建设方面采取了多项有力举措并取得了显著成效,为全球港口绿色化发展树立了典范。

1. 制定绿色港口计划

新加坡海事和港务局(MPA)自 2011 年起编制了"新加坡海洋绿色倡议"(Maritime Singapore Green Initiative,MSGI),这是一个为期五年的计划,旨在通过一系列项目减轻船舶及相关活动对环境造成的污染,打造绿色港口。该计划包含绿色船舶计划(GSP)、绿色港口计划(GPP)及绿色科技计划(GTP)等多个子项目,并投入大量经费进行实施。

2. 推广清洁能源

新加坡港积极推广清洁能源的使用,特别是液化天然气(LNG)作为船舶燃料。LNG 释放的有害物质较少,有助于改善空气质量。新加坡计划成为全球最大的 LNG 船用燃料加气港,并为此预留了专项基金支持新 LNG 供气船建造。

3. 实施环保措施

新加坡港在启动港口项目时进行环境影响评估,确保项目符合环保要求。同时,港口内建设了完善的环保设施和废物管理系统,确保港口废弃物的妥善处理和循环利用。

4. 推动技术创新

新加坡港通过技术创新提升港口运营效率,减少能耗和碳排放。例如,在 2015 年与美国 IBM 合作启动基于意义建构分析的港口和海上事件识别系统,以提高港口作业的准确性和及时性。

5. 国际合作

新加坡港与洛杉矶港、长滩港等合作建立"绿色和数字航运走廊",共同推动海运业的去碳化,并通过数字化提高效率,支持停靠新加坡港的船只向低排放和零排放燃料过渡。

通过实施绿色港口建设举措,新加坡港的环境质量得到了显著提升。空气质量、水质等环境指标均达到或优于相关标准。

6.8　国外绿色港口建设实践小结

发达国家绿色低碳港口建设经验为全球港口行业树立了典范，这些经验不仅展示了技术创新和环境保护的紧密结合，还体现了政策法规、市场机制和公众参与等多方面的综合作用，这些都为我国推进绿色低碳港口建设提供了较好的借鉴。

1. 政策法规的引领作用显著

1）制定严格的环境保护法律法规

许多国家通过立法手段，为港口绿色发展提供了法律保障。这些法律法规在空气质量、水体质量、噪声控制、生物多样性保护等方面设定了高标准，对港口运营产生了积极的约束作用。

2）设立绿色港口标准和指南

一些国家还制定了绿色港口标准和指南，如澳大利亚悉尼港的"绿色港口指南"，为港口绿色建设提供了明确的指导和方向。这些标准和指南的实施，促进了港口在环保方面的持续改进。

2. 技术创新与应用推动绿色发展

1）清洁能源的广泛应用

国外港口积极推广 LNG、电能等清洁能源，减少船舶和港口设备的碳排放。例如，新加坡港计划将 LNG 作为船舶的主要燃料，并推动 LNG 燃料加注基础设施的建设。这些举措有效降低了港口运营对环境的负面影响。

2）自动化和智能化技术的应用

通过技术创新和自动化，国外港口提高了运营效率，减少了人工操作，从而降低了能耗和碳排放。例如，新加坡港务集团计划建设的第四代集装箱港口（CP4.0）将采用智能机器和系统、自动化导引车等技术实现高度自动化。

3. 环境建设与生态保护并重

1) 注重海岸线景区和临海景观的修建

国外港口在发展过程中,不仅关注经济效益,还注重环境效益和社会效益。许多港口将海洋公园、临海自然景观、野生动物栖息地等亲水空间作为港口发展的重点,增强了港口的生态功能。

2) 加强海域环境建设

在作业码头之间修建绿地公园,进行填海造陆的同时加强海域环境的保护,恢复岸滩生态。这些举措有助于维护港口区域的生态平衡和生物多样性。

4. 推广绿色供应链管理

国外港口积极与供应链上下游企业合作,共同推动绿色低碳港口建设。通过绿色供应链管理,港口能够降低运营对环境的影响,提高整体环保水平。

5. 重视公众参与与教育的重要性

1) 加强环保教育和培训

国外港口注重提高员工和公众的环保意识,通过举办环保活动、加强环保教育等方式提高公众的参与度。这有助于形成全社会共同关注和支持绿色低碳港口建设的良好氛围。

2) 鼓励公众参与

通过建立公众走道、举办环保活动等方式,国外港口鼓励公众参与港口的绿色建设。这种公众参与机制有助于增强港口的社会责任感和公信力。

第7章
国内典型绿色港口实践

7.1 国际枢纽海港

7.1.1 上海港

1. 上海港概况

上海港地处中国大陆海岸线中部、长江入海口处,前通中国南北沿海和世界大洋,后贯长江流域和江浙皖内河、太湖流域。上海港不仅是中国最大的港口,也是世界著名的港口之一。其水域面积约为 3 620.2 平方公里,其中长江口水域占据了大部分面积。上海港由多个港区组成,包括长江口南岸港区、杭州湾北岸港区、黄浦江港区以及洋山深水港区等。

洋山深水港区是上海港的重要组成部分,其建设尤为突出。洋山港位于浙江洋山岛,距离上海约 30 公里,平均水深约 16 米,能够满足大型货轮的停靠需求。洋山港的建设历时多年,总投资超过 700 亿元,现已成为世界上最大的海岛型人工深水港之一。洋山港的投入使用极大地提升了上海港的吞吐能力和国际竞争力。

在集装箱吞吐量方面,上海港一直保持着世界领先的地位。近年来,上

259

海港的集装箱吞吐量持续攀升,2023 年更是突破了 4 900 万标准箱,连续 14 年位居世界第一。这一成就不仅体现了上海港的强大实力,也彰显了中国在全球贸易中的重要地位。

2. 绿色港口建设典型实践

上海港在快速发展的同时,也积极响应国家绿色低碳发展的号召,采取了一系列措施推进绿色港口建设。未来,随着全球对绿色低碳发展的重视和需求的增加,上海港将继续加大绿色低碳建设力度,推动港口高质量发展。

1) 低碳设施布局与新能源应用

上海港通过完善低碳设施布局,拓展港口新能源应用。近年来,港机设备更新改造工作加速推进,基本完成了油改电、油改气等工作。分布式光伏发电装机量达到了显著水平,港口清洁能源使用程度逐年提升。集装箱码头的碳排放总量得到有效控制并逐年下降。例如,从 2020 年的 44 万吨下降到 2022 年的 32.6 万吨。同时,二氧化碳的排放强度也大幅降低,从每标准箱 10.1 公斤下降到 6.9 公斤。

2) 清洁能源加注服务

上海港在航运新能源加注方面取得了显著进展。上港集团积极与国际主要航运公司合作,大力开拓清洁能源加注服务。例如,上海港完成了国际航行船舶保税 LNG 加注的"中国首单",并成功为全球最大 LNG 燃料集装箱船实施加注作业。此外,上海港还计划为国际航行船舶提供绿色甲醇燃料加注服务,并逐步形成多种新能源船舶加注服务业务体系。

3) 绿色集疏运体系

上海港积极推动绿色低碳集疏运体系建设。通过建设洋山港集疏运中心、推动海铁联运、提升水水中转比例等措施,上海港构建了以绿色低碳为特征的交通网络。这不仅提高了港口运营效率,也降低了物流过程中的碳排放。

4) 智慧港口建设

上海港在智慧港口建设方面也取得了显著成效。洋山港作为典型的"智慧码头",采用了智能化自动化设备和先进的信息技术。这些技术的应用不仅提高了港口作业效率,也为绿色低碳发展提供了有力支持。

7.1.2　大连港

1. 大连港概况

大连港位于辽东半岛南端,濒临黄海,是我国北方重要的综合性港口之一。该港口地理位置优越,南至烟台港 90 海里(1 海里 = 1.85 公里,约合 166.5 公里),西离天津港 220 海里(约合 407 公里),北距营口港 223 海里(约合 412.55 公里)。大连港是一个深水天然良港,是南北水陆交通的重要枢纽,也是我国最大的散粮、石油进出口岸及主要对外贸易港口。港口内水域面积广阔,自然岸线长,港区众多,设施齐全,能够满足各类货物的装卸需求。

2. 绿色港口建设典型实践

大连港在绿色低碳建设方面取得了显著成效,典型实践包括以下几个方面。

1) 推广新能源应用

大连港积极推动新能源在港口设施中的应用,如使用太阳能光伏板进行发电,利用风能等清洁能源,减少对化石燃料的依赖。例如,大连港在集装箱码头物流园区库房房顶安装了大量光伏太阳能板,推动港口能源结构持续优化。

2) 低碳运输方式推广

大连港鼓励使用低碳运输方式,减少运输过程中的碳排放。例如,大连港推广电动或混合动力车辆的使用,替代传统燃油车辆;同时,优化港口作业流程,提高装卸效率,减少运输过程中的能耗和碳排放。

3) 绿色照明改造

大连港对港区路灯及码头作业区的照明设施进行了绿色改造,大量使用 LED 等节能灯具替代传统灯具。这样改造后不仅提高了照明效果,还显著降低了能耗,实现了绿色照明。

4) 场桥改造与新能源机械应用

大连港对场桥等港口机械设备进行改造,引入锂电池等新能源技术,减少设备运行过程中的能耗和碳排放。例如,大连港实现了国内首台"全锂电池"场桥改造,有效降低了空气污染物的排放。

5) 油气回收与处理

为减少油气在装卸过程中的挥发对环境造成的破坏,大连港采用了先进的油气回收装置,对作业过程中产生的挥发性有机物(VOCs)进行回收处理。这种方法有效降低了油气排放,保护了港口及周边环境。

6) 智慧港口建设

大连港积极推进智慧港口建设,通过引入智能化、自动化设备和技术手段,提高港口作业效率和管理水平。智慧港口的建设不仅提高了港口运营效率,还有助于减少人为因素导致的资源浪费和环境污染。例如,"大窑湾·智慧港口 2.0"项目为 DCT 提供智慧管理系统,实现口岸客户全流程线上业务办理等功能,减少因"跑手续"造成的非生产停时和能源损耗。

7) 政策引导与激励

大连市政府出台了一系列政策措施,鼓励港口企业和相关单位积极参与绿色低碳建设。政府通过政策引导和激励措施的实施,推动大连港在绿色低碳发展方面取得更大进展。例如,政府对新能源车辆和设施给予政策支持和资金补贴,对节能减排成效显著的企业给予表彰和奖励等。

7.1.3 天津港

1. 天津港概况

天津港地处渤海湾西端,背靠河北雄安新区,辐射东北、华北、西北等内陆腹地,连接东北亚与中西亚,是京津冀的海上门户,也是中蒙俄经济走廊东部起点、新亚欧大陆桥重要节点、21 世纪海上丝绸之路战略支点。天津港自 1860 年对外开埠以来,经历了多个发展阶段,现已成为集多种功能于一身的现代化综合性大港。

天津港由北疆港区、东疆港区、南疆港区、大沽口港区、高沙岭港区、大港港区、北塘港区和海河港区八个区域组成。2024 年货物吞吐量 4.93 亿吨,同比增长 3%;集装箱吞吐量 2 328 万标准箱,同比增长 5%。

2. 绿色港口建设典型实践

天津港在绿色低碳建设方面取得了显著成就,通过新能源应用、绿色港口认证、能源结构转型、智慧港口建设以及绿色技术创新等多项措施,全力打造"零碳码头、低碳港区、低碳港口",为全球港口绿色低碳发展提供了"中国样本"。典型实践包括以下几个方面。

1) 新能源应用与推广

清洁能源发电。天津港集团主导开发区域分布新能源发电系统,预计"十四五"期间总装机容量达到 150 兆瓦,具备年发绿电近 3 亿千瓦时,可减少二氧化碳排放 26 万吨。国网(天津)综合能源公司为天津港提供了多维度综合能源解决方案,服务天津港实现清洁能源发电超 4 500 万千瓦时。

电动及氢能设备。天津港组建了全球港口最大规模清洁能源水平运输车队,包括电动人工智能运输机器人、无人驾驶电动集卡、电动集卡以及氢燃料电池集卡等,实现了集装箱码头装卸作业全流程零碳排放。天津港促进港口可再生能源的利用,每年约 16%的电力使用绿电,减少公司能源成本,年电费支出减少约 700 万元,总计每年产生经济效益 950 万元。

综合能源管控平台。覆盖 1 400 余个点位的天津港综合能源管控平台,通过融合能耗监测、能耗管理、大数据分析、数据动态浏览等技术,实现能源消耗和碳排放的动态管控。天津港通过能耗管控平台应用,每年可节约3.5%的能耗量,节约能耗约 5 000 标准煤/年,折合人民币 250 万元。

2) 绿色港口认证与标准制定

碳中和认证。天津港第二集装箱码头是全球首个 100%使用电能、电能100%为风电、光伏等绿色电能的智慧零碳码头,该系统通过"风光储荷一体化"设计,实现了能源的高效利用和零碳排放,2022 年荣获中国船级社颁发的全国首个港口行业"碳中和证书",2024 年获得交通运输部首批近零碳码头试点实施单位。天津港太平洋码头成为全国首个获评"五星级绿色港口"的传统集装箱码头。

标准制定。天津港集团正积极组织编制《港口企业碳排放数据监测与核算技术规范》和《港口码头碳中和实施指南》两项天津市地方标准,并参与《零碳港口建设技术与评价指南》团体标准编制工作。

3) 能源结构转型与节能降碳

能源结构转型。天津港集团推动能源结构清洁化转型,全港集装箱、干散货泊位实现岸电全覆盖,大功率充电桩投运量达 90 台套。加强顶层科学规划,推动能源结构转型升级。

节能降碳措施。天津港集团在用低排放港作机械占比连续 5 年均为100%,通过优化港口集疏运体系,提高大宗干散货铁路、水路集疏运比例,积极推进"公转铁、散改集"和海铁联运,减少公路运输产生的碳排放。

4) 智慧港口与绿色技术创新

智慧港口建设。天津港集团加快智慧港口建设步伐,实现港口作业工作的精细化管理。这一措施通过三维可视化展示、监控、管理、交互等技术手段,提高港口运营效率和管理水平。

绿色技术创新。天津港在绿色技术创新方面取得多项成果,如自主研发电动人工智能运输机器人等新型自动化集装箱水平运输设备,实现全过程零碳排放。

绿色建筑。天津港打造港区特色绿色建筑,通过大幅提高建筑保温、隔热和气密等性能,降低建筑能耗。探索适用于天津港的近零能耗建筑,全面提高港区节能降碳水平。

7.1.4 青岛港

1. 青岛港概况

青岛港地处山东半岛胶州湾畔,濒临黄海,与日本和朝鲜半岛隔海相望。青岛港历史悠久,始建于 1892 年,是中国沿黄河流域和环太平洋西岸的国际贸易口岸和中转枢纽。青岛港由大港港区、黄岛油港区、前湾港区、董家口港区和威海港区五大港区组成,港口水域面积达到 420 平方公里。青岛港业务遍及全球 180 多个国家和地区的 700 多个港口,拥有世界最大的 40 万吨级矿石码头、45 万吨级原油码头,以及可停靠世界最大型集装箱船的集装箱码头。

截至 2023 年,青岛港拥有集装箱航线 200 余条,货物吞吐量和集装箱吞吐量均位居全国前列。青岛港不仅是中国重要的对外贸易口岸,还是区域经济发展的重要支撑点。

2. 绿色港口建设典型实践

青岛港在绿色低碳建设方面取得了显著成效并持续推动港口朝着更加环保和可持续的方向发展,典型实践包括以下几个方面。

1) 新能源应用与推广

氢能港口建设。青岛港是全国首个全场景氢能港口,致力于氢能"制、储、运、加、用"全链条发展。已建成国内首座全资质港口加氢站,日加氢能力超过 1 000 公斤。青岛港还积极探索氢能在港口多场景的应用,如氢能自动化轨道吊、氢能集卡等,有效减少了碳排放。

光伏与风电应用。青岛港在港区内推广使用太阳能光伏板和风能发电设备,提高清洁能源在港口能源结构中的占比。这样通过"风光互补"技术的应用,进一步降低了对传统能源的依赖。

2) 低碳运输方式推广

海铁联运。青岛港积极推广海铁联运模式,通过铁路实现货物的高效运输,减少了公路运输的碳排放。截至 2020 年底,青岛港在山东、河南、陕西、新疆等地主要物流枢纽城市建设了多个内陆港,开通了多条海铁联运班列。

电动车辆与机械。青岛港大量使用电动或混合动力车辆替代传统燃油车辆,并在港区内推广电动机械和自动化设备,降低了运输和作业过程中的碳排放。

3) 环保设施建设与改造

污水处理与回用。青岛港建设了完善的污水处理设施,对港区内的污水进行集中处理并回收利用。同时,加强了对含尘污水的收集和处理工作,确保污水达标排放。

散货码头扬尘管控。针对散货装卸过程中产生的扬尘污染问题,青岛港采取了精准施策和扎实管控措施。青岛港通过建设防风抑尘网、安装喷淋装置等措施有效减少了粉尘排放。

4) 智慧港口建设

智能化与自动化。青岛港不断推进港口的智能化和自动化建设,通过引入自动化设备和智能管理系统提高了作业效率并降低了能耗。例如,自动化轨道吊和无人集卡的应用显著减少了人力成本和碳排放。

大数据与云计算。该港利用大数据和云计算技术对港口运营数据进行实时监测和分析,优化作业流程提高资源利用效率并减少浪费现象的发生。

5) 政策引导与激励

政策支持。青岛市政府出台了一系列政策支持青岛港的绿色低碳发展工作,如提供资金补贴、税收优惠等激励措施鼓励港口企业和相关单位积极参与绿色低碳建设活动。

规划引领。青岛港制定的《智慧绿色港口建设指导意见及三年行动计划》《"碳达峰、碳中和"实施方案及三年行动计划》等文件,明确了绿色港口建设的路径和任务并细化具体工作内容,确保各项措施得到有效落实和执行到位。

7.1.5 连云港港

1. 连云港港概况

连云港港于 1933 年开港,地处我国万里海疆的中部,是国家沿海主要港口及国际枢纽海港。它南部毗邻经济、航运中心上海,北部连接环渤海地区,东与东北亚隔海相望,西连新亚欧大陆桥,是连接南北、沟通东西的桥梁,也是陇海兰新沿线地区最便捷的出海通道和对外开放窗口。连云港港被列为全国沿海主要港口之一,并被确定为全国 11 个国际枢纽海港之一。

经过多年的建设和发展,连云港港口基本形成了连云港区为主体,南翼徐圩港区、灌河港区,北翼赣榆港区的"一体两翼"总体格局。连云港区是五大组合港区中功能最完备的港区,以打造集装箱干线港为主,兼顾大宗散货、件杂货,以及客运运输等服务"一带一路"建设的综合性核心港区。港口拥有集装箱、原油、矿石、焦炭、煤炭、散粮、液体化工等万吨级以上泊位 85 个,形成码头泊位岸线约 23.4 公里,年设计通过能力达到 2.2 亿吨。此外,连云港港还开通了多条集装箱航线和杂货滚装班轮航线,国际班列布局多个过境口岸,连接中亚、欧洲等地。

2. 绿色港口建设典型实践

连云港港在绿色低碳建设方面取得了显著成效,典型实践包括以下几个方面。

1) 新能源技术应用

连云港港积极推广新能源技术,如纯电动拖轮的使用。其中,"云港电拖一号"轮是国内首艘纯电动拖轮,环保效益与经济效益兼备,是连云港港绿色港口建设的鲜活实例。连云港港还计划进一步推广电动拖轮技术,减少燃油消耗和碳排放。

2) 岸电系统建设

连云港港大力建设船用岸电系统,通过高压变频船用岸电技术,实现船舶靠港期间的零碳排放。该技术有效减少了停靠船舶的油耗和碳排放,是绿色低碳港口建设的重要举措。

3) 绿色港口行动计划

连云港港制定了绿色港口建设行动实施方案和污染防治专项行动计划,加快构建立体文明生态保障网。通过实施这些计划,连云港港在码头生产设备中逐步应用了清洁能源,并加强了对粉尘、尾气、污水、固废危废等各类污染物的防治工作。

4) 智能化与自动化改造

连云港港积极推进港口智能化与自动化改造,如新苏港码头皮带线自动化改造项目、中哈(连云港)物流合作基地数字化调度中心等。这些改造项目不仅提高了港口作业效率,还通过减少人工操作降低了能耗和碳排放。

5) 新能源汽车推广

连云港市还积极推广新能源汽车在港口及物流领域的应用,如新能源公交车、出租车、环卫车等。政府通过政策引导和资金补贴等措施,鼓励港口企业更新新能源车辆,减少燃油车辆的使用。

6) 环保设施建设

连云港港加强环保设施建设,如污水处理设施、垃圾处理设施等。这样通过完善环保设施,确保港口区域的生态环境得到有效保护。

7) 绿色物流体系构建

连云港港致力于构建绿色物流体系,通过优化运输方式、提高运输效率等措施降低物流过程中的碳排放。同时,连云港港加强与物流企业的合作,共同推动绿色低碳物流的发展。

7.1.6 宁波舟山港

1. 宁波舟山港概况

宁波舟山港位于中国东南沿海、大陆海岸线中部,背靠长江经济带与东部沿海经济带交汇的长江三角洲地区。该港域北起杭州湾东部的花鸟山,南至石浦港,北接杭州湾,东临舟山群岛,向外直接面向东亚及整个环太平洋地区,向内则直接覆盖整个华东地区及经济发达的长江流域。宁波舟山港是全球首个年货物吞吐量突破 10 亿吨的大港,也是世界集装箱运输发展最快的港口之一。它是我国大陆重要的集装箱远洋干线港、国内最大的铁矿石中转基地和原油转运基地、国内重要的液体化工储运基地和华东地区重要的煤炭、粮食储运基地,是我国的主枢纽港之一。

宁波舟山港已形成"一港、二域、十九区"的港口总体布局,万吨级以上码头主要分布在镇海、北仑、大榭、定海、老塘山等港区。全港拥有生产泊位620 多座,其中万吨级以上泊位约 200 座,5 万吨级以上大型、特大型深水泊位达到 115 座,是中国超大型巨轮进出最多的港口,也是世界上少有的深水良港。宁波舟山港的货物吞吐量连续多年位居全球港口第一,集装箱吞吐量也稳居全球前列。

2. 绿色港口建设典型实践

宁波舟山港在绿色低碳建设方面取得了显著成效,以下是对其绿色港口建设典型实践的详细描述。

1）高压岸电系统的推广与应用

宁波舟山港积极推广高压岸电系统，以代替船舶自身燃油发电系统，有效减少污染物排放。目前，宁波舟山港四大集装箱港区（北仑、穿山、梅山、大榭）已实现高压岸电全覆盖全投用。2024 年岸电使用量超 2 000 万千瓦时，同比增长超 130%。这一举措不仅减少了船舶靠港期间的碳排放，还提升了港口的绿色形象。

2）低碳码头示范工程的建设

宁波舟山港积极推进低碳码头示范工程建设，如梅山港区低碳码头示范工程风光储一体化项目。该项目以"源端清洁化、终端电气化、调控智慧化、试点源网荷储全互动市场机制"为目标，通过风光储一体化技术实现清洁能源的利用和储存。项目中的 1 号风机已于 2024 年初并网发电，整个项目预计于同年 6 月底全容量并网发电，年清洁能源发电量可达 5 917 万千瓦时，为港区节省大量能耗费用并减少二氧化碳排放。

3）新能源和可再生能源的应用

宁波舟山港不断加大港口新能源和可再生能源的应用力度。例如，提升清洁能源集卡的使用比例。此外，港口还积极探索其他可再生能源的应用方式，如太阳能、风能等，以进一步降低碳排放。

4）绿色装备升级和节能减排工艺改造

宁波舟山港通过绿色装备升级和节能减排工艺改造来降低能耗和碳排放。港口对老旧设备进行更新换代，采用更加节能高效的设备；同时，对生产工艺进行改造升级，减少能源消耗和废弃物排放。

5）环保管理体系的建立和完善

宁波舟山港建立了完善的环保管理体系，包括 ISO14001 标准的环境管理系统等。该体系通过监测、监督、收集、处理等手段，并配套相应的设施设备，保证"三废"管理的规范化和科学化。目前，港口共建成 74 套污水处理与回用系统，一般废弃物和危险废弃物的综合利用率分别达到较高水平。

6）港口多能源融合技术集成应用

宁波舟山港在穿山港区创新开展港区"风、光、储、氢"多能源融合系统应用,项目建设 16 MW 风力和光伏发电设施,2.5 MW 电解水制氢站,配套 2.5 MW/3 MWh、3.8 MW/0.8 MWh 的电储能系统以及 2 891 kg 的氢储能罐。首次建立港口"制-注-储-供"全链氢能利用体系,并获得科技部国家重点研发计划支持。该集成应用构建港口能耗管控系统,通过量化生产与能耗关系,分析流程、班组和设备间的联系,为精细管理提供数据支撑。这样预计每年可节省能源成本约 1 300 万元。

7) 智慧港口建设

宁波舟山港还通过智慧港口建设来提升港口运营效率和绿色水平。港口利用物联网、大数据、人工智能等先进技术实现港口作业的智能化和自动化,减少人力成本和能耗;同时,通过智慧化手段对港口运营进行精细化管理,提高资源利用效率并降低碳排放。

7.1.7 厦门港

1. 厦门港概况

厦门港位于中国东南沿海、台湾海峡西岸,地处福建省南部、九龙江入海口,是中国沿海主要港口、中国对外开放一类口岸,也是福建省主要出海口之一。厦门港历史悠久,早在宋朝时期就成为泉州港的外围辅助港,随着历史的演进,其地位逐渐提升。清道光二十二年(1842 年),《中英南京条约》签订后,厦门被定为五个通商口岸之一,次年 11 月正式开埠。

厦门港由厦门市和漳州市的多个港区组成,包括厦门市东渡、海沧、翔安和漳州市招银、后石、石码、古雷、东山、诏安 9 个港区。这些港区共同构成了厦门港庞大的港口体系,为国内外贸易提供了强有力的支持。厦门港开通了大量集装箱班轮航线,其中国际航线占比较高,使得厦门港在全球航运网络中占据重要地位。

2. 绿色港口建设典型实践

近年来,厦门港大力推进绿色低碳港口建设,取得了显著成效。以下是厦门港在绿色低碳建设方面的典型实践。

1）新能源化与电动化

船舶新能源化。厦门港积极推动到港船舶使用新能源和清洁能源，减少碳排放。例如，厦门港鼓励船舶使用 LNG 等清洁能源作为动力源，降低船舶在航行和靠泊过程中的碳排放。

港口设备电动化。厦门港对港口内的装卸设备、运输车辆等进行电动化改造。例如，厦门集装箱码头集团已全面实施龙门吊"油改电"，实现龙门吊100%用电作业，并引入了大量电动堆高机、电动拖车和电动叉车等电动化设备。这些措施大幅降低了港口生产过程中的能源消耗和碳排放。

2）岸电系统推广

厦门港大力推广船舶岸电系统，使靠港船舶能够关闭自备辅助发电机，转而使用陆地电源向主要船载系统供电。这一措施不仅降低了船舶的营运成本，还显著减少了船舶靠泊期间的硫氧化物、氮氧化物等大气污染物的排放和噪声污染。截至目前，厦门港所有码头已实现了岸电全覆盖，并创下了全国单艘次国际邮轮岸电供电时长和供电量的纪录。

3）清洁能源应用

厦门港充分利用港口内的仓库、办公楼、变电站等建筑屋顶资源，铺设光伏发电板，形成了一定规模的清洁能源供给能力。这些光伏发电板能够产生可观的电力供应港口生产使用，减少了化石燃料的消耗和碳排放。

此外，厦门港还引入了分布式储能柜等新能源设备，用于储存未消纳的光伏电并起到削峰填谷、平抑电网波动等作用。这些设备共同构成了厦门港的"光储充放一体化"新能源体系，为港口增添了绿色动能。

4）绿色航运生态示范区建设

厦门港积极探索建立绿色航运生态示范区，通过划定船舶尾气、水污染物禁排区、船舶噪声禁鸣区以及试点推行零碳绿色客运船舶等措施，加强鼓浪屿及其近岸水域世界文化遗产区的保护，并推动厦门港航运绿色低碳转型。

5）政策支持与技术创新

厦门市政府和港口管理部门出台了一系列政策措施支持绿色低碳港口建设，包括出台《厦门港低碳发展行动方案》、制定服务保障航运替代能源发展的一揽子政策和方案、探索建立绿色航运生态示范区等。同时,厦门港还加大了对绿色港口技术的研发投入和应用推广力度,如使用智能调度系统优化港口作业流程、引入智能环保设备等。

7.1.8 深圳港

1. 深圳港概况

深圳港位于中国广东省深圳市,地处珠江三角洲南部,珠江入海口,伶仃洋东岸,毗邻香港,是珠江三角洲地区的重要出海口之一。深圳港历史悠久,自 20 世纪 80 年代以来,随着深圳经济的快速发展,港口建设也取得了显著成就。深圳港现已成为全国乃至全球的重要港口之一,拥有多个港区,包括蛇口、赤湾、盐田等,货物吞吐量和集装箱吞吐量均位居全国前列。

深圳港不仅是国内外贸易的重要枢纽,还是连接东南亚、欧洲、美洲等地的重要物流节点。随着"一带一路"倡议的推进,深圳港的国际影响力不断提升,与世界各地的港口建立了广泛的合作关系。

2. 绿色港口建设典型实践

深圳港在快速发展的同时,也高度重视绿色低碳建设,采取了一系列措施来降低港口运营对环境的影响。以下是一些具体的绿色港口建设典型实践。

1）推广使用岸电技术

深圳港是国内最早大规模使用岸电技术的港口之一。深圳港积极推广岸电技术,通过岸基电源替代船用柴油发电机为靠港船舶提供电力。这不仅可以大幅减少船舶在靠港期间的温室气体排放,还能有效改善港区的大气环境。以盐田国际集装箱码头为例,该码头已建成多期岸电工程,为到港船舶提供岸电服务已成为常态。

2）推进低碳港口设备设施改造

深圳港积极推进港区内主要设备设施的低碳环保改造,如实施"油改电""油改气"等项目。同时,深圳港还大力研发绿色港口新技术、新材料和新设备,如应用防风抑尘网、绿化生态抑尘等技术来控制粉尘扩散。这些措施有效降低了港口运营过程中的碳排放和环境污染。

3）优化港口集疏运体系

深圳港通过优化港口集疏运体系来降低能源消耗和碳排放。例如,它推动水水中转和铁水运输等低碳运输方式的发展,减少卡车集疏运的比例。此外,它还加强港口群间的协调发展,提高整体运输效率和节能减排效果。

4）智慧港口建设

深圳港还积极推动智慧港口建设,通过引入先进的信息技术和智能设备来提高港口运营效率和管理水平。例如,妈湾智慧港作为我国首个由传统码头升级改造成的 5G 绿色智慧港,通过汇集 9 大智慧元素实现了港口综合服务能力的显著提升。智慧港口的建设不仅提高了作业效率,还降低了能源消耗和碳排放。

5）加强港口资源整合

深圳港通过加强港口资源整合来提高资源利用率和港口流通效率。例如,深圳港通过组合港的形式形成港口联盟实现资源共享和优势互补;通过加固改造老旧码头设施来挖掘既有设施的潜能等。这些措施有效降低了港口运营成本和能源消耗,提高了港口的整体竞争力。

7.1.9 广州港

1. 广州港概况

广州港,位于中国广东省广州市,地处珠江入海口和珠江三角洲地区中心地带,濒临南海,毗邻香港和澳门。广州港是华南地区最大的综合性主枢纽港和集装箱干线港,也是中国内贸集装箱第一大港。其由海港和内河港组成,海港主要包括内港港区、黄埔港区、新沙港区、南沙港区等四大港区以及珠江口水域锚地,内河港则由番禺、五和、新塘三个港区组成。

广州港拥有一批设施先进的大型专业化深水码头,涵盖集装箱、煤炭、粮食、石油和化工等多个领域,并配备有华南地区最大的滚装船码头。这些设施使得广州港能够处理大量的货物吞吐,满足国内外贸易的需求。截至 2018

年 8 月的数据反映,广州港已通达世界 100 多个国家和地区的 400 多个港口,并开通了多条国际集装箱班轮航线。2025 年 4 月,广州港开通至秘鲁钱凯港的直航航线。

2. 绿色港口建设典型实践

近年来,广州港积极响应国家生态文明建设号召,深入实施碳达峰行动,积极推进绿色低碳港口建设实践。以下是广州港在绿色低碳建设方面的典型实践。

1) 绿色港口规划与实施

广州港编制并实施了绿色港口规划,明确了绿色低碳发展的目标和路径。这样通过优化港口布局、提升设施能效、推广清洁能源等措施,推动港口绿色低碳转型。

2) 运输结构优化调整

广州港积极推进运输结构优化调整,大力发展海铁联运、水水联运等低碳运输方式。广州港通过完善集疏运体系、加强多式联运网络基础设施建设等措施,提高运输效率并降低碳排放。南沙港区积极对接综合运输大通道,参与"一带一路"建设,对接中欧班列,多式联运服务能级进一步提升。

3) 绿色技术创新应用

广州港在绿色技术创新方面取得了显著成效。例如,南沙港区作为国际物流中心,积极推进新能源设备的应用和改造。目前,南沙港区已完成电动岸桥、轨道吊、场桥和门机等大型港口机械电力驱动的全覆盖,并引进了多批次电动集装箱牵引车、堆高机、叉车和工程车等新能源车辆。这些设备的应用大幅降低了港口运营过程中的能源消耗和碳排放。

4) 岸电设施建设

广州港积极推进船舶岸电设施建设,实现船舶靠港期间使用岸电替代燃油发电。这不仅减少了船舶在靠港期间的温室气体排放,还降低了噪声污染。目前,广州港多个港区已建成高压船舶岸基供电系统和低压船舶岸电插座箱等设施,为靠港船舶提供便捷的岸电服务。

5) 污染防治与生态修复

广州港注重污染防治和生态修复工作。广州港通过建设污水处理站、设置船舶污染物接收设施等措施加强港区污染防治工作;同时积极开展生态修复项目如植树造林、湿地保护等以改善港区生态环境质量。

6) 智慧港口建设

广州港还积极推动智慧港口建设。广州港通过引入先进的信息技术和智能设备,提高港口运营效率和管理水平。智慧港口的建设不仅提高了作业效率,还降低了能源消耗和碳排放,推动了港口的绿色低碳发展。

7.1.10　北部湾港

1. 北部湾港概况

北部湾港位于中国广西壮族自治区南部北部湾,是中国沿海主要港口之一。该港口北靠渝、云、贵,东邻粤、琼、港、澳,西接越南,南濒海南岛,地处华南经济圈、西南经济圈与东盟经济圈的结合部,是我国内陆腹地进入中南半岛东盟国家最便捷的出海门户。北部湾港由防城港、钦州港、北海港三港合一而成,实际运营中包括这三个部分。

北部湾港拥有大型、深水、专业化码头群的规模优势,装卸作业货类涵盖交通运输部对沿海港口分类货物吞吐量统计所列的 17 类货物。该港口与100 多个国家和地区的 250 多个港口有贸易往来,是中国西部地区最近的出海通道,也是中国大陆距离马六甲海峡最近的港口。近年来,随着西部陆海新通道的建设和发展,北部湾港的重要性日益凸显,其集装箱吞吐量和货物吞吐量均实现了快速增长。

2. 绿色港口建设典型实践

北部湾港在绿色低碳建设方面取得了显著成效,典型实践包括以下几个方面。

1) 绿色港口规划与建设

北部湾港将绿色发展理念贯穿到港口规划、建设、运营和临港产业发展中,协同推进环境保护、节能减排、智慧港口建设,为高质量发展持续注入绿色动能。该港制定并实施了《北部湾港"十四五"绿色港口发展规划》和《北部湾港零碳港口建设行动方案》，系统谋划推进绿色港口建设。

2）清洁能源的利用与推广

北部湾港大力发展清洁能源，启动港区风能、太阳能开发，加大充换电基础设施建设。在各个港口，很多叉车、装载机是更新换代后的新能源车辆，门机等大型设施也用上了绿电。积极推进智能港口"岸电建设"，到2021年北部湾港各港区投入使用的新能源流动机械达100多台，集装箱泊位岸电覆盖率达87.5%，5万吨级以上生产性泊位岸电覆盖率达61.9%。钦州港新能源发电项目、防城港分布式光伏发电项目的建设加速了光伏绿电在港区的全覆盖。北部湾港构建港口能耗管控系统，通过量化生产与能耗关系，分析流程、班组和设备间的联系，为精细管理提供数据支撑。预计每年可节省能源成本约350万元。

3）绿色生态修复与保护

北部湾港在推进受损红树林补种复绿上下了大功夫，先后投入大量资金围绕红树林进行修复保护工作，显著改善了港区生态环境。该港在港口周边海域种植红树林等植物，构建绿色生态屏障，提高生物多样性保护水平。防风抑尘网、污水处理站等环保设施的建设显著改善了港区生态环境。

4）绿色运输与物流优化

北部湾港积极推进运输结构调整，海铁联运量、散改集增长迅猛，构建多式联运绿色运输体系；广泛使用电动集卡等清洁能源运输工具，减少物流过程中的碳排放。

5）智慧港口与绿色技术融合

北部湾港引入大数据、人工智能、5G网络等新一代创新技术，加速提升港口基础设施服务能力，赋能港口智慧绿色转型升级。钦州集装箱自动化装卸码头等地，通过智能化、自动化手段提高装卸效率并降低能耗和碳排放。

6）绿色管理与制度创新

加强环保设施建设和管理，构建长效管控体系。实现露天静态散货料堆100%苫盖，使得港区空气质量优良天数保持在较高水平。政府出台相关政策措施支持绿色港口建设和发展，鼓励企业采用绿色技术和生产方式。

7.1.11　洋浦港

1．洋浦港概况

洋浦港位于中国海南省洋浦经济开发区,是海南岛西北部的一个重要港口,隔兵马角与后水湾毗邻、靠近琼州海峡西口,面对北部湾,是国家一类开放口岸。洋浦港的建设历史悠久,从 1975 年开始筹备至今,已经经历了多个阶段的开发和建设,现已成为集多种功能于一身的现代化港口。目前,洋浦港已建成多个港区,包括金牌、神头、洋浦、白马井等,其中金牌、白马井港区以散杂货为主,神头港区作为石化功能区,主要分布以能源、原材料等为主的石油化工及浆纸码头,洋浦港区则以集装箱及散杂货为主。

洋浦港拥有多个码头泊位,其中不乏大型深水泊位,能够满足不同规模船舶的停靠需求。同时,洋浦港还具备完善的配套设施和服务体系,为船东、货主等提供全方位的服务。

2．绿色港口建设典型实践

近年来,洋浦港积极响应国家绿色低碳发展的号召,采取了一系列措施推进绿色港口建设,取得了显著成效。

1）岸电系统的推广和应用

洋浦港积极推广岸电系统,通过为停靠船舶提供岸上电力,替代传统的船舶自备发电机发电,从而大幅减少船舶停靠期间的污染物排放。洋浦国际集装箱码头岸电项目自 2021 年投入使用以来,每年可替代燃油量为 7 980.8 吨,减排二氧化碳量 25 830 吨/年,有效改善了港口周边的生态环境。

2）新能源牵引车

为了进一步减少港口作业过程中的污染排放,洋浦港还引入了新能源牵引车。这些纯电牵引车充换电站项目建设于洋浦国际集装箱码头内,并于2022 年 1 月 28 日建成投产。项目投产后,洋浦国际集装箱码头燃油拖车全部停运,由纯电牵引车全面代替,实现了港口绿色电能的全覆盖。

3）远程控制系统

洋浦港还引入了先进的远程控制系统,将龙门式起重机等设备的操作由传统的现场一人一机操控作业模式转变为室内远程一人多机操控作业模式。这一举措不仅提高了作业效率,还减少了操作人员的工作强度和环境污染。

4）清洁能源应用

在港区内,洋浦港还广泛应用了太阳能光伏板等清洁能源设施,为港口运营提供了绿色、可再生的能源支持。

5）绿色政策与制度创新

洋浦港还通过制度创新和政策引导,推动港口的绿色低碳发展。例如,"中国洋浦港"船籍港制度集成创新,入选海南自贸港制度创新案例;交通运输工具"零关税"政策、国际运输船舶出口退税政策等,都为港口的绿色发展提供了有力支持。

7.2 典型沿海港口

7.2.1 营口港

1. 营口港概况

营口港地处辽东湾经济区核心位置,是全国重要的综合性主枢纽港,也是东北地区及内蒙古东部地区最近的出海港,同时也是东北地区最大的货物运输港。营口港由营口港务股份有限公司经营,下辖营口港区、鲅鱼圈港区、仙人岛港区、盘锦港区、海洋红港区、绥中石河港区和葫芦岛柳条沟港区等港区。

近年来,营口港货物吞吐量排名全国沿海港口前十位,资产规模在辽宁省属国有企业中排名第一。该港口拥有包括集装箱、汽车、煤炭、粮食、矿石、钢材、大件设备、成品油及液体化工品、原油 9 类货种专用码头,其中矿石码

头、原油码头为 30 万吨级,集装箱码头可靠泊第五代集装箱船。主要作业货
种包括铁矿石、钢材、煤炭、粮食、非矿、成品油及化工产品、化肥、原油、内贸
商品汽车、集装箱等。

在航线方面,营口港现有外贸直航航线 4 条,分别是东南亚航线、日本关
东航线、韩国釜山航线、韩国仁川航线(国际客货班轮航线)。此外,还有通过
天津、大连、宁波、上海中转世界各地的外贸内支线 4 条。内贸集装箱航线已
覆盖中国沿海 30 个主要港口,航班密度达到每月 420 班次以上,运量占东北
港口的三分之二。

2. 绿色港口建设典型实践

营口港在快速发展的同时,也积极推进绿色低碳建设,致力于实现港口
发展与环境保护的和谐共生。以下是营口港绿色低碳港口建设的典型实践。

1) 绿色能源应用

营口港积极推进新能源使用,如岸电系统的广泛应用。近年来,岸电使
用量显著增加,有效减少了船舶靠港期间的燃油消耗和碳排放。港口还计划
建设更多的绿色能源设施,如太阳能光伏板、风力发电设备等,以进一步降低
港口运营过程中的碳排放。营口港分布式光伏电站累计发电量已突破一亿
千瓦时,利用太阳能电池半导体材料的光伏效应将太阳光辐射能直接转换为
电能,显著减少了化石燃料的消耗和碳排放。

2) 低碳运输方式推广

营口港优化集疏运体系,鼓励使用铁路、水路等低碳运输方式,减少公路
运输比例,从而降低物流过程中的碳排放。港口还积极推动甩挂运输等高效
运输方式的应用,提高运输效率,减少能耗和碳排放。

3) 绿色港口技术创新

营口港在港口作业过程中广泛应用自动化技术,如自动化轨道吊、无人
集卡等,提高了作业效率,降低了人工成本和能耗。同时,港口还积极探索智
能化、数字化的港口管理模式,通过大数据、云计算等先进技术提升港口运营
效率和管理水平。该港实施场桥油改电工程,将传统的燃油驱动设备改为电
力驱动,大幅降低了能耗和碳排放。据测算,改造后的设备二氧化碳排放量

削减率可达 60%,节能减排效果显著。

4) 生态环境治理与保护

营口港高度重视生态环境保护工作,加强港口周边环境的治理和保护。近年来,港口投入大量资金用于湿地保护、污水处理等环保项目。港口还积极推进绿化工程,建设绿色港口景观带和生态公园等绿化设施,提升港口生态环境质量。

5) 节能减排措施实施

营口港制定了一系列节能减排措施和计划,如实施能耗定额管理、推广节能技术和产品等。这些措施的实施有效降低了港口的能耗和碳排放水平。

7.2.2　秦皇岛港

1. 秦皇岛港概况

秦皇岛港地处渤海海岸,北依燕山,东接万里长城入海处老龙头,西连避暑胜地北戴河,地理位置优越,自然条件优良。作为中国北方的一座天然不冻、不淤良港,秦皇岛港历史悠久,始建于清光绪二十四年(1898 年),是当时清政府御批的自开口岸。经过多年的发展,秦皇岛港已成为国家级主枢纽港,也是中国北方重要的对外贸易口岸和能源、原材料运输大港。

秦皇岛港拥有优越的港口设施,包括长达 12.2 公里的码头岸线,陆域面积 11.3 平方公里,水域面积 226.9 平方公里。港口内设有多个泊位,包括煤炭、油品、杂货和集装箱等各类泊位,能够满足不同货物的装卸需求。特别是其煤炭运输业务,秦皇岛港是世界上最大的煤炭输出港之一,拥有先进的煤炭装卸设备和完善的运输体系。

2. 绿色港口建设典型实践

近年来,秦皇岛港积极响应国家绿色发展战略,将绿色低碳理念贯穿于港口建设和运营的全过程,取得了显著成效。以下是其绿色低碳港口建设的典型实践。

1) 绿色港区建设

秦皇岛港致力于创建绿色港区,通过实施一系列环保措施,提升港区的整体环境质量。例如,该港对港区内的堆场、道路等区域进行绿化改造,增加植被覆盖,减少扬尘污染。在煤炭装卸作业中,秦皇岛港推行了"五步抑尘法",通过自动喷淋、干雾洒水、动态注水、加注湿润剂、自动清洗等措施,有效控制煤炭装卸过程中的粉尘污染。港口还建设了防风网等设施,降低堆场起尘、漂移、扩散的风险,进一步改善港区空气质量。

2) 清洁能源应用

秦皇岛港大力推广清洁能源的应用,减少对传统能源的依赖。例如,该港在港口内推广使用电动叉车、电动拖轮等新能源设备,减少燃油消耗和碳排放。港口还建了光伏发电项目,利用太阳能等可再生能源为港口提供电力支持,降低碳排放量。

3) 环保技术应用

秦皇岛港在环保技术应用方面也取得了显著进展。例如,该港采用先进的污水处理技术,对港区内的污水进行处理后再排放或回用;建设固废存储仓库,实现固体废弃物的分类存储和处置。此外,港口还建立了智慧化管理系统,通过远程集控、环保监管、安全监管等平台实现港口运营的智能化和绿色化。

4) 绿色物流发展

秦皇岛港积极推动绿色物流发展,优化物流运输模式,减少运输过程中的能耗和碳排放。例如,该港推动"公转铁""公转水"等绿色运输方式的发展;鼓励客户使用新能源车辆进行运输等。

7.2.3 唐山港

1. 唐山港概况

唐山港位于环渤海中心地带,地处渤海中部、渤海湾东北端沿海,包括曹妃甸港区和京唐港区。经过 30 余年的建设发展,唐山港已经成为我国北方沿海能源、原材料等大宗物资中转运输的重要枢纽,是我国重要的外贸进口铁矿石接卸港、钢材输出港、煤炭能源输出港、油气能源进口基地及储备中心。

目前,唐山港已建成生产性岸线 38.83 公里,各类生产性泊位 152 个,其中包括许多万吨级以上的泊位,设计年通过能力达到 2.63 亿吨。港口接卸货种涵盖矿石、煤炭、钢材、木材、原油、LNG、纯碱、原盐等多品类。此外,唐山港还积极拓展国际航线,目前全港拥有海上货运航线 235 条,通达 80 多个国家和地区的 200 多个港口。

2. 绿色港口建设典型实践

近年来,唐山港积极响应国家绿色发展号召,将绿色低碳建设作为重要的发展方向,采取了一系列措施推动港口绿色转型。

1) 绿色港口基础设施建设

唐山港启动了多个绿色环保工程项目,如港池后方焦煤堆存场地环保提升、防风抑尘墙工程等;同时,加快淘汰高耗能大型设备,引进无人清扫车等环保设备,减少污染物排放。此外,唐山港还建成了 16 套低压岸电系统和 4 套高压岸电系统,实现 23 个泊位全覆盖,推动"油改电"工程,减少船舶靠港期间的燃油消耗和碳排放。

2) 新能源车辆推广

唐山港积极引导上下游客户投入新能源车辆参与疏港作业,目前已有 2 288 台电动重卡、20 辆氢能源电动重卡参与疏港作业,新能源车辆日均疏港车次占比达 30% 以上。这些新能源车辆的使用,不仅减少了传统燃油车辆的碳排放,还降低了运输成本。

3) 绿色物流运输模式

唐山港积极推进公转铁、管廊运输等绿色物流运输模式,减少汽车运输量。京唐港区建设了集成电气化、自动化最高水准的矿石铁路疏港配套装车系统,年可实现矿石装车能力 2 000 万吨,且全程绿色运输,可减少汽车疏港60 万辆次,降低碳排放量 10 万吨。

4) 智慧港口建设

唐山港还将智慧港口建设作为竞逐"新赛道"的强劲引擎,推动港区由"智"变走向"质"变。港口通过与中国移动、华为等知名企业的合作,全面配套 5G、人工智能、"互联网＋"等新技术的深度应用,实现了码头的智能化升级改造。例如,唐山港建成了国内首个采用平行式工艺布局、以无人集卡实现水平运输的全自动化集装箱码头;建设"数字库场",依托全场堆场建模、大机本体建模及料堆建模技术,以北斗定位与三维建模相结合的方式,实现了散货垛型可视化管控等,全面实现了自动化作业流程。

5）传统业务与新业态融合

在巩固传统主业的同时,唐山港还积极发展新业态。例如,该港依托保税物流优势,大力发展跨境电商业务;开展矿石、焦煤、动力煤、焦炭、甲醇期货交割业务等。这些新业态的发展不仅丰富了港口的业务种类,还推动了港口与上下游产业的深度融合和创新发展。

7.2.4　黄骅港

1. 黄骅港概况

黄骅港位于河北省沧州市以东约 90 公里的渤海之滨,地处河北、山东两省交界处,环渤海经济圈的中部,地理位置优越,是冀中南和我国西北地区最便捷的出海口。黄骅港是全国沿海 27 个主要港口之一,也是津冀及环渤海港口群的重要组成部分。港口由四大港区组成,包括综合港区、散货港区、煤炭港区及河口港区,规划岸线长度 71.4 公里,陆域面积 8 123 公顷,可布置泊位数量众多,其中不乏万吨级以上泊位。

近年来,黄骅港发展迅速,已成为我国第二大煤炭输出港,并连续多年煤炭吞吐量居全国港口首位。随着基础设施的不断完善和吞吐量的持续增长,黄骅港逐渐由单一煤炭港转型为兼顾散杂货和油品的现代化综合港口。

2. 绿色港口建设典型实践

黄骅港在快速发展的同时,也积极推进绿色低碳建设,典型措施包括:

1）推广绿色低碳运输方式

黄骅港码头积极运用绿色低碳运输方式,如推动铁路过港上量,重点发展新能源车辆绿色集疏港方式。该港通过高效依托"新运力池"资源,强化车源组织调度,持续扩大绿色环保型运力,有效降低了运输过程中的碳排放。码头集疏港作业中,该港广泛应用电动集卡等新能源车辆,减少传统燃油车辆的使用,从而降低了尾气排放。

2) 水资源循环利用

针对黄骅港地处盐碱滩、淡水资源宝贵的现状,港口通过改造建筑垃圾场、空闲荒地等,建设了"两湖三湿地",用于过滤、储存压舱水、净化煤污水和雨水,形成了一套完整的水循环利用系统。这一举措不仅减少了淡水消耗,还实现了含煤污水的"零排放"和"零污染"。黄骅港建设了多座煤污水处理站,收集并循环利用煤污水和雨污水。通过先进的污水处理技术,这些污水被净化后重新用于港区的生产和生态用水,大大节约了淡水资源。

3) 煤尘污染治理

为了治理煤尘污染,黄骅港采用世界上最大规模的封闭筒仓工艺来抑制扬尘污染。这种工艺将煤炭等散货封闭在筒仓内,有效减少了装卸过程中的粉尘排放。黄骅港还自主研发了多项粉尘治理技术,如翻车机底层本质长效抑尘系统、皮带机洗带、堆料机大臂洒水、翻车机表层干雾抑尘等。这些技术精确控制了煤炭含水率,削减了粉尘排放达 98%,使厂区内的粉尘浓度远低于国家标准。

4) 智慧港口建设

黄骅港积极推进智慧港口建设,通过引入物联网、大数据、人工智能等先进技术,提升港口运营效率和管理水平。智慧港口的建设不仅提高了作业效率,还有助于降低能耗和碳排放,推动港口的绿色低碳发展。

5) 零碳码头试点建设

黄骅港煤炭港区三期码头作为交通运输部首批近零碳码头试点实施单位,黄骅港正有序推进 24 MW 风力发电设施建设,38 MWp 港区湿地及景观湖内分散布置光伏发电设施,并试点建设 2 艘电动港作拖轮,预计 2026 年建成零碳码头,码头生产全部使用电力,绿电发电量可达 1.2 亿千瓦时,实现绿电 100% 自用,余电上网。

6) 拓展绿色货源渠道

黄骅港在巩固煤炭运输业务的同时,积极拓展其他绿色货源渠道,如散杂货、油品等,进一步丰富了港口的货种结构,降低了对单一货种的依赖。

7.2.5 烟台港

1. 烟台港概况

烟台港位于中国山东半岛北侧芝罘湾内,由芝罘湾港区、西港区、龙口港区、蓬莱港区四大港区组成,是中国沿海南北大通道(同江至三亚)的重要枢纽和贯通日韩至欧洲新欧亚大陆桥的重要节点。烟台港始建于 1861 年,历史悠久,地理位置优越,扼守渤海湾口,与日本、韩国隔海相望,是中国北方重要的对外贸易口岸之一。

近年来,烟台港在货物吞吐量和集装箱吞吐量上均取得了显著成绩,成为全国沿海重要的亿吨大港之一。烟台港不仅承担着大量的国内外货物运输任务,还积极推动港口转型升级和绿色发展,致力于打造世界一流的绿色港口。

2. 绿色港口建设典型实践

烟台港在绿色低碳建设方面取得了显著成效,其绿色低碳港口建设典型实践主要体现在以下几个方面。

1) 绿色能源应用

烟台港在龙口港区等区域建设了光伏发电项目,利用太阳能资源为港口提供清洁电力。例如,龙口港区已完成 6♯ 车间库顶 5 642 平方米光伏发电板铺设,并计划继续扩大光伏发电规模。烟台港在各港区同步安装新能源充电桩,为电动车辆提供充电服务,减少燃油车辆的使用,降低碳排放。

2) 低碳运输方式推广

烟台港积极推广岸电使用,减少船舶靠港期间的燃油消耗和碳排放。例如,烟台港客滚码头岸电使用量已突破 1 000 万千瓦时,显著减少了船舶燃油消耗和有害物排放。烟台港推动大宗货物集疏港运输向铁路和水路转移,降低公路运输比例,减少碳排放。

3) 绿色港口技术创新

烟台港构建"源-网-荷-储"新型电力系统,实现多种可再生能源协同发展。该港通过风光+储能、换电站、新能源车充电设施等项目建设,提升港口能源利用效率。在港口作业过程中,烟台港采用特色散货卸船直取技术、微米级干雾抑尘技术等,实现源头抑尘、精准抑尘,降低粉尘污染。

4) 生态环境治理与保护

烟台港积极开展绿化工程,打造生态园林式港口。该港通过种植树木、建设绿地等方式,提升港口生态环境质量。烟台港引入海绵城市建设理念,建立雨水收集回用系统,通过透水铺装、下沉绿地、雨水花园等设计,实现径流雨水的滞蓄、净化,提高水资源利用效率,打造"海绵港口"。这一项目实现了雨水和中水的有效收集和利用,提高了港区的防洪排涝能力和水资源利用效率。针对港口作业过程中可能产生的粉尘污染,烟台港采用了多种粉尘治理技术。例如,该港在散货码头使用抑尘剂、结壳剂等材料实现源头抑尘;在矿石码头等区域增设抑尘装置减少粉尘扩散;同时,利用实时监控和数据分析技术对粉尘浓度进行精准预测和预警。

5) 节能减排措施实施

烟台港实施能耗定额管理,对港口各环节的能耗进行严格控制,降低整体能耗水平。烟台港建立环保综合管理平台,借助实时监控、实时定位、大数据分析等功能,实现港区作业路线、重点区域环境问题无死角、全覆盖管理。

7.2.6 日照港

1. 日照港概况

日照港是"六五"期间国家重点建设的沿海主要港口。其建设始于1978年的选址规划,1982年正式开工建设,并于1986年开港运营。日照港隶属于原交通部管理,后改为原交通部和山东省双重管理,以山东省管理为主。2002年,日照港移交日照市管理,2003年,日照港务局和隶属于省交通厅的岚山港务局企业部分联合重组,成立了日照港集团有限公司,为日照市国有独资企业。2019 年,青岛港、日照港、烟台港、渤海湾港整合成立山东港口集团,日照港成为山东港口集团的重要组成部分。

日照港总体规划了石臼、岚山两大港区,拥有泊位众多,目前已建成生产性泊位 68 个,年通过能力超过 4 亿吨。港口设施先进,可处理多种货物,包括煤炭、铁矿石、集装箱、粮食、液体化工及油品等。日照港湾阔水深,不冻不淤,陆域开阔平坦,是天然深水良港,适合建设大型深水码头和大进大出的临港产业布局。此外,日照港集疏运便捷高效,海上航线可达世界各港;拥有 2 条千公里以上铁路、3 条高速公路、5 条输油管线直通港口,是集航运、铁路、公路、管道、皮带等多种运输方式于一身的综合运输枢纽。

2. 绿色港口建设典型实践

日照港在绿色低碳建设方面取得了显著成效,典型实践包括。

1)新能源与清洁能源的广泛应用

日照港不断扩大电能、太阳能、LNG 等清洁能源和新能源在港口设施中的应用。例如,在石臼港区西 9♯泊位后方设有电动集卡智能充换电站,电动集卡司机通过微信"扫一扫"功能,仅用 4 分钟就能全自动完成车载电池的换电流程,方便快捷又低碳。数百辆工具车、港内乘用车全部使用电动汽车,减少燃油车的排放污染。这些车辆采用"车电分离"技术模式,利用智能充换电站进行充换电,实现零排放、无污染、低噪声,能耗成本较燃油重卡车降低 30%,维护保养费用降低 60%。预计未来三年内,日照港将逐步淘汰传统燃油车辆,加大新能源车辆比例,力争实现全港区搬倒作业零碳排放。

2)环保设施与技术的创新应用

日照港加快港区通用泊位流程化改造工程,从源头减少港内车辆短倒运输,并试点推广应用新能源短倒车辆,采购 100 台充换电式短倒运输车辆,全力降低污染排放。加快建设高压岸电设备和低压岸电设备,实现泊位岸电连船常态化,确保船舶靠港期间能够使用岸电,减少船舶自备发电机的使用,从而降低碳排放。日照港实施全流程＋立体智能环保管控体系,通过多管齐下、标本兼治、精准防控的方式,有效减少碳排放。例如,在石臼港区南区散货码头,通过实施全流程智能环保管控体系,碳排放减少了66%。日照港建立了融码头卸船、皮带机输送、堆场堆取料、管状带式输送机疏港为一体的管状带式矿石输送机系统,该系统在粉尘和其他空气污染物控制方面取得突出成效,被评为全国交通运输绿色循环低碳建设推进项目。此外,日照港还推进了"码头革命",加快绿色转型,如建成全球首个顺岸开放式全自动化集装箱码头,单箱综合能耗降低50%;建成国内首个"散改集"全自动工艺系统,能耗降低20%等。

3) 绿色运输方式的推广

依托山东港口一体化改革发展平台,日照港积极引导"公转铁""公转水",减少公路集疏运,优化运输结构,全力打造散货物流绿色疏运通道。例如,该港开通"沙土集-日照"海铁联运班列。以日照布局建设国家区域煤炭储备和交易中心为契机,该港充分发挥两条千公里以上干线铁路直通港区的优势,优化门机流程化卸船,利用管带机实现动力煤从码头到下游电厂的高效绿色安全运输,发展绿色煤炭物流。

4) 智慧港口与数字化管理

日照港全面推进流程化、无人化、智能化改造,打造智慧绿色港口。例如,石臼港区南区散货码头通过整合码头生产MIS系统、设备管理系统、视频监控系统、卫星定位系统等,打造全国最大、功能最完备的干散货码头数字孪生体,实现系统全流程协同,提升生产资源配置效率。日照港首创"自动装车系统＋电牵智慧"无人化装车作业模式,实现装车作业无人化快速自动定量装车。此外,日照港还创新"散改集"全自动工艺系统,提升装卸效率并降低碳排放。

5) 生态港口建设

日照港坚持内外兼修,在加快科技创新、优化流程工艺的同时,加大港区环境整治力度,全面改善港区环境。日照港通过"见缝插绿""路侧添绿"等方式,在港区内建设"口袋公园",打造多节点景观园林,提升港口整体生态环境质量,打造"园林式港口"。

7.2.7 南通港

1. 南通港概况

南通港地处长江三角洲和东部沿海的要冲,东濒黄海、南临长江,是长江下游苏中、苏北地区的重要港口。作为中国国家一类对外开放口岸和国家主枢纽港,南通港也是上海国际航运中心组合港的主要成员。

南通港历史悠久,早在1904年就开始建设码头,逐步发展成为今天的规模。目前,南通港拥有长江岸线4166米,千吨级以上公用生产泊位24座,其中万吨级以上泊位14座,最大靠泊能力达到20万吨级。堆场面积和仓库面积也相当可观,分别为67万平方米和6万平方米。南通港主要从事港口的建设和经营,包括货物装卸、堆存及物流配送、客货运代理、理货以及港内船舶拖带服务、船舶航修等业务。

2. 绿色港口典型实践

近年来,南通港积极响应国家绿色发展战略,以"双碳"战略为指引,在绿色低碳建设方面取得了显著成效。

1) 制定绿色发展规划

南通港制定了详细的绿色港口创建规划,如《南通市绿色港口创建三年行动方案(2021—2023年)》等,明确了绿色港口建设的目标和任务。该港通过系统谋划和层层发动,调动企业参与绿色港口创建的积极性和主动性。

2) 加强创建指导与培训

南通港邀请港航专家开展绿色港口创建工作专题培训,对绿色港口评价标准进行系统解读和宣贯,指导参创港口对标找差,有针对性地制定创建活动方案。这种培训和指导机制确保了绿色港口建设的专业性和科学性。

3) 推广清洁能源与节能技术

南通港在节能降碳方面做了大量工作。例如,该港加快构建清洁低碳用能体系,优选节能型设备,掀起港机"绿色革命",集装箱场桥全面实现"油改电"。同时,港区照明采用分区、定时等节能措施,室内外 LED 节能灯具占比达到 100%。此外,码头岸电设施覆盖率和使用率均达到 100%,以岸上供电代替船舶燃油发电,有效降低靠港船舶能耗和碳排放。

4) 实施智能化管理

南通港运用集装箱码头管理、设备智能管理、智能闸口、自动过磅称重和电子口岸业务等智能生产办公系统,促进港口生产运营管理智能化、高效率。这些智能化手段不仅提高了生产效率,还减少了人为因素导致的资源浪费和环境污染。

5) 强化污染防治与生态修复

南通港统筹抓好港区大气、水、噪声、危险废物和环境污染防治工作。例如,建立大气环境自动监测站,雨污水处理回用率达到 100%。同时,该港加强港区绿化工作,可绿化区域绿化率达到 100%。此外,该港还积极开展海洋生态保护修复项目,推动形成"水清滩净、鱼鸥翔集、人海和谐"的美丽海湾。

6) 打造绿色港口示范项目

南通港在绿色港口建设过程中涌现出一批示范项目。例如,通海港口因其在绿色港口建设方面的突出表现荣获"三星级江苏绿色港口"称号。这些示范项目的成功实践为其他港口提供了宝贵经验和借鉴。

7.2.8　温州港

1. 温州港概况

温州港地处浙江南部、东南沿海黄金海岸线中部。温州港北邻上海港、舟山港,南毗福州港、厦门港,东南与台湾的高雄港、基隆港隔海相望,是浙江口岸距离台湾各港口最近的港口,拥有 350 公里海岸线。温州港历史悠久,早在战国时期就出现了原始港口的雏形,历经唐、清等朝代的发展,直至 1876 年《烟台条约》签订后被辟为通商口岸。近年来,温州港持续扩大规模,提升设施水平,已成为区域经济发展的重要支撑。

2. 绿色港口建设典型实践

温州港在绿色低碳建设方面取得了显著成效,典型实践包括以下几个方面。

1) 新能源与清洁能源应用

温州港积极推动新能源和清洁能源的使用,如推广电动或混合动力车辆,减少港口作业过程中的碳排放。在港口照明、供暖等方面,也积极探索使用太阳能、风能等可再生能源,以降低对传统能源的依赖。

2) 岸电系统建设

温州港建设了岸电系统,为停靠港口的船舶提供岸上电力供应,替代船舶自备发电机发电,从而减少船舶靠港期间的燃油消耗和碳排放。这不仅有助于降低港口的碳排放,还能为船舶节省燃油成本,实现经济效益和环境效益的双赢。

3) 环保设施建设

温州港加强了环保设施建设,如污水处理设施、垃圾处理设施等,确保港口区域的生态环境得到有效保护。通过这些设施的处理,港口作业过程中产生的污水和垃圾能够得到妥善处理,减少对周边环境的污染。

4) 绿色生态港区打造

温州港注重绿色生态港区的打造,通过绿化美化港区环境、建设生态景观等措施,提升港区的生态环境质量。这不仅有助于改善港区员工的工作环境,还能提升港口的整体形象和吸引力。

5) 智慧港口建设

温州港积极推进智慧港口建设,通过引入智能化、自动化设备和技术手段,提高港口作业效率和管理水平。智慧港口的建设有助于减少人工操作过程中的资源浪费和环境污染,推动港口的绿色低碳发展。

6) 政策引导与激励

温州市政府出台了一系列政策措施,鼓励港口企业和相关单位积极参与绿色低碳建设。通过政策引导和激励措施的实施,温州港在绿色低碳建设方面取得了显著成效,并持续推动港口的可持续发展。

7.2.9　福州港

1. 福州港概况

福州港位于中国东南沿海、台湾海峡西岸,地处福建省东部、闽江入海口,是中国沿海主要港口、区域综合运输重要枢纽和对台"三通"主要口岸。福州港历史悠久,始建于西汉元封元年(公元前110年),古称"东冶港"。福州港现有大陆海岸线1 966公里,占福建省总海岸线长度的52.4%,规划利用岸线约116.2公里。

福州港由多个港区组成,包括福州市的江阴、松下、闽江口内、罗源湾港区,宁德市的三都澳、白马、三沙、沙埕港区,以及平潭综合实验区的平潭港区,形成了"一港八区一港点"的总体发展格局。根据《福州港总体规划(2035年)》,福州港规划码头泊位共327个,规划泊位总通过能力将达到5.37亿吨。截至2023年年底,全港生产性泊位共176个,泊位总通过能力达到2.09亿吨,其中万吨级以上泊位83个,10万吨级以上泊位24个,最大可靠泊20万吨集装箱和30万吨级散杂货船舶。

福州港与世界上40多个国家和地区的港口开展贸易往来,开辟了至日韩、东南亚、美西等集装箱班轮航线和至国内沿海港口货运航线。此外,福州港还通过疏港公路、铁路等交通网络与国家公路网、铁路网相连,交通便捷。

2. 绿色港口建设典型实践

福州港在快速发展的同时,积极响应国家绿色低碳发展的号召,采取了一系列措施推进绿色港口建设,取得了显著成效。

1) 推广岸电使用

福州港积极推广岸电使用,以减少船舶靠港期间的燃油消耗和碳排放。例如,福州港江阴港区首次采用高压船舶岸电设备成功为中远海"泛亚宁德"轮完成高压岸电连船送电作业,标志江阴港区已具备高压岸电供电能力。这一举措不仅减少了船舶靠港期间的污染物排放量,还有效助力了福州港"绿色港口"建设。

2）新能源应用

福州港在港区范围内推广使用新能源设施,如太阳能光伏板等清洁能源设备。这些新能源设施的应用有助于降低港口运营过程中的碳排放,推动港口的绿色低碳发展。

3）环保设施建设

福州港在港区内建设了完善的环保设施,如防风抑尘网等,以减少货物堆存过程中的扬尘污染。这些环保设施的应用有助于提升港区的生态环境质量,保障周边居民和工作人员的身体健康。

4）智慧港口建设

福州港积极推进智慧港口建设,通过引入智能化、自动化设备和技术手段,提高港口作业效率和管理水平。智慧港口的建设有助于减少人工操作过程中的能源消耗和碳排放,推动港口的绿色低碳发展。

5）政策引导与激励

福州港还通过政策引导和激励措施,鼓励港口企业和相关单位积极参与绿色低碳建设。例如,该港对采用绿色低碳技术和设备的单位给予一定的政策支持和资金补贴等。这些措施的实施有助于激发企业和单位的积极性,推动港口的绿色低碳发展。

7.2.10　汕头港

1. 汕头港概况

汕头港地处广东省东部沿海、潮汕平原的南部,东临台湾海峡,西距香港 187 海里(1 海里 = 1.85 公里,约合 345.95 公里),扼韩江、榕江、练江之出海口,素有"岭东之门户,华南之要冲"的美誉,是广东省的重要港口之一。汕头港历史悠久,早在 1860 年就已开港,是华南地区对外贸易的重要口岸,也是中国"一带一路"重点建设的 15 个港口之一。

汕头港拥有多个港区,包括榕江港区、老港区、珠池港区、马山港区、堤内港区、田心港区、南澳港区、广澳港区和海门港区等,港口水域面积达 45 平方公里,陆域面积则为 13 平方公里。这些港区共同构成了汕头港的综合运输体系,为汕头及周边地区的经济发展提供了强有力的支撑。

在运营方面,汕头港主营货类包括集装箱、煤炭、矿粉、粮食、杂货等,与世界 57 个国家和地区的 268 个港口有货运往来。截至 2019 年,汕头港已开通国际集装箱班轮航线 12 条,通往东南亚及日韩等国家及地区,显示出其在国际航运市场中的重要地位。

2. 绿色港口建设典型实践

汕头港在绿色低碳建设方面采取了多项典型实践,这些实践不仅提升了港口的环保水平,还推动了港口的可持续发展。

1) 新能源与清洁能源的推广使用

汕头港大力发展海上风电项目,积极推动清洁能源的应用。截至 2023 年底,汕头海上风电装机容量已达到 84.5 万千瓦,并且 2025 年还将继续推动多个海上风电项目开工投产,如大唐勒门 I 扩建项目等。这些项目不仅为汕头港提供了清洁的能源供应,还显著降低了碳排放。汕头港积极推进分布式屋顶光伏项目,提高非化石能源消费量的占比。这些光伏项目将太阳能转化为电能,为港口设施提供绿色电力,进一步减少了化石燃料的消耗。

2) 环保设施与技术的创新应用

汕头港加强了环保设施的建设,如污水处理设施、垃圾处理设施等,确保港口作业过程中产生的污染物得到有效处理。同时,该港还加强了粉尘治理,通过洒水降尘、封闭作业等措施,有效控制了粉尘污染。汕头港与广东以色列理工学院合作,展示了绿色校园建设的成果。广以校园采用海绵城市理念设计,通过雨水花园、透水铺装等措施,实现了雨水的有效收集和利用,减少了雨水径流对周边环境的影响。

3) 绿色运输方式的推广

汕头港积极推广绿色运输方式,通过优化运输结构来降低碳排放。该港鼓励使用铁路和水路运输代替公路运输,减少燃油消耗和尾气排放;在港区内推广使用新能源车辆进行短途运输和作业,如电动集卡、电动叉车等。这些新能源车辆不仅减少了尾气排放,还提高了港口作业的效率。

4) 智慧港口与数字化管理

汕头港推进港口作业的智能化改造,通过引入自动化码头系统、智能调度系统等先进技术提高港口作业效率和管理水平。这些智能化系统能够实时采集和处理港口作业数据,优化作业流程,降低能耗和排放。该港建立数字化管理平台对港口作业进行全流程可视化和精细化管理。这样通过实时监控和分析港口作业数据,及时发现和解决能耗和碳排放问题,推动港口的绿色低碳发展。

5) 政策引导与激励机制

汕头市政府和港口管理部门出台了一系列政策措施鼓励和支持绿色低碳建设。政府对采用新能源车辆和设备、实施节能减排措施的企业给予政策支持和资金补贴等激励措施。加强绿色低碳理念的宣传与教育工作,以提高港口员工和企业的环保意识。该港通过举办培训班、研讨会等活动,推广绿色低碳技术和经验做法。

7.2.11　珠海港

1. 珠海港概况

珠海港地处珠江三角洲南部沿海珠江口西侧,毗邻澳门特别行政区。作为中国华南沿海的主枢纽港和中国沿海主要港口之一,珠海港以珠海市辖区及珠江三角洲西部地区为经济腹地,服务于珠海市的外向型经济和临港工业发展。珠海港自 1994 年被国务院批复为货运港口以来,历经多次扩建和发展,已成为一个综合性港口。

珠海港由多个港区组成,包括九州、香洲、唐家、桂山和高栏等海港区,以及前山、湾仔、井岸、斗门等内河港区。这些港区共同构成了珠海港的港口体系,为各类货物的装卸、转运提供了坚实的基础设施。

在硬件设施方面,珠海港拥有先进的码头泊位和装卸设备。相关数据统计,目前珠海港已拥有多个万吨级以上的泊位,泊位总长和最大靠泊能力均达到较高水平。此外,珠海港还配备了大量的仓库和堆场,以及高效的起重装卸机械,为货物的存储和转运提供了有力保障。

2. 绿色港口建设典型实践

珠海港在绿色低碳建设方面也取得了显著成效。以下是其绿色低碳港口建设的典型实践。

1) 推广新能源和清洁能源

珠海港积极推广新能源和清洁能源的使用,以减少对化石燃料的依赖和减少碳排放。例如,该港在港口区域内推广使用电动或混合动力车辆,以及使用太阳能、风能等可再生能源进行供电。

2) 优化港口作业流程

珠海港通过优化港口作业流程,提高装卸效率,减少能源消耗和排放。例如,该港采用先进的装卸设备和技术,实现货物的快速、准确装卸;同时,加强港口内部的能源管理,实现能源的节约和高效利用。

3) 实施绿色港口政策

珠海港制定了一系列绿色港口政策,以推动港口的绿色低碳发展。例如,该港鼓励港口企业采用环保材料和技术进行生产运营;对符合绿色港口标准的企业给予政策支持和奖励;加强港口环境监测和治理工作等。

4) 建设绿色港口设施

在港口设施的建设方面,珠海港也积极采用绿色、环保的设计理念和技术。例如,该港在码头、仓库等设施的建设中采用节能、环保的材料和技术;建设雨水收集利用系统、污水处理回用系统等环保设施;加强港区的绿化和美化工作等。

5) 推动港口与城市的协同发展

珠海港还积极推动港口与城市的协同发展,通过加强港口与城市之间的交通联系、促进港口产业与城市产业的融合发展等方式,实现港口与城市的共赢发展。同时,珠海港还积极参与城市的绿色低碳建设工作,为城市的可持续发展贡献力量。

7.2.12　湛江港

1. 湛江港概况

湛江港位于中国广东省雷州半岛东北部,濒临南海,背倚西南,是我国西南和华南西部地区货物进出口的主要口岸,也是我国大陆通往东南亚、非洲、欧洲和大洋洲航程最短的港口。湛江港内港岸线长 241 公里,为世界第一大港鹿特丹的 3 倍,其中有适于建深水港的海岸线 97 公里。湛江港不仅地理位置优越,而且基础设施完善,拥有多个生产性泊位,其中不乏万吨级以上的泊位,最大靠泊能力达到 5 万吨级。

湛江港的主要大宗货类包括石油、矿石、煤炭、粮食、化肥、木片等,货物吞吐量巨大。湛江港不仅是我国重要的对外贸易口岸,还与越南西贡港结为友好港,进一步拓展了其国际影响力。

2. 绿色港口建设典型实践

湛江港在快速发展的同时,积极响应国家绿色低碳发展的号召,采取了一系列有效措施推进绿色港口建设,取得了显著成效。

1) 新能源应用与推广

湛江港积极推广岸电系统,鼓励船舶靠港期间使用岸电,减少燃油消耗和碳排放。例如,湛江海事联合中科炼化对"华江 9"轮使用岸电设施情况进行现场检查,确保船舶接用岸电正常,实现"零油耗、零噪声、零排放"的效果。据测算,"华江 9"轮靠泊期间每天使用岸电约 3 600 千瓦时,可以节约 1.2 吨燃油,有效减少大气污染物排放的同时还能节省燃油消耗费用约 4 000 元。湛江港集团与三峡绿动和景腾新能源签署合作备忘录,推进港口新能源应用,共同打造"零碳"绿色港口。三方将在绿色物流、重卡及工程机械电动化等方面进行深入合作,前期通过电动重卡试运行,逐步推进湛江港运输重卡电动化。

2) 污水处理与环保设施

湛江港集团投入大量资金建设污水处理工程,确保港口污水得到有效处理,不直接排放入海。湛江港集团调顺岛港区污水收集处理系统工程和霞山港区一分公司片区污水收集处理系统工程已经完工并投入试运行,所有雨污水入海排放口全部截流处理,为湛江湾海洋生态保护贡献力量。

3) 智慧港口建设

湛江港推进智慧港口建设,通过引入智能化、自动化设备和技术手段,提高港口作业效率,减少能源消耗和碳排放。湛江港正在推进 40 万吨级散货码头智慧化建设,通过 AI 人工智能、大数据、云计算等技术手段,实现码头设备、全流程作业的广泛连接和全面感知,提高作业效率,降低能耗和碳排放。

4) 绿化与生态修复

湛江港注重港区绿化工作,通过种植树木、花草等以培育植被,提高港区绿化覆盖率,改善港区生态环境。同时,湛江港还积极参与海洋生态修复项目,保护海洋生态环境。

5) 政策引导与激励

湛江市政府出台了一系列政策措施,鼓励港口企业和相关单位积极参与绿色低碳建设。例如,政府对使用新能源车辆、建设污水处理设施、推进智慧港口建设等给予一定的政策支持和资金补贴,激发企业和单位的积极性。

7.2.13 海口港

1. 海口港概况

海口港位于中国海南省海口市,地处海南岛北部,北临琼州海峡,是一个重要的港口枢纽。海口港历史悠久,早在宋代淳熙年间(1174—1189 年)就开始办理外贸、外籍船舶进出口手续。随着历史的发展,海口港逐渐成为海南岛对外贸易的重要窗口,同时也是历代的海防要塞。

海口港由多个港区组成,主要包括秀英港区、新海港区和马村港区。这些港区分布在海南岛的不同位置,共同构成了海口港的综合运输体系。海口港不仅承担着大量的货物运输任务,还积极发展集装箱运输和旅客运输,为海南省乃至全国的经济发展作出了重要贡献。

2. 绿色港口建设典型实践

海口港在绿色低碳建设方面开展了多项典型实践,这些实践不仅提升了港口的环保水平,还推动了港口的高质量发展。

1) 新能源与清洁能源的广泛应用

海口港积极推广光伏发电项目,通过安装太阳能光伏板等清洁能源设施,将太阳能转化为电能,用于港口的生产和运营。这不仅减少了化石燃料的消耗,还降低了碳排放。海口港支持氢能的发展应用,加强氢能制取、运输、储存、利用等技术的研究和示范应用。例如,海南海马汽车有限公司在海口港周边实现了从光伏发电到电解水制氢,再到氢燃料电池汽车运营的全产业链零碳排放,为海口港的绿色低碳发展树立了典范。海口港建设并推广岸电系统,为停靠港口的船舶提供岸上电力供应,替代船舶自备发电机发电。这有效减少了船舶靠港期间的燃油消耗和碳排放。

2) 环保设施与技术的创新应用

海口港加强污水处理设施的建设和改造,确保港区内的污水得到有效处理并尽可能回收利用。这有助于减少污水排放对周边环境的影响,并提高水资源的利用效率。针对港口作业过程中可能产生的粉尘污染问题,海口港采取了多种粉尘治理措施,例如,在散货码头安装抑尘设施、洒水降尘等,有效控制了粉尘的扩散和排放。海口港引入智慧港口解决方案,通过应用 GPS、GIS、RFID、实时监控系统(AIS)、自动化装卸系统、物流搬运机器人(AGV)、智能监控技术等现代信息技术,实现港口运营智能化、自动化。这不仅提高了港口作业效率和管理水平,还降低了能耗和碳排放。

3) 绿色运输方式的推广

海口港鼓励使用低碳运输方式,如铁路、水路等,减少公路运输比例。该港通过优化运输结构,提高运输效率,降低运输过程中的能耗和碳排放。该港在港区内推广使用新能源车辆进行短途运输和作业。例如,电动集卡、电动叉车等新能源车辆的使用显著减少了尾气排放。

4) 绿色建筑与节能改造

海口港在港区建设中积极推广绿色建筑理念,确保新建建筑达到绿色建筑标准。这有助于降低建筑能耗和提高建筑使用舒适度。该港对既有建筑进行节能改造，如外墙保温、屋顶绿化、照明节能等措施的应用，进一步降低了建筑能耗。

5）政策引导与激励机制

海口市政府和港口管理部门出台了一系列政策措施鼓励和支持绿色低碳建设。例如，政府对采用新能源车辆和设备、实施节能减排措施的企业给予政策支持和资金补贴等激励措施。海口港积极创建绿色低碳示范项目，通过示范项目的实施推动港口绿色低碳发展。这些示范项目不仅展示了绿色低碳技术的应用效果，还为其他港口提供了可借鉴的经验和模式。

7.3 典型内河港口

7.3.1 南京港

1. 南京港概况

南京港位于中国江苏省南京市，地处长江下游，是中国沿海主要港口、主枢纽港和对外开放一类口岸。该港口历史悠久，早在三国东吴时期，南京港便已成为重要的通海港口。南京港距吴淞口约400余公里，港区北岸岸线长达110公里，南岸岸线为98公里，江面最宽处达2.5公里，最窄处也有1.5公里。南京港的主槽水深在5—30米，特别是在南京长江大桥下的主航道，水深超过10米，为大型船舶提供了良好的通航条件。

南京港不仅是中国内河最大的外贸港口，还是江海中转和长江流域水陆联运的重要枢纽。它拥有多个泊位，包括万吨级深水泊位和锚地泊位，能够处理包括石油、煤炭、矿石、钢铁等在内的多种货物。南京港的货物吞吐量巨大，航线网络覆盖全球多个国家和地区，为国内外贸易提供了强有力的支持。

2. 绿色港口建设典型实践

近年来,南京港积极响应国家生态文明建设和绿色发展的号召,大力推进绿色低碳港口建设,取得了显著成效。以下是南京港在绿色低碳建设方面的典型实践。

1) 绿色能源推广与应用

南京港积极推广清洁能源的使用,例如建设分布式光伏项目,利用太阳能发电,减少对传统能源的依赖。这些光伏项目不仅为港口提供了清洁的电力供应,还降低了运营成本。在港口作业车辆和设备方面,南京港逐步推广电动化和清洁能源车辆,如电动集卡、电动叉车等,以减少燃油消耗和尾气排放。

2) 环保设施建设与升级

南京港投入大量资金建设和完善环保设施,如油气回收装置、污水处理系统等,确保港口作业过程中产生的污染物得到有效处理。这些设施的建设不仅提高了港口的环保水平,还保障了周边生态环境的安全。

3) 智能化与绿色化融合

南京港积极推进港口智能化建设,通过引入物联网、大数据、人工智能等先进技术,实现港口作业的自动化和智能化。这些技术的应用不仅提高了作业效率,还通过优化作业流程和减少人工干预等方式降低了能耗和碳排放。例如,南京港建成"一站式"物流信息枢纽和远控系统,实现装卸作业单证电子化率和自动化控制软件国产化率的大幅提升,显著提高了港口作业的绿色化水平。

4) 绿色运输体系构建

南京港致力于构建绿色运输体系,通过优化运输结构、推广多式联运等方式降低运输过程中的碳排放。例如,龙潭港区大力发展多式联运和全程物流业务,开通中欧班列、中亚班列等国际班列服务,实现了物流成本的降低和碳排放的减少。

5) 环保理念普及与培训

南京港注重环保理念的普及和培训工作,通过组织环保知识讲座、开展环保实践活动等方式提高员工和公众的环保意识。同时,南京港加强与政府、环保组织等机构的合作与交流,共同推动绿色低碳港口建设。

7.3.2 镇江港

1. 镇江港概况

镇江港位于中国江苏省镇江市,地处长江和京杭大运河的十字交汇处,是长江三角洲地区重要的江海河联运综合性对外开放港口,也是中国主枢纽港之一。镇江港历史悠久,东汉末年孙权曾在此"缮治京口"建立军港。随着时代的变迁,镇江港逐渐发展成为现代化港口,1986 年经国务院批准对外籍船舶开放,2004 年被确定为中国沿海 25 个主要港口之一,实现了从内河港口到沿海国际港口的跨越。

镇江港不仅地理位置优越,而且设施完善,拥有多个生产性码头泊位,其中包括万吨级以上的大型泊位。这些泊位为港口提供了强大的货物吞吐能力,使得镇江港在货物运输、集装箱运输等方面发挥着重要作用。近年来,镇江港的货物吞吐量和集装箱吞吐量持续增长,为地方经济发展作出了重要贡献。

2. 绿色港口建设典型实践

镇江港在绿色低碳建设方面取得了显著成效,典型实践包括以下几个方面。

1) 可再生能源应用

镇江港大力推进可再生能源的应用,如分布式光伏发电、风能发电等。通过建设光伏发电项目,镇江港实现了绿色电力的自给自足,减少了对传统能源的依赖。同时,风能发电项目也在逐步推进中,为港口提供了更多清洁、可再生的能源选择。

2) 岸电设施建设

镇江港积极建设船舶岸电设施,鼓励到港船舶使用岸电替代传统柴油发电机供电。镇江港还引入了创新技术,如全省首辆船舶岸电高低压转接车,实现了一套岸电设备满足船舶不同电压、不同频率的接电需求,提高了码头岸电设施的适配性。这不仅减少了船舶靠港期间的排放污染,还降低了船舶运营成本。截至 2023 年年底,该港共建设岸电设备 222 套,实现沿江、内河泊位岸电覆盖率均达 100%,使用岸电量大幅增长。随着岸电设施的逐步完善和推广使用,镇江港的绿色港口形象得到了进一步提升。

3）新能源车辆推广

镇江港在港口作业车辆中积极推广新能源车辆的使用,如电动叉车、电动集卡等。这些新能源车辆具有零排放或低排放的特点,有效降低了港口作业过程中的环境污染。同时,镇江港还鼓励港口企业采购和使用新能源车辆,提高港口绿色运输比例。

4）绿色物流体系构建

镇江港致力于构建绿色物流体系,通过优化运输结构、推广多式联运等方式降低物流过程中的碳排放。例如,该港鼓励使用铁路、水路等低碳运输方式替代公路运输;推广使用环保包装材料减少包装废弃物等。这些措施的实施有助于提升镇江港的整体绿色物流水平。

5）智能化与绿色化融合

镇江港在推进港口智能化的过程中注重与绿色化的融合。该港通过引入物联网、大数据、人工智能等先进技术,实现港口作业的自动化和智能化,减少人工干预和能耗损失。同时,该港加强港口设施的日常维护和保养,确保其处于良好运行状态,降低能耗和碳排放水平。

6）环保设施建设与升级

镇江港不断加强环保设施的建设和升级工作。例如,该港建设污水处理设施,对港口作业过程中产生的污水进行处理达标排放;建设垃圾收集和处理系统,对港口垃圾进行分类收集和处理,减少环境污染等。这些环保设施的建设和升级工作为镇江港的绿色低碳发展提供了有力保障。

7.3.3　苏州港

1. 苏州港概况

苏州港地处长江入海口的咽喉地带,其地理位置西起长山(张家港与江阴交界处),东至浏河口南(太仓与上海交界处),东南紧邻上海,西南为经济发达的苏、锡、常地区。苏州港是由原中国国家一类开放口岸张家港港、常熟港和太仓港三港合一组建而成的新兴港口,这三个港口相应成为苏州港的张家港港区、常熟港区和太仓港区。苏州港的组建始于 1968 年张家港港区的建设,随后在 1992 年年初太仓港区开始开发建设,同年 8 月常熟港区动工兴建,最终在 2002 年三港合一正式组建为苏州港。

苏州港是中国的重要港口之一,其货物吞吐量持续增长,显示出强大的运输能力和市场竞争力。近年来,苏州港在保持货物吞吐量稳定增长的同时,也积极推进绿色低碳建设,以实现可持续发展。

2. 绿色港口建设典型实践

苏州港在绿色低碳建设方面采取了多项措施,典型实践包括:

1)推广新能源和清洁能源

苏州港积极推广新能源和清洁能源的使用,如鼓励港区内车辆使用电动或混合动力等低排放车辆,以减少尾气排放。在港口作业设备方面,该港也逐步引入电动设备或采用清洁能源动力的设备,以降低能耗和碳排放。

2)优化能源结构

苏州港通过优化能源结构,提高清洁能源在能源消费中的比重,减少对化石能源的依赖。例如,该港利用太阳能、风能等可再生能源为港口设施供电,降低碳排放。

3)提升能效水平

苏州港通过技术改造和设备升级,提高港口作业能效水平。例如,该港采用先进的装卸设备和工艺流程,减少能源消耗和浪费。该港加强对港口设施的日常维护和保养,确保其处于良好的运行状态,避免不必要的能耗损失。

4)实施绿色交通发展战略

苏州港积极响应国家绿色交通发展战略,推动大宗货物和集装箱运输朝着低碳、环保方向转变。例如,该港鼓励使用水运、铁路运输等低碳运输方式替代公路运输,减少碳排放。

5)推进智慧港口建设

苏州港利用物联网、大数据、人工智能等先进技术推动智慧港口建设。

该港通过智能调度、远程监控等手段,提高港口作业效率和管理水平;同时,这也有助于降低能耗和碳排放。

6) 加强环保监管和治理

苏州港建立健全环保监管体系,加强对港口作业过程中产生的废水、废气、噪声等污染物的监测和治理。该港对港口设施进行环保检查和评估,确保其符合环保标准和要求。

7) 推动港产城融合发展

苏州港注重与周边产业和城市的融合发展,通过优化港口布局和资源配置推动港产城一体化发展。这不仅有助于提高港口的经济效益和社会效益,还有助于实现绿色低碳发展目标。苏州港在绿色低碳建设方面取得了显著成效,多次获得国家和地方政府的表彰和奖励。

7.3.4　武汉港

1. 武汉港概况

武汉港地处长江中游,在国家中部崛起战略、长江黄金水道和武汉航运中心建设中占据重要地位。该港口的最大靠泊能力达到 12 000 吨级,一次系泊能力 70 万吨,设备最大起重能力 50 吨,集装箱吞吐能力和货物吞吐能力均相当可观。近年来,武汉港吞吐量稳步增长,集装箱吞吐量不断刷新历史纪录,成为内陆地区的重要港口之一。

2. 绿色港口建设典型实践

武汉港在绿色低碳建设方面采取了多项措施、取得了显著成效,典型实践主要包括:

1) 推广清洁能源与节能减排

武汉港积极推广清洁能源的使用,鼓励船舶靠港期间使用岸电,减少柴油发电机的使用,从而降低碳排放。阳逻港作为绿色低碳发展的典范,已配置多套岸基电源,实现了码头岸电建设项目的全覆盖。在港口作业车辆和设备方面,武汉港也逐步向电动化、智能化转型,通过引入电动叉车、电动堆高机等设备,降低传统燃油设备的比例,减少碳排放。

2)智慧港口建设

武汉港积极推进智慧港口建设,运用物联网、大数据、人工智能等先进技术提升港口作业效率和管理水平。例如,该港通过5G、北斗、远控等技术实现港口设备的远程操控和自动化作业,减少人工干预和能源消耗。阳逻港作为智慧港口的代表,已完成多个箱区的龙门吊远控建设,并计划在未来几年内完成余下所有龙门吊的远控改造。这将进一步提升作业效率并降低能耗。

3)绿色生态修复与保护

武汉港注重港区及周边生态环境的保护和修复工作。该港通过植树造林、湿地保护等措施,改善港区生态环境质量;同时,加强环境监测和治理工作,确保港区环境质量达标。

4)优化运输结构与提升作业效率

武汉港积极推动绿色运输方式的发展,优化运输结构,减少公路运输比例,鼓励海铁联运、水水中转等低碳运输方式的应用。这不仅降低了运输过程中的碳排放,还提升了整体运输效率。同时,武汉港通过优化作业流程和提升作业效率等措施,进一步降低能耗和碳排放。例如,该港通过智能调度系统优化船舶靠泊计划,减少等待时间;通过自动化装卸设备提高装卸效率,降低污染排放等。

5)推广环保理念与公众参与

武汉港还积极开展环保宣传教育活动,提升员工和公众的环保意识。该港通过组织环保知识讲座、开展环保实践活动等方式,引导员工和公众积极参与绿色低碳行动,以共同推动港口的绿色可持续发展。

7.3.5 重庆港

1. 重庆港概况

重庆港地处中国中西结合部,是中国长江上游最大的内河主枢纽港和全国内河主要港口之一。其水路交通便捷,可直达长江八省二市,同时陆路交通也十分发达,与成渝、襄渝、渝黔、渝怀等多条铁路以及成渝、渝黔、重庆至武汉、重庆至长沙等高速公路相连。重庆港经济腹地广阔,包括重庆市下辖26 区 8 县 4 自治县(截至 2023 年末)及四川、云南、贵州三省。

重庆港主要从事港口装卸、客货运输、水陆中转、仓储服务、物流配送、酒店旅游等多种综合性经营服务。港口设施完善,拥有多个现代化货运码头和客运旅游码头,以及大面积的堆场和仓库。其年货运综合通过能力达到 900 万吨,年客运旅游通过能力近 1 000 万人次,是重庆市及周边地区重要的物资集散地和交通枢纽。

2. 绿色港口建设典型实践

重庆港在绿色低碳建设方面取得了显著成效,典型实践包括:

1) 新能源和清洁能源的推广使用

重庆港积极推动港口作业车辆和设备的电动化、清洁化。例如,该港引入电动叉车、电动集卡等新能源设备替代传统燃油设备,减少尾气排放。该港鼓励到港船舶使用岸电设施,减少船舶靠港期间的燃油消耗和碳排放。2021 年全市已建成岸电供应泊位 215 个,全年共推动完成 1 112 艘运输船舶受电设施改造,船舶使用岸电约 710 万千瓦时,减排大气污染物约 3 000 余吨,减排成效同比扩大 50%。重庆港在内河航运中推广新能源船舶,如纯电动船舶、混合动力船舶等,减少燃油消耗和碳排放。例如,重庆港投用国内首艘油气电混合动力船,并在长江上游率先投用纯 LNG 动力船。

2) 绿色运输方式的优化

重庆港推广多式联运和铁水联运等低碳运输方式,减少公路运输比例,降低物流过程中的碳排放;优化运输路线和运输计划,提高运输效率,减少能源消耗和污染物排放。

3) 环保设施的建设和完善

重庆港建设污水处理设施、垃圾收集和处理系统等环保设施,确保港口作业过程中产生的污染物得到有效处理;对港口堆场进行绿化和硬化处理,减少扬尘污染;对老旧设备进行环保改造,提高其能效,减少能源消耗和污染物排放。例如,重庆港盛船务公司的"港盛1005轮"成为首艘通过三峡船闸的LNG/柴油双燃料船舶,标志着使用LNG清洁燃料船舶可实现长江全流域航行,为长江绿色航运发展发挥先行示范作用。

4) 节能减排技术的应用

重庆港在港口照明、制冷、供暖等方面采用节能技术和设备,降低能源消耗;对港口作业流程进行优化和改进,减少不必要的能耗和碳排放。

5) 绿色港口理念的普及和推广

重庆港加强员工环保培训和教育,提高员工的环保意识和参与度。该港通过宣传栏、网站等渠道普及绿色港口理念,引导社会各界关注和支持港口绿色低碳建设;实施一批绿色港口示范项目,如绿色仓储、绿色物流等,展示绿色港口建设的成果和经验,引导其他港口企业积极参与绿色低碳建设。

6) 智慧港口建设

重庆港引入物联网、大数据、人工智能等先进技术推动智慧港口建设。该港通过智能调度、远程监控等手段提高港口作业效率和管理水平,同时降低能耗和碳排放。

7.3.6 九江港

1. 九江港概况

九江港地处长江、鄱阳湖、京九铁路的交汇处,具有得天独厚的地理位置优势。作为全国内河36个主要港口之一,九江港不仅是江西省唯一通江达海的一类水运口岸,还是区域综合运输体系的重要枢纽和江西省对外开放的门户。九江港历史悠久,早在明清时期就已成为中国四大米市、三大茶市和景德镇瓷器的集散中心之一,并在第二次鸦片战争后于1861年辟为对外通商口岸。

九江港由长江沿线港区、鄱阳湖区港区两大主体组成,共划分为12个港区,包括瑞昌港区、城西港区、城东港区等长江沿线港区,以及湖口湖区港区、都昌港区、庐山港区等鄱阳湖区港区。九江港现有客货运等各类码头147座,泊位 406 个,其中货运码头 88 座,集装箱、大宗散货、件杂货、危险品等货运功能码头齐备。对外开放码头 8 座,开放锚地 2 处。九江港口岸对外贸易航运开辟了日本、菲律宾、新加坡等多个国家和地区的直达航线,国际集装箱航运每天开通有九江经上海中转至世界各港的公共内支线航班。

2. 绿色港口建设典型实践

九江港在绿色低碳建设方面取得了显著成效,主要体现在以下几个方面。

1) 智慧港口建设

九江港积极推进智慧港口建设,通过引入先进的信息技术和自动化设备,提高港口作业效率,减少能源消耗和碳排放。例如,九江港首座 5G 智能码头——城西港区赤湖公用码头已正式投入运营,实现了调度数智化、装卸少人化、运送自动化、仓储无人化四大功能创新。

2) 新能源应用

九江港在港口设施建设和运营中积极推广新能源应用。该港在港口照明、动力供应等方面采用太阳能、风能等可再生能源,减少对传统能源的依赖;同时,鼓励和支持港口企业使用电动或混合动力车辆,降低碳排放。

3) 岸电设施建设

为减少靠港船舶的燃油消耗和碳排放,九江港加强了岸电设施建设。该港通过为停靠船舶提供岸上电力供应,替代船舶自备发电机发电,有效降低了船舶靠港期间的碳排放。目前,九江港已建成多个岸电设施,为靠港船舶提供便捷、高效的岸电服务。

4) 污染防治与生态修复

九江港高度重视港口污染防治和生态修复工作。该港通过加强港口区域的环境监测和治理,严格控制污染物排放;同时,积极开展港区绿化和生态修复工作,提高港区生态环境质量。港口建设和运营过程中注重植被保护和水土保持,采取有效措施减少施工对生态环境的影响。针对港口作业过程中可能产生的粉尘污染问题,九江港采取了多种粉尘治理措施。例如,该港在散货码头引入创新性的全封闭胶囊式穹顶设计,成功避免了传统散货码头存在的粉尘难题。此外,该港还通过洒水降尘等措施进一步控制粉尘污染。

5）绿色物流体系建设

九江港致力于构建绿色物流体系,通过优化运输方式、提高运输效率等措施降低物流过程中的碳排放。例如,该港推动多式联运发展,鼓励使用铁路、水路等低碳运输方式;加强物流信息化建设,提高物流作业效率和准确性等。

6）强化港口绿色发展示范

九江港推动港口企业通过绿色港口认证,提高港口企业的环保意识和管理水平。九江市工业和信息化局正在推动创建省级绿色工厂、绿色园区和节水型企业等,力争每年创建省级绿色工厂 10 家、绿色园区 1 家、节水型企业 30 家。

7.4 国内绿色港口建设实践小结

7.4.1 双轮驱动:减污降碳与能源替代协同推进

我国绿色港口建设从单一污染物治理转向系统性低碳转型,形成"节流"与"开源"并重的模式:

减污降碳。通过洒水抑尘、苫盖、防风网等物理手段控制粉尘污染,同时优化运输结构(如"公转铁""公转水")降低碳排放。例如,天津港通过岸电全覆盖和氢燃料电池重卡应用,实现碳排放强度下降 16%;黄骅港研发翻车机本质长效抑尘系统,使煤港粉尘排放削减率达 98%,实现"近零排放"。

能源替代。从"油改电"到光伏、风能、氢能等多元化清洁能源应用。深圳盐田港通过岸基供电、LNG 拖车等技术,十年间碳排放量稳步下降;青岛港、宁波舟山港则利用光伏和储能技术实现"绿电"自给,其中青岛港氢燃料电池轨道吊每箱耗电下降 3.6%,实现零排放。

7.4.2 区域协同：沿海引领与内河赶超的梯次发展

沿海港口先行示范。秦皇岛港、天津港等北方散货港通过中水回用、粉尘治理等工程率先突破；上海港、深圳港等集装箱港通过自动化码头和智慧管理引领全球。例如，天津港建成全球首个"智慧零碳"码头，年发绿电 1.5 亿千瓦时。

内河港口加速转型。长江经济带推动"以电代油"和智慧化监管，黄石新港通过绿色能源和生态修复实现跨越式发展；京杭运河、珠江等内河港口通过封闭管廊运输和污染物联防联控，绿色发展水平已不逊于沿海港口。截至 2024 年，长江干线船舶岸电覆盖率超 75%。

7.4.3 技术迭代：创新驱动绿色港口能级跃升

清洁能源技术。光伏、风电、氢能等清洁能源技术得到规模化应用。天津港构建"风光储荷一体化"能源体系，年减碳 2 万吨；青岛港建成全球首个"氢＋5G"智慧生态港，实现零排放作业。

智能化管理。通过物联网、大数据优化能源与碳排放监测。天津港搭建能源综合管控平台，实现能耗实时分析与减排决策；深圳妈湾港应用 5G 技术减少氮氧化物排放 1 350 吨/年。

生态治理技术。黄骅港打造"两湖三湿地"生态水循环系统，年回收用水超 400 万立方米，实现压舱水、煤污水"零排海"；日照港通过"退港还海"工程修复海岸生态，形成临海绿化景观带。

7.4.4 政策标准：顶层设计赋能绿色转型

政策体系完善。行业层面出台《公路水路典型运输和设施零碳试点工作方案》《绿色交通"十四五"发展规划》等文件，明确近零碳港口试点目标；地方港口集团制定专项规划，如山东港口"智慧绿色港顶层设计"。

标准规范引领。发布《绿色港口等级评价指南》、制定《近零碳交通设施建设技术要求 第 3 部分：港口作业区》等行业标准，推动超 60 个港口（码头）获评"中国绿色港口"称号。2024 年天津港、江阴港、黄骅港、潍坊港、连云港港 5 家港口码头获得交通运输部首批近零碳码头试点项目。

7.4.5 国际影响力：从跟跑到领跑的全球标杆

我国绿色港口建设通过技术创新与标准输出，已从国际"跟跑者"跃升为全球"领跑者"。以天津港为例，其全球首个"智慧零碳"码头通过"风光储荷一体化"系统实现绿电自给自足，年减碳 2 万吨，并作为中国方案被国际认可。青岛港自动化码头以每小时超过 60 个自然箱的作业效率连续刷新世界纪录，氢能轨道吊技术更输出至东南亚。深圳港、上海港等参与国际零碳港口标准制定，助力中国方案国际化。目前，宁波舟山港、上海港等 11 个国际枢纽港集装箱水平运输设备清洁化比例已超过 60%，在全球航运碳减排中发挥关键作用。

"碳"寻未来之路篇

　　前瞻绿色港口在政策协同、技术迭代与实践探索中的发展方向,提出以自主转型、广泛应用、全域升级为核心的未来路径,为全球港口绿色低碳转型贡献"中国方案"。

引言

　　港口作为全球贸易网络的关键节点,既是支撑制造业发展和世界经济增长的重要引擎,又是能源消耗与环境污染的关键领域。在全球能源结构转型和生态环境治理的双重挑战下,"绿色港口"理念应运而生,其以可持续发展为核心,通过技术创新与系统优化构建环境友好、资源集约、低碳高效的港口运营体系,在保障经济效能的同时实现生态平衡。港口的发展依附于港口城市,并且给城市环境带来影响,因此二者之间的互动十分重要。中国作为拥有全球十大集装箱港口中 6 席的航运大国,其港口绿色化进程不仅关乎国内生态文明建设,更对全球航运业低碳转型具有示范引领作用。在实践层面,绿色港口建设涵盖港口本体节能改造、清洁能源替代、船舶岸电系统建设、运输载具能效提升等全链条减排措施,形成港区作业与运输网络协同降碳的生态系统。政策驱动方面,国内《绿色交通"十四五"发展规划》系统性地构建了绿色港口建设标准与评价体系,国际层面则通过 IMO 碳排放法规强化及《联合国气候变化框架公约》缔约方会议形成倒逼机制,以双重压力推动港口加速能源结构转型,特别是在 LNG 加注设施、氢能储运体系、绿色航运走廊建设等替代能源领域取得突破。从发展维度看,绿色港口兼具经济竞争力提升与环境承载力增强的双重价值:短期来看,通过能效优化降低运营成本,中期形成企业 ESG 竞争优势,长期则构建起港城融合的可持续发展模式。当前我国港口在吞吐规模全球领先的背景下,更需以技术创新为突破口,在智能调度系统优化、可再生能源应用、污染防控体系完善等维度持续发力,将环境治理成本有效转化为高质量发展动能,最终实现港口经济效益、生态效益、社会效益的协调统一,为全球航运业绿色转型提供中国方案。

　　本篇基于绿色低碳港口政策、技术、实践的梳理和总结,系统提出未来绿色低碳港口发展的路径。绿色港口作为新质生产力的典型载体,正在书写人与自然和谐共生的现代化叙事,这条由政策铺就、技术筑基、实践夯实的转型之路,终将通向可持续发展的星辰大海。

第8章
政策：由引导行为向自主行为转变

8.1 规划引领，系统谋划绿色低碳港口建设的顶层设计

国务院 2021 年印发了《2030 年前碳达峰行动方案》，提出了"碳达峰十大行动"方案，其中交通运输绿色低碳行动就是碳达峰十大行动之一。港口作为交通运输的重要环节，应强化顶层设计，从战略高度对绿色低碳港口建设进行统一规划部署，同时，也要充分考虑各区域港口的特点，充分体现共性与个性的统一，在明确共同目标和路径的同时，支持企业根据自身建设情况及发展特点，拟定各自目标措施。要发挥政府在推进"碳达峰、碳中和"目标实现中的引导作用，从政府层面做好顶层规划设计，层层贯彻落实，加强对港口企业的统筹管理，制定严格、有力的监管措施，压实各港口企业主体责任。

1. 注重战略规划引领，确立可持续发展为核心目标

明确绿色低碳港口建设的长远目标，即实现港口经济的可持续发展与生态环境保护的和谐共生。为实现这一目标，从国家层面出发，制定详尽、前瞻的绿色低碳港口发展战略规划显得尤为重要。规划应明确各阶段的具体目标、重点任务及实施路径，确保每一步都朝着既定方向稳步前进。同时，规划

过程中充分考虑国内外港口的发展趋势、技术革新动态以及政策环境的变化,确保战略的前瞻性和可操作性,使绿色低碳港口建设能够适应未来的挑战,实现长期稳定发展。

2. 注重能源结构优化,推动港口产业升级与转型

港口产业升级和转型是实现绿色低碳发展的核心驱动力。应积极鼓励港口企业采用先进的技术和管理模式,不断推动传统业务朝着高端化、智能化、绿色化方向转型。在能源结构的优化方面,大力发展可再生能源,如太阳能、风能等,并在港口区域合理布局分布式能源系统,以减少对化石燃料的依赖。应积极推进港口机械设备的电动化、氢能化改造,提高能源使用效率,降低碳排放。

3. 注重科学技术创新,推进绿色智能化发展水平

科技创新和智能化是绿色低碳港口建设的重要支撑。应加大对港口智能化技术的研发投入,如物联网、大数据、人工智能等,推动港口作业自动化、信息化、智能化升级。这样通过智能化管理,实现港口资源的高效配置和精准调度,减少能耗和碳排放。同时,利用科技手段提升港口安全管理水平,保障港口运营安全。

4. 注重政策激励引导,完善政策支持与监督体系

政府应发挥在绿色低碳港口建设中的引导作用,制定一系列激励和约束政策,如税收优惠、资金补贴、碳交易机制等,激发港口企业和相关方的积极性。同时,建立健全绿色低碳港口建设监管体系,加强对港口企业节能减排工作的监督检查和考核评估,确保各项政策措施得到有效执行。

5. 注重多样化发展,实现共性与个性的统一

在推进绿色低碳港口建设过程中,应充分考虑各区域港口的特点和差异,避免"一刀切"的做法。在明确共同目标和路径的基础上,鼓励港口企业根据自身实际情况和发展需求,制定具有针对性的绿色低碳发展方案。通过

差异化发展策略,实现港口绿色化、智能化发展的共性与个性的统一。

6. 注重文化宣传培训,营造良好社会氛围

加强绿色低碳港口建设的宣传和教育工作,提高社会各界对绿色低碳发展的认识和重视程度。通过举办培训班、研讨会等活动,提升港口企业和相关人员的专业技能和管理水平。同时,利用媒体等渠道广泛宣传绿色低碳港口建设的成功案例和先进经验,形成全社会共同参与的良好氛围。

8.2 分类施策,稳步推进绿色低碳港口建设项目

1. 深化合作,共筑绿色低碳港口建设标准与评价体系

1) 搭建合作平台

在构建绿色低碳港口建设标准与评价体系的过程中,深化合作是不可或缺的一环。政府部门应搭建起一个开放、包容、高效的合作平台,该平台不仅应邀请国内的企业、行业协会参与,更应广泛吸纳国际组织、跨国企业以及环保领域的专家学者,共同形成一个具备全球视野的合作网络。该平台通过定期举办研讨会、工作坊以及实地考察等多种形式的活动,有效促进各方在绿色低碳港口技术、管理、政策等多个层面进行深入的交流与经验分享。这种跨国界、跨行业的合作模式,将极大地有助于汇聚全球的智慧与力量,共同攻克绿色低碳港口建设中遇到的技术难题,推动相关的标准与评价体系不断得到完善和优化。

2) 完善标准评价机制

建立一套严格的评审机制,邀请国内外的权威机构以及专家团队对标准进行审查与认证。此外,还应设立一个反馈与修订机制,鼓励港口企业、行业协会等利益相关方积极参与标准的实施与监督过程,及时反馈在实施过程中遇到的问题与建议,从而为标准的持续优化提供源源不断的动力。

2. 试点先行,探索绿色低碳港口建设的多元化路径

1) 鼓励多样化发展

在试点项目的选择上,应全面、细致地考虑港口的地理位置、产业特色、资源禀赋等多重因素,确保试点的代表性和可行性。鼓励不同类型、不同规模的港口根据自身特点,量身选择适合自身发展的绿色低碳转型路径,以实现差异化的绿色发展。例如,沿海港口可以充分利用其地理优势,重点发展海上风电、潮汐能等可再生能源,通过技术创新和模式创新,实现能源的高效利用和碳排放的显著降低。内河港口则可以积极探索水上电动船舶、氢能船舶等新型、环保的运输方式,推动内河运输的绿色化、清洁化。

2) 加强产学研用融合

注重产学研用的深度融合,加强与高校、科研机构以及技术企业的紧密合作,共同攻克绿色低碳转型过程中的关键技术难题,推动科技成果的快速转化与应用。这样通过产学研用的紧密结合,加速绿色低碳技术的研发和推广,为港口的绿色转型提供有力的技术支撑。

3) 重视试点示范

通过组织现场观摩、经验交流等丰富多样的活动,将试点项目的成功经验与做法向全国乃至全球范围内广泛推广,以此激发更多港口积极加入到绿色低碳转型的行列中来,共同推动全球港口的绿色、可持续发展。

3. 强化监管,构建全链条的港口碳排放管理体系

建立健全港口碳排放评价标准及监管机制,是实现绿色低碳港口建设的重要保障。为了构建全链条的碳排放管理体系,应从以下几个方面入手。

1) 完善碳排放数据的采集与报告制度

利用现代信息技术手段,建立覆盖港口生产运营全过程的碳排放监测体系,确保碳排放数据的准确性、及时性和完整性。同时,明确港口企业碳排放报告的编制要求与提交时限,为监管部门提供有力的数据支撑。

2) 开展碳足迹核算

港口企业应建立一套科学、合理、可操作的碳足迹核算体系。这包括明

确核算边界、确定核算方法、选择核算工具、制定核算流程等。具体而言,应涵盖港口运营活动的全生命周期,包括船舶进出港、货物装卸、仓储管理、运输车辆运行、港口设施建设与维护等各个环节。同时,应充分考虑不同环节之间的相互影响和关联,确保核算结果的准确性和全面性。

3) 加强碳排放的审核与核查工作

建立独立的第三方审核机构,对港口企业提交的碳排放报告进行严格审核与核查,确保数据的真实性和可靠性。对于发现的问题与违规行为,依法依规进行处罚与整改,形成有效的震慑作用。

4) 推动碳排放权交易市场的建设与发展

在完善碳排放评价标准的基础上,探索建立港口碳排放权交易市场,通过市场机制促进港口企业之间的碳排放权交易与优化配置。这不仅有助于降低港口企业的减排成本,还能激发其减排动力与积极性。

5) 加强碳排放管理的国际合作与交流

积极参与国际碳排放管理规则的制定与修订工作,推动国内外碳排放标准的互认与衔接。同时,加强与国际组织的合作与交流,共同研究解决绿色低碳港口建设中的全球性问题并积极应对挑战。

8.3 完善机制,构建港口企业环境管理体系

1. 全面评估与定制化策略

1) 现状评估

港口企业应秉持严谨细致的态度,组织由多领域专家组成的专业团队,或委托具备高度专业性和独立性的第三方机构,对港口现有的环境管理体系进行全方位、深层次的评估。评估过程需覆盖环境管理体系的每一个环节,以精准识别出当前体系中的薄弱环节、潜在的环境风险点以及与国家和地方环保法规之间的合规性差距;还应关注国际环保标准和趋势,确保评估的全面性和前瞻性。

2) 定制化策略

在充分理解评估结果的基础上,港口企业应结合自身的实际情况,如港口规模、年吞吐量、地理位置的特殊性、业务特色(如危险品运输、冷链物流等)以及未来发展规划,量身定制一套既符合国家和地方环保法规要求,又能有效推动港口绿色转型的环境管理策略。策略的制定应体现差异化、精细化管理的原则,针对识别出的薄弱环节和风险点提出具体可行的改进措施,同时融入绿色发展的长远目标,确保策略的科学性、合理性和可操作性。

2. 优化环境管理组织架构与流程

1) 健全组织架构

为了确保环境管理工作的有效推进,港口企业应建立或优化环境管理委员会,该委员会应由高层领导直接负责,以彰显其对环境管理的重视和承诺。委员会下设多个专项工作组,如污染物控制组、资源循环利用组等,每个工作组负责具体环境管理事务的规划与执行,形成上下联动、横向协同的工作机制;同时,明确各级管理人员和员工的环保职责,确保环境管理责任层层落实,形成全员参与、共同推进的良好局面。

2) 流程标准化

制定详细的环境管理操作流程和应急响应预案,涵盖污染物排放控制、资源循环利用、生态修复等多个方面。这样通过标准化作业,提升环境管理效率和效果。

3. 强化能源与设备管理

1) 能源集中管控

港口企业应积极引入先进的能源管理系统(EMS),利用物联网、大数据等现代信息技术手段,实现对港口能源消耗的全面监测、分析和优化。港口企业通过智能调度和精准控制,减少能源浪费,提高能源使用效率;同时,建立能源管理数据库,记录和分析能源消耗数据,为制定节能减排措施提供科学依据。

2）设备节能减排

港口企业对主要装卸设备进行技术改造或更新换代,采用低能耗、高效率的环保型设备;同时,实施设备定期维护检查制度,确保其处于最佳工作状态,减少因设备故障导致的能耗增加和环境污染。

4. 提升人员素质与专业能力

1）专业培训

港口企业定期组织港口工作人员参加环保法律法规、环境管理知识、节能减排技术等方面的培训。特别是针对环境管理岗位人员,港口企业加强其专业技能和应急处理能力培训。

2）文化建设

港口企业将绿色环保理念融入企业文化之中,通过举办环保主题活动、表彰环保先进个人和团队等方式,激发员工的环保意识和责任感。

5. 加强与外部合作与交流

1）政企合作

港口企业应积极与政府相关部门沟通协作,争取政策支持和资金补助。这样通过参与政府主导的环保项目、争取税收优惠和补贴等方式,降低环保投入成本,提高环保工作效益。同时,港口企业加强与政府部门的信息共享和联动机制建设,共同应对环境突发事件和污染问题。

2）行业交流

参与国内外港口环境管理论坛、研讨会等活动是提升港口环境管理水平的重要途径。这样通过与其他港口企业的交流和学习,了解行业最新动态和先进经验做法。同时,港口企业加强与国际环保组织的合作与交流,引进国际先进的环保技术和理念,推动港口环境管理工作的国际化进程。

3）公众参与

港口企业加强与周边社区、环保组织的沟通与合作,定期发布港口环境管理报告,接受社会监督,共同构建和谐的港城关系。

8.4 强化协同,建立政府部门间协调联动机制

1. 明确职责分工,建立协同机制

1) 成立绿色港口建设领导小组

由中央或地方政府牵头,成立由交通、海事、生态环境、港务、自然资源、检疫、市政等相关部门高级别领导组成的绿色港口建设领导小组,作为决策和协调的核心机构。该小组负责制定绿色港口发展的总体战略、政策导向和阶段性目标,明确各成员单位的职责分工。

2) 细化任务清单

为确保绿色港口建设的各项工作能够有序进行,领导小组应组织相关部门详细梳理涉及的各项任务。这包括明确每项任务的具体内容、责任部门、完成时限及考核标准,形成一份清晰的任务清单。这样,各部门就能清楚地了解自己的工作任务和责任,确保各项工作有章可循、有人负责。

3) 建立定期会议制度

加强各部门之间的沟通和协调,应设立绿色港口建设联席会议制度。定期召开会议,听取各成员单位的工作进展汇报,及时了解和掌握绿色港口建设的最新动态。同时,通过会议协调解决跨部门合作中遇到的问题和困难,推动各项工作有序开展。这样,各部门就能在共同的目标下,形成合力,共同推进绿色港口建设。

2. 优化资源配置,强化人员保障

1) 合理调配人力资源

针对绿色港口建设的实际需求,领导小组应发挥协调作用,与各成员单位紧密合作,合理调配专业人员。确保关键岗位和重点任务能够得到充足的人力资源支持,这是推动绿色港口建设顺利进行的关键。同时,领导小组为了提升团队的整体素质和协作能力,还应加强人员培训和交流,使团队成员

能够不断适应绿色港口建设的新要求,共同推动项目的进展。

2）完善激励机制

为了激发工作积极性和创造力,应建立一套绿色港口建设的绩效考核体系。该体系应将工作成效与部门和个人绩效紧密挂钩,对在绿色港口建设中表现突出的单位和个人给予应有的表彰和奖励。这样通过激励机制,可以进一步调动各部门和个人的工作热情,为绿色港口建设的持续、高效推进提供有力的人员保障。

3. 加强沟通协调,促进信息共享

1）建立信息共享平台

利用现代信息技术手段,建立绿色港口建设信息共享平台,实现各部门间政策文件、项目进展、环境监测数据等信息的实时共享和互通。这有助于减少信息不对称,提高决策效率和科学性。

2）强化沟通协调机制

建立日常沟通协调机制,确保各部门之间在绿色港口建设过程中能够及时沟通、相互支持。该机制对于重大事项和复杂问题,可组织专题会议或联合调研,共同研究解决方案。

4. 统一规章标准,推进标准化建设

1）梳理现行规章和标准

领导小组应组织专家团队,对现行涉及绿色港口建设的所有行政规章和适用标准进行全面、细致的梳理和评估。这一步骤的核心目标是识别出规章和标准之间存在的差异性和冲突点,为后续的统一化工作提供明确的方向和重点。

2）制定统一标准

在充分调研和论证的基础上,领导小组应负责制定或修订与绿色港口建设紧密相关的统一标准。这些标准应全面涵盖环保要求、节能减排技术、资源循环利用等多个关键方面,确保各行业在执行绿色港口建设时,所遵循的标准具有高度的一致性和可操作性。这样通过统一标准的制定和实

323

施,有效推动绿色港口建设的规范化、标准化进程,进而提升整体的建设质量和效益。

3) 加强标准宣贯和实施

为了确保统一标准得到有效执行,领导小组加大对这些标准的宣传和推广力度,可组织专门的培训活动,提高行业内外对标准的认识和执行力;同时,加大监管和执法力度,确保标准在实际工作中得到切实有效的实施,为绿色港口建设的持续、健康发展提供有力保障。

5. 形成闭环管理,持续改进提升

1) 建立反馈机制

建立绿色港口建设效果评估和反馈机制,这一机制应定期对各项工作的进展和成效进行全面、客观的评估,以便及时发现问题和不足。领导小组通过反馈机制,及时了解到绿色港口建设过程中的实际情况,为后续改进提供有力依据。

2) 持续改进提升

根据评估结果和反馈意见,领导小组及时调整和完善绿色港口建设策略、任务清单和配套措施,形成持续改进的良性循环;同时,鼓励和支持技术创新和模式创新,推动绿色港口建设不断迈上新台阶。

8.5 标准统一,推动国内外标准协同发展

推动港口绿色低碳标准国内外协同发展,是指在全球范围内,通过国际合作与交流,共同制定、完善并推广实施一系列旨在促进港口行业绿色化、低碳化转型的标准、规范和技术指南。这一过程不仅涉及国内港口绿色发展的战略规划、政策引导、技术创新与应用,还强调与国际社会在节能减排、清洁能源使用、环境保护、生态修复、智能化管理等方面的深度对接与协作,以实现港口行业的可持续发展目标。

在推动港口绿色低碳标准国内外协同发展的宏伟蓝图中,中国正积极扮

演引领者与贡献者的角色,致力于通过构建更加完善、高效的国家层面技术标准体系,为全球港口行业的绿色转型提供坚实支撑。这一进程不仅关乎中国港口自身的可持续发展,更是中国作为负责任大国,对全球环境保护和气候变化应对承诺的具体体现。

1. 加强国家技术标准建设

1) 完善标准体系框架

在国家层面,应系统性地构建港口绿色低碳发展的标准体系,涵盖能源利用、排放控制、生态修复、资源循环利用、智能管理等关键领域。确保标准体系既符合国内港口实际情况,又具有前瞻性和引领性。国家层面应设立专门的标准化工作机构或专家组,负责标准的制定、修订、审核及推广实施,确保标准质量与国际接轨。

2) 提升标准创新能力

国家应加大对港口绿色低碳技术创新的支持力度,鼓励企业、高校及科研机构参与标准制定过程,将最新的科研成果和创新技术转化为标准,提升我国港口绿色低碳标准的国际竞争力。国家层面应设立专项基金,支持标准研发、试验验证和国际化推广,形成产学研用紧密结合的标准创新生态。

2. 加强中国标准国际化

1) 利用国际组织平台

我国应积极参与 IMO、国际标准化组织(ISO)等国际组织的活动,加强与这些组织的合作,共同制定或修订国际港口绿色低碳标准。这样通过提案、讨论、投票等方式,将中国标准中的先进理念和技术要求融入国际标准中,提升中国标准的国际影响力和话语权。

我国应利用 APEC 等区域经济合作组织的平台,推动区域内港口绿色低碳标准的互认与协调,促进区域内港口绿色低碳技术的交流与合作。

2) 实施"走出去"战略

国家应鼓励和支持我国港口企业、技术服务商参与国际港口绿色低碳项目,通过项目合作、技术输出等方式,将中国标准和方案带到国际市场,展示中国智慧和中国方案的实际成效。

我国应加强与国际金融机构、多边开发银行等合作,争取资金支持,推动中国港口绿色低碳技术和标准在"一带一路"沿线国家和其他发展中国家的应用与推广。

第9章
技术：由试点示范向广泛应用转变

港口碳减排路径应包括结构性减排和技术性减排。其中结构性减排是通过调整集疏运涉及的运输方式、运输路径等降低港口及港口货物运输系统的碳排放；技术性减排是通过能源替代和能源节约的方式降低碳排放，包括改变能源结构，采用清洁能源系统和清洁用能设备，作业、设备及建筑物节能等。本章围绕港口碳减排路径，提出未来绿色港口建设的相关建议。

9.1 航运物流的绿色升级

1. 鼓励使用绿色船舶，引领航运业绿色转型

1）推广新能源船舶

港口企业应积极扮演引领者的角色，不仅要在内部运营中优先采用液化天然气（LNG）动力船舶，还应大力倡导和支持电力推进系统及氢燃料电池等前沿清洁能源技术的船舶应用。这样从根本上减少对石油等传统化石燃料的依赖，从而在船舶运营的全生命周期内显著降低温室气体排放，如二氧化碳，以及氮氧化物、硫氧化物等有害大气污染物的排放。

2）实施绿色船舶建造标准

为了确保新建船舶在环保性能上达到国际先进水平，港口企业应积极参

与并推动绿色船舶建造与改造标准的制定与实施。同时,港口应与 IMO、ISO 等权威机构保持紧密合作,确保绿色船舶建造标准与国际接轨。对于老旧船舶,港口应鼓励并支持其进行绿色化改造,通过升级动力系统、优化航行性能、安装节能减排装置等措施,提升其环保性能,延长使用寿命。

3)设立绿色船舶奖励机制

政府及行业协会可设立专项资金,对采用清洁能源技术、节能减排效果显著的绿色船舶给予税收减免、补贴奖励等政策支持,激发航运企业的绿色转型动力。

2. 实施船舶排放控制区,强化区域环保管理

为有效控制船舶排放,特别是沿海及内河重点区域的污染问题,应坚决实施并不断优化船舶排放控制区(ECA)政策。

1)明确 ECA 范围与标准

在推进港口及周边海域环境保护的进程中,综合考虑区域环境承载能力、船舶流量密度以及未来发展趋势,明确排放控制区的具体范围与严格的排放标准。针对硫氧化物、氮氧化物及颗粒物等关键污染物,应设定比国际通用标准更为严格的排放限值,以体现对环境保护的更高要求和责任担当。

2)加强监管与执法

构建全方位、多层次的监管体系,确保 ECA 内船舶严格遵守排放标准。利用先进的卫星遥感技术,实现对船舶排放的远程监测;利用无人机巡检,灵活高效地发现潜在违规行为;利用港口现场检查,对进出 ECA 的船舶进行全面细致的检查。

3. 优化货物流转路径,减少不必要运输距离

1)利用大数据与 AI 优化物流路径

依托大数据分析,结合货物类型、运输需求及交通状况,运用人工智能算法为每批次货物定制最优运输路径,减少空驶率与绕行距离。

2)发展多式联运

鼓励并推广铁水联运、公水联运等多式联运模式,充分利用各种运输方

式的优势，实现货物在最佳时机、最短路径上的无缝衔接，减少整体运输能耗与污染物排放。

3）建立绿色物流信息平台

构建集信息共享、智能调度、环境监测等功能于一身的绿色物流信息平台，促进物流资源的高效整合与优化配置，提升物流行业的整体绿色发展水平。

4. 注重船舶节能环保，提升海上运输效能

船舶作为航运物流的核心载体，其节能环保技术的持续升级是实现绿色航运目标的重要保障。

1）加大节能环保技术研发力度

鼓励科研机构与航运企业合作，加大在船舶节能设计、高效推进系统、排放后处理技术等领域的研发投入，推动技术创新与成果转化。

2）推广节能环保技术应用

加快节能环保技术在船舶领域的推广应用，如节能型主机、废气再循环（EGR）系统、余热回收装置等，提高船舶能效，减少污染物排放。

3）加强船员环保意识与技能培训

定期对船员进行环保法律法规、节能减排技术及操作规范等方面的培训，提升船员的环保意识与专业技能，确保船舶在运营过程中严格遵守环保要求。

9.2　集疏运体系的不断优化

在深化集疏运体系优化与绿色转型的进程中，以构建绿色、畅通、经济、安全的集疏运系统为导向，着力优化集疏港通道，着力降低运输过程碳排放量，着力提升集疏运体系智能化水平，提高运输中的工作效率。

1. 加强通道建设，确保畅通无阻

1）加强基础设施建设

加大投入，进一步织密直通港区的铁路支线和专线网络，确保重要港区

与内陆腹地的铁路连接更加紧密,为货物运输提供更加便捷的通道。同时,提升港口周边道路的通行能力和服务水平也至关重要,这样可以有效减少交通拥堵,保障物流顺畅。

2)推进多式联运发展

不断完善"海铁联运""水水中转"以及江海或海河联运等集疏运模式,提高中转效率,降低物流成本。为此,需要加强不同运输方式之间的信息共享和协同作业,实现无缝对接,确保货物能够高效、顺畅地转运。

3)提升通道智能化水平

运用物联网、大数据等先进技术,对集疏港通道进行智能化改造,实现交通流量实时监测、智能调度和预警管理,提高通道运行效率和安全性。

2.加强绿色运输,降低碳排放

1)强化政策引导与激励机制

政府制定并执行更为严格的环保法规,对高排放的运输方式实施限制或征税,形成有效的约束;同时,给予积极使用清洁能源和低碳技术的企业税收减免、补贴等优惠政策,从经济上激励其主动采用更环保的运输方式。

2)推广清洁能源运输工具

政府积极鼓励研发和应用电动、氢能等新能源车辆,特别是在短途运输领域,应优先推广封闭式新能源车辆,以大幅度减少尾气排放,改善空气质量。

3)优化运输结构

政府进一步推动中长距离运输向铁路、水路转移,通过提高铁路和水路运输的便捷性和效率,吸引更多货源选择这两种低碳运输方式,从而降低公路运输的碳排放比例,实现整体运输结构的绿色化。

3.加强组织优化,降低运输成本

1)合理规划运输路线

根据货物种类、运输距离和成本等因素,科学规划运输路线,确保货物能够按照最经济、最高效的路径进行运输。同时,要避免迂回运输和无效运输,减少不必要的运输环节和费用,从而降低整体运输成本。

2）提高运输工具装载率

通过优化装载方案、采用大型化运输工具等手段，提高运输工具的装载率，减少空驶率。这样不仅可以充分利用运输工具的运载能力，还可以减少单位货物的运输成本，提高经济效益。

3）推动大宗货物铁路、水路运输

针对矿石、矿质土、矿渣、煤炭、焦炭、粮食、木片等大宗货物，应优先采用铁路、水路等低成本运输方式，并通过建设专用运输设施、优化运输组织等方式，提升其运输效率和比例。

4. 加强安全保障，构建安全体系

1）推广安全运输技术

政府鼓励研发和应用安全性能高的运输技术和设备，如智能监控、远程操控等，提高运输过程的安全性和可靠性。

2）提升应急响应能力

港口企业建立健全应急预案和响应机制，加强应急演练和培训，提高应对突发事件的能力和水平。同时，加强与相关部门的沟通协调，形成合力共同应对安全风险。

3）加强安全监管

港口企业建立健全安全监管体系，加强对运输工具、设施及从业人员的安全监管和检查力度，确保运输过程的安全可靠。

5. 加强技术创新，推动智能化发展

1）鼓励技术创新与应用

政府加大对集疏运领域技术创新的支持力度，鼓励企业、高校和科研机构开展联合攻关和技术创新活动；同时，加强技术创新成果的转化和应用推广，推动集疏运体系的智能化发展。

2）推广新型运输技术

港口企业积极引入皮带机、管带机、智能空轨运输系统以及双层双线电气化铁路等新型运输技术，满足基础设施建设用地及立体空间的需求，提高

运输效率和安全性。

3）加强信息化建设

港口企业推进集疏运体系的信息化建设，建立集疏运信息平台，实现运输信息的实时共享和协同作业。这样通过大数据分析等手段，优化运输组织和管理决策，提高运输效率和服务水平。

9.3 岸电系统的广泛应用

1. 统筹规划与建设

1）系统规划

在制定港口发展规划时，政府将岸电设施建设纳入整体布局之中，确保每一个新建码头和改扩建码头都预留出岸电接入的条件。

2）重点突破

在实施过程中，港口企业优先在客运码头、集装箱大港、邮轮母港以及生态敏感区域等船舶密集、排放影响大的码头安装岸电设施。

3）做好配套

为了确保岸电系统能够稳定、可靠地为船舶供电，政府必须提升港口区域电网的供电能力和稳定性，为港口生产提供稳定的供电配套。

2. 统筹创新与应用

1）推广先进技术

政府积极鼓励并推广高效节能的技术和设备。例如，变频技术、智能控制系统等，为船舶提供更加稳定、可靠的电力支持。

2）研发适配设备

港口企业考虑到船舶类型、功率需求的多样性，需要针对不同情况，研发相应的岸电接驳设备和转换装置，提高设备的通用性和便捷性，实现各类船舶快捷接入岸电系统，享受清洁、高效的电力服务。

3）做好数据监测

港口企业建立岸电使用数据监测平台，实时监测船舶用电量、排放减少量等关键指标，为政策制定提供更加准确的数据支持，为运营商优化岸电使用策略提供决策参考。

9.4 设备设施的更新升级

1. 加快充电设施建设

港口企业加快港口充电基础设施的建设步伐，构建覆盖广泛、布局合理的充电网络。具体包括：在港口内部建设一定数量的快充站和慢充桩，以满足不同类型设备多样化的充电需求；优化充电设施的布局，确保各类设备在作业间隙或休息时间能够便捷地进行充换电，提高设备的运行效率和可用性；利用智能电网技术对充电管理进行优化实现电能的合理分配和调度，进一步提高能源利用效率。

2. 提升设备适配性

港口企业优先选用技术成熟、性能稳定且节能环保的电力驱动设备，以确保港口电气化进程的顺利推进。升级改造港口现有的柴油车辆和设备，形成具体的设备更新升级改造方案。这包括更换更为环保的动力系统、优化传动系统等方式，以实现这些设备的电气化转型，进一步减少港口运营过程中的碳排放。重视设备的维护保养和更新换代工作，通过定期检查、维修和更换老化部件等措施，确保设备始终处于良好运行状态，为港口的持续、高效运营提供有力保障。

3. 提升智能运营水平

港口企业建立智能化的调度系统和运营管理平台，实现港口设备和车辆的实时监控、自动调度和智能决策。利用数据分析和预测技术，优化作业计划和资源配置;利用智能控制算法和远程监控技术,提高设备的运行效率和安全性;加强与其他港口和物流节点的信息共享和协同作业能力,提升整体物流效率和服务水平。

9.5 清洁能源的融合推广

1. 打好能源组合拳

港口企业依托港口区域具有得天独厚的开发条件,在港口码头、防波堤及附近海域安装风力发电机,在大量的仓库、堆场、办公楼等建筑设施顶部安装太阳能板,在离港布局氢能等新能源产业,做好清洁能源的融合,打好能源组合拳,为港口生产作业提供稳定清洁的能源保障。

2. 推动技术再创新

清洁能源在港口的应用工程中,港口企业重视发掘技术问题,推动相关技术的研发和创新。例如,港口企业提高风力发电机的转换效率、优化太阳能板的布局设计、开发更加智能的能源管理系统等,推动能源港口发展朝着更加清洁、低碳的方向转变。

9.6 智能系统的加快引入

1. 构建智能物联网

港口企业构建全面覆盖港口各区域的智能物联网基础设施,在设备、货物、运输工具等港口的关键节点,部署传感器、RFID标签、摄像头等先进的物联网设备,实现对设备运行状态、货物实时位置、交通流量以及环境参数等港口作业环境的实时监测与全面数据采集,为后续的智能化决策提供坚实的数据基础。

2. 构建大数据分析平台

港口企业构建大数据分析平台,对收集到的各类数据进行整合、清洗、挖掘和可视化处理,揭示港口运营中的规律与趋势。该平台利用预测分析模型,对港口作业量、货物吞吐量、设备故障率等进行精准预测,为港口管理者提供科学决策支持。港口企业利用大数据分析优化港口作业流程,如通过路径规划算法减少运输车辆等待时间,提高物流效率;通过能耗分析模型识别能源浪费环节,制定节能降耗措施。

3. 引入人工智能

港口企业引入具备自主导航、智能识别、精准控制等功能的智能机器人、无人驾驶车辆、自动化吊装系统等设备,在复杂多变的港口环境中实现港口作业的无人化或半无人化操作。例如,智能机器人可以代替人工进行货物搬运、分拣等工作;无人驾驶车辆则能够按照预定路线行驶至指定位置进行装卸作业;自动化吊装系统则能根据货物尺寸、重量等信息自动调整吊装参数,确保作业安全高效。

4. 构建智能调度系统

港口企业构建人工智能算法和智能调度系统,实现港口内部资源的优化配置与协同作业。该系统通过对港口作业流程进行数字化建模与仿真分析,识别瓶颈环节与潜在冲突点,制定最优的作业计划与调度方案。利用物联网技术实现设备间的实时通信与信息共享,确保各作业环节之间的无缝衔接与高效协同。港口企业利用智能调度系统根据实时数据动态调整作业计划,应对突发情况与不确定因素带来的挑战。

5. 构建智能安防系统

港口企业构建智能安防系统,利用高清摄像头、人脸识别、行为识别等技术对港口区域进行全天候、全方位的监控,提升港口的安全监控与应急响应能力。该系统利用大数据分析技术对历史安全事件进行复盘与分析,总结经验教训并不断完善安全管理体系。港口企业利用智能机器人执行危险区域巡检、火灾扑救等高风险任务,保障人员安全。

9.7 废水废物的无害处理

1. 废水处理技术

1) 引入集成化废水处理系统

港口企业引入集成物理、化学、生物等多种处理技术,能够高效去除废水中的悬浮物、油类、重金属、有机物等污染物的集成化废水处理系统。通过模块化设计,系统可根据废水特性灵活调整处理流程,确保出水水质达到或优于国家排放标准。同时,集成化系统还具备自动化控制功能,能够降低人工操作成本,提高处理效率。

2) 高级氧化与膜技术的结合应用

针对难降解有机物和微量有毒物质,建议采用高级氧化技术与膜技术相结合的处理方案。高级氧化技术如臭氧氧化、光催化氧化等,能够破坏有机物分子结构,提高其可生化性;而膜技术则能进一步截留去除溶解性固体和微生物,确保出水水质稳定。两者结合使用,可显著提升废水处理效果,为废水回用提供可能。

3) 废水回用与资源化利用

政府应鼓励港口企业探索废水回用与资源化利用途径。经过深度处理的废水可用于港口区域的绿化灌溉、道路清洗、设备冷却等非饮用领域,减少新鲜水资源的消耗。同时,港口企业对于含有高浓度盐分的废水,可通过蒸发结晶等技术提取盐类资源,实现废水的资源化利用。

2. 固体废物回收利用技术

1) 精细化分类与预处理

港口企业在港口区域建立完善的固体废物分类收集体系,引导作业人员将废物按类别投放。通过精细化分类,将可回收物(如金属、塑料、纸张等)、有害废物(如电池、化学品等)和一般废物分开处理。这样对于可回收物,进行清洗、破碎等预处理工作,为后续的资源化利用奠定基础。

2)资源化利用技术的创新

政府应鼓励港口企业采用先进的资源化利用技术,将固体废物转化为有价值的资源。例如,港口企业利用热解技术将有机废物转化为生物油、炭黑等产品;通过物理或化学方法从废旧设备中回收金属或稀有材料;将建筑废弃物加工成再生骨料用于道路铺设等。这些技术的应用不仅能减少废物排放,还能为企业带来经济效益。

3)协同处理与区域合作

鉴于港口废物种类繁多、处理难度大的特点,建议加强港口与周边地区、行业间的协同处理与区域合作。这样通过建立废物交换平台或联合处理中心,实现废物的跨行业、跨区域流动与利用。同时,港口企业加强与科研机构、高校的合作,共同研发新技术、新工艺,推动废物处理技术的不断创新与升级。

9.8 生态系统的涵养恢复

1. 种植植被,构建绿色生态屏障

1)选择适宜树种

根据港口区域的气候条件、土壤类型和污染状况,港口企业选择适宜的树种进行种植。优先考虑能适应本地环境,生长迅速且养护成本较低的本地树种,适当引进一些具有特殊生态功能的树种,如抗污染能力强、能吸收有害气体的树种。

2)合理规划布局

合理规划种植植被布局,确保植被发挥最大的生态效益。港口企业在港区周边种植高大的乔木,形成绿色屏障,减少噪声和尘埃对港区内部的影响;

在堆场、道路两侧等开阔地带，采用乔、灌、草结合的立体绿化模式，既美化环境又提高生态效益。

3) 加强后期养护

做好植被种植浇水、施肥、修剪、病虫害防治等后期养护工作。港口企业建立长效管理机制，对植被进行定期监测和评估，及时调整养护策略，确保植被健康生长并持续发挥生态效益。

2. 建设湿地，打造生态绿洲

1) 科学选址与规划

港口企业在港区内的低洼地带或废弃池塘等区域规划湿地建设，通过人工挖掘、引水造景等方式模拟自然湿地生态系统。这样充分考虑湿地的生态功能、景观效果和经济效益之间的平衡关系，确保湿地既能发挥净化水质、调节气候等生态作用，又能成为港区内的休闲观光景点。

2) 注重生态修复与保护

港口企业在湿地建设过程中，应注重生态修复工作，通过种植水生植物、放养水生动物等措施逐步恢复湿地的生物多样性；同时，加强对湿地生态系统的监测和保护工作，防止外来物种入侵和污染源的侵害。港口企业建立湿地保护区或湿地公园等管理机制，确保湿地生态系统的健康和稳定。

3) 发挥科普教育与休闲功能

港口企业在湿地周边设置科普解说牌、观鸟台等设施向公众普及湿地生态知识增强公众的环保意识；同时，组织定期的湿地保护活动吸引员工、访客及当地居民参与其中，共同守护这片珍贵的绿色空间。此外，港口企业还可以将湿地打造成休闲观光景点为港口增添一份独特的魅力。

第 10 章
实践：由面域向全域转变

10.1　发达国家向发展中国家延伸

1. 责任导向发达国家率先推动绿色低碳港口建设

实现碳中和是全球性的挑战,需要各国共同努力。在这个过程中,公平原则显得尤为重要。基于这一原则,发达国家在过去的工业化过程中,排放了大量的温室气体,对全球气候变化产生了较大影响,发达国家在应对气候变化和实现碳中和方面,具有不可推卸的历史责任。同时,发达国家在经济实力和科技创新方面具有优势,有能力为全球碳中和事业作出更大贡献。绿色港口建设是推动碳中和的一项重要工作,发达国家率先开展绿色港口建设,构建了相对完善的法律法规体系,形成了先进的节能减碳技术,并制定了严格的环保政策措施,广泛推动绿色港口建设。

2. 可持续导向发展中国家积极开展绿色低碳港口建设

随着全球变暖、极端恶劣天气加剧,减碳已经成为全球发展共识。为了推动可持续发展,发展中国家积极开展绿色港口建设,并将逐步成为绿色港口发展建设的主体。当前,中国、巴西、印度、南非等国家在积极推进绿色港口建设,通过政策引导、资金支持、技术创新等手段,推动港口行业低碳转型。

10.2 大型港口向中小港口延伸

1. 大型港口推动了绿色低碳港口建设步伐

近年来,位于重要地理位置的先进大型港口吞吐量较大,船只来往密集,排放了大量温室气体,对环境有着较大影响,对于环境治理的需求更加迫切。另一方面,大型港口业务繁忙,以至资金充足,技术、各类设备、机器较中小港口更为先进,有着较大优势和能力来面对绿色低碳港口建设问题。因此,在绿色低碳港口建设上,大型港口作为先进港口应对普通港口提供资金、技术以及设备支持,将先进的低碳理念分享给普通港口,与普通港口加强合作与交流,共同研究探讨低碳转型的技术和路径。两者推动行业内部的协同发展,促进沿海地区碳减排行动。

2. 中小港口拓宽了绿色低碳港口建设广度

中小港口在资金、技术、管理等方面相对薄弱,面临绿色低碳转型的诸多挑战。然而,中小港口也拥有独特的优势和发展机遇,可以更加灵活地调整策略,快速响应市场变化。同时,绿色低碳港口建设也为中小港口提供了转型升级的新契机,有助于提升港口的品牌形象和市场竞争力。当前,国内中小港口正通过加强合作与资源共享、优化港口布局和作业流程,助力港口绿色低碳发展。

10.3 港口作业区向港产城延伸

1. 零碳港口由概念变为现实

天津港建成了北疆港区 C 段零碳智慧码头,率先实现了在能源生产和消耗两侧的二氧化碳"零排放"，将零碳港口由概念变为现实。目前，越来越多的自动化集装箱港口通过作业智能化改造、装备低碳转型、能源绿色供给等举措，推动码头生产净零碳排放，助力港口绿色高质量发展。

2. 港产城碳中和示范区加速建设

零碳港口概念正逐渐扩大延伸到港产城领域，宁波梅山的零碳园区就是一个最佳实践。梅山利用其港区泊位优势，在保税港区集聚物流、贸易等港口服务业，并发展出科技、文化、旅游等城市功能，发展成为以梅山岛为核心的"港-产-城"典型园区。2021 年开启建设的梅山碳中和先行示范区，通过打造零碳生态智慧港口、建设多元融合高比例可再生电网、建筑全生命周期碳中和、创新机制助力多方共享零碳收益等举措，为港产城一体化深度脱碳提供了可行路径。

参考文献

［1］ESPO. ESPO Environmental Report 2022［EB/OL］.（2022-10-19）［2024-09-06］. https：//www. espo. be/publications/espo-environmental-report-2022.

［2］白佳凯,李朋喜,乔东伟.水电解制氢技术现状与展望［J］.现代化工,2023,43（S1）： 63-65.

［3］白金彤,董鹤楠,杨雨琪,等.风光储氢综合能源系统容量配置策略优化研究［J］.东北 电力技术,2024,45（03）：44-49.

［4］毕长生,尚亚男,赵志远,等.船用岸电技术综述［J］.交通节能与环保,2017,13（02）： 16-20.

［5］蔡啟超.工程机械设计中轻量化技术的应用研究［J］.中国设备工程,2022,（15）： 225-227.

［6］曹斌,蒋学明.空气源热泵在港口的规模化集成应用［J］.港口装卸,2008,（05）：6-8.

［7］曹刚.关于风电技术现状及其发展趋势的探讨［J］.科技创新与生产力,2023,44（12）： 86-88＋91.

［8］曹宏宇.漂浮式海上风电技术发展前景探析［J］.产业创新研究,2023,（12）：148-150.

［9］曹菁菁,雷阿会,刘清,等.虚实融合驱动智慧港口发展研究［J］.中国工程科学,2023, 25（03）：239-250.

［10］查晓辉.我国港口集装箱集疏运方式选择研究［D］.大连海事大学,2012.

［11］陈斌.RTG 节能减排组合方案［J］.港口科技,2017,（03）：21-27＋44.

［12］陈海斌.基于双液压马达发电机的电动重型叉车势能回收系统研究［D］.华侨大 学,2020.

［13］陈瑞锦.光伏发电在绿色港口建设中的应用［J］.港口科技,2016,（05）：33-36＋46.

[14] 陈拓.港口流动机械液压系统节能技术初探[J].技术与市场,2018,25(09):129+131.

[15] 陈晓华,王志平,吴杰康,等.微电网技术研究综述[J].黑龙江电力,2023,45(06):471-480+506.

[16] 陈严飞,王志浩,刘瑞昊,等.海上平台集中式制氢技术研究进展[J].海洋技术学报,2024,43(03):107-118.

[17] 陈颖.电解水制氢技术的研究现状及未来发展趋势[J].太阳能,2024,(01):5-11.

[18] 陈昱.碳政策下空轨参与的多式联运路径选择研究[D].大连海事大学,2023.

[19] 陈钰.舟山港港口集疏运系统发展研究[D].浙江海洋大学,2017.

[20] 程小波,许壮,翟俊香,等.电解海水制氢技术与发展现状[J].科技资讯,2024,22(04):124-127+142.

[21] 崔旭升,燕泽英,王昕雨,等.质子交换膜电解水制氢技术发展现状及展望[J].中外能源,2024,29(07):22-30.

[22] 崔杨,管彦琦,李佳宇,等.考虑碳捕集机组与氢储能系统协调运行的源荷储低碳经济调度[J].电网技术,2024,48(06):2307-2316.

[23] 崔振莹.氢能储运技术现状及发展分析[J].中外能源,2024,29(07):31-39.

[24] 单玉爽.电动叉车势能回收和再利用系统研究[D].浙江大学,2019.

[25] 丁宁,陈千惠,刘丹禾,等.制储氢技术经济性分析与前景展望[J].洁净煤技术,2023,29(10):126-144.

[26] 董书豪.我国碳捕获、利用与封存(CCUS)技术的发展现状与展望[J].广东化工,2021,48(17):69-70.

[27] 杜伟,王艳明,田腾,等.我国已建集装箱码头零碳转型路径研究与实践[J].水道港口,2024,45(02):264-270.

[28] 范宝文.港口码头系统智能化应用的现状与发展分析[J].科技创新与应用,2019,(29):184-185.

[29] 范广东.港口冷库采用光伏发电技术分析[J].冷藏技术,2024,47(01):43-48.

[30] 方斯顿,赵常宏,丁肇豪,等.面向碳中和的港口综合能源系统(一):典型系统结构与关键问题[J].中国电机工程学报,2023,43(01):114-135.

[31] 冯帅.美国碳中和政策:主要目标、实施路径及对华影响[J].东北亚论坛,2024,33(01):112-126+128.

[32] 盖宏伟,张辰君,屈晶莹,等.有机液体储氢技术催化脱氢过程强化研究进展[J].化工

进展,2024,43(01):164-185.

[33] 高强生.电场桥能量回馈系统改造[J].港口装卸,2016,(06):48-50.

[34] 高有山,权龙,赵斌,等.工程机械作业机构能量回收技术研究现状[J].液压与气动,2019,(10):1-10.

[35] 耿鑫,王飞,周强.光伏设备在青岛港前湾集装箱码头的应用[J].港口科技,2019,(09):19-20+24.

[36] 管政霖.自动化集装箱码头陆域集疏运装卸工艺与交通问题研究[D].武汉理工大学,2018.

[37] 归菊.集装箱港口RTG轮胎吊油改电及应用[J].自动化应用,2015,(07):23-24.

[38] 郭唱,江大发,付鹏,等.大容量气态储氢技术在轨道交通车辆中的适用性研究[J].电力机车与城轨车辆,2024,47(01):20-25.

[39] 郭汇江.海水源热泵技术海上设施应用概述[J].节能,2020,39(12):108-109.

[40] 郭可玟,续永杰,史瑞静.3种制氢技术路线的经济性分析[J].电工技术,2024,(07):40-43.

[41] 韩春绿,张彬,林江,等.含海上风电-光伏-储能的多能源联合发电运行控制方法[J].企业科技与发展,2023,(09):52-55.

[42] 韩冬冬,刘汝梅,王能艳.节能照明技术在沿海港口露天堆场中的应用[J].港工技术,2012,49(06):54-56.

[43] 韩利,李琦,冷国云,等.氢能储存技术最新进展[J].化工进展,2022,41(S1):108-117.

[44] 韩亮.港口皮带机传输系统节能的实现与技术分析[J].中国设备工程,2018,(21):138-139.

[45] 韩睿康.可再生能源制氢技术与应用[J].节能,2023,42(06):94-96.

[46] 韩贤贤,寿建敏.中国绿色港口岸电建设的前景与发展[J].现代企业,2018,(08):49-50.

[47] 贺林林,焦钰祺,贾瑞,等.绿色港口建设中港区大气污染物排放研究综述[J].重庆交通大学学报(自然科学版),2021,40(08):78-87.

[48] 贺林林,金勇,彭银霞,等."双碳"背景下国内外绿色港口建设发展综述[J].水运工程,2024,(07):42-50+67.

[49] 胡薛礼.小型液压挖掘机的新型动臂势能再生系统研究[D].长沙理工大学,2020.

[50] 胡鹏,朱建新,刘昌盛,等.液压挖掘机动臂势能交互回收利用系统特性[J].吉林大学

学报(工学版),2022,52(10):2256-2264.

[51] 胡筱渊.基于港口集疏运的地下集装箱物流系统构建与运营优化研究[D].上海海事大学,2022.

[52] 黄晶.碳捕集利用与封存(CCUS)技术发展的几点研判[J].中国人口·资源与环境,2023,33(01):100.

[53] 黄凯明.港口节能减排现状及建议[J].港口科技,2015,(04):47-49.

[54] 黄素德,陈海斌,任好玲,等.电动重型叉车工况自识别势能回收控制系统[J].液压与气动,2021,45(08):39-45.

[55] 纪成恒.装卸同步下自动化码头AGV与场桥联合调度优化[D].大连海事大学,2023.

[56] 纪钦洪,于广欣,黄海龙,等.海上风电制氢技术现状与发展趋势[J].中国海上油气,2023,35(01):179-186.

[57] 季世锋.集装箱码头ERTG能量回馈系统AFE可控整流系统应用[J].港口科技,2014,(05):7-12.

[58] 贾晨霞.我国大型风电技术现状与展望[J].现代工业经济和信息化,2017,7(03):65-66.

[59] 贾文虎,徐群杰.海上风电设施防腐蚀技术研究进展[J].发电技术,2023,44(05):703-711.

[60] 贾子奕,刘卓,张力小,等.中国碳捕集、利用与封存技术发展与展望[J].中国环境管理,2022,14(06):81-87.

[61] 姜冠男.我国海上光伏产业现状及发展趋势分析[J].现代工业经济和信息化,2024,14(01):77-79.

[62] 姜卓扬.考虑碳排放的港口集疏运系统运输结构优化研究[D].华南理工大学,2023.

[63] 蒋仑.集装箱堆场RTG"油改电"供电改造及效益分析[J].水运工程,2014,(04):103-105.

[64] 蒋一鹏,袁成清,袁裕鹏,等."双碳"战略下中国港口与清洁能源融合发展路径探析[J].交通信息与安全,2023,41(02):139-146.

[65] 交通运输部规划研究院.中国交通运输行业气候目标及行动建议[R].2022.

[66] 焦健,陈彬剑,刁文鹏,等.甲烷水蒸气重整制氢技术研究进展[J].节能,2024,43(01):116-118.

[67] 金毅,黄婷,黄细霞.港口节能减排新技术研究实践及展望[J].港口科技,2015,(03):

34-38.

[68] 李承周,王宁玲,窦潇潇,等.多能源互补分布式能源系统集成研究综述及展望[J].中国电机工程学报,2023,43(18):7127-7150.

[69] 李东坡,周慧,霍增辉.日本实现"碳中和"目标的战略选择与政策启示[J].经济学家,2022,(05):117-128.

[70] 李海波.固态储氢技术现状与发展趋势分析[J].现代化工,2024,44(04):13-18.

[71] 李海鹏,孙邦兴,李嘉烨.双碳目标下绿色制氢技术的进展[J].电池,2024,54(02):271-275.

[72] 李惠,韩敏霞,刘伟.地源热泵技术在沿海港口项目的应用[J].中国住宅设施,2009,(06):35-37.

[73] 李纪波,李静,李宏利.电力体制改革形势下的港口供电企业发展策略[J].港口科技,2016,(10):46-48.

[74] 李姜辉,李鹏春,李彦尊,等.离岸碳捕集利用与封存技术体系研究[J].中国工程科学,2023,25(02):173-186.

[75] 李庆金,王辉.空气源热泵技术的研究进展[J].黑龙江科学,2021,12(06):106-107.

[76] 李威.大型干散货码头装卸工艺系统设备配置仿真优化研究[D].大连理工大学,2022.

[77] 李效明,吴昕.基于低碳环境下的港口智能化发展趋势[J].中国水运,2022,(03):57-59.

[78] 李雪临,袁凌.海上风电制氢技术发展现状与建议[J].发电技术,2022,43(02):198-206.

[79] 李燕涛.集装箱码头装卸机械优化配置研究[D].大连海事大学,2013.

[80] 李扬,孙玉玲.澳大利亚低碳产业发展战略、技术路径与启示[J].科学观察,2022,17(05):76-81.

[81] 李阳,王锐,赵清民,等.中国碳捕集利用与封存技术应用现状及展望[J].石油科学通报,2023,8(04):391-397.

[82] 李志川,高敏,齐磊,等.漂浮式风电开发技术研究综述[J].船舶工程,2023,45(10):153-160+165.

[83] 李志川,胡鹏,马佳星,等.中国海上风电发展现状分析及展望[J].中国海上油气,2022,34(05):229-236.

[84] 李宗良.港口集装箱装卸流程节能优化研究[J].中国高新技术企业,2015,(13):

93-94.

[85] 李宗良.节能减排技术在港口 RTG 中的应用[J].中国水运(下半月),2016,16(07)：97-98.

[86] 林森,文书礼,朱淼,等.海港综合能源系统低碳经济发展研究综述[J].中国电机工程学报,2024,44(04)：1364-1386.

[87] 林宇,刘长兵,张翰林,等.国内外绿色港口评价体系比较与借鉴[J].水道港口,2020,41(05)：613-618.

[88] 刘超,李欧萍,程光远,等.深远海风电制氢技术经济性分析[J].海洋工程装备与技术,2024,11(01)：116-121.

[89] 刘杜,孙佳星,乔康恒,等.港口船舶岸电电源系统研究综述[J].船电技术,2021,41(06)：29-34.

[90] 刘芳,杨雪英,涂梅超,等.英国交通脱碳计划及对我国的启示[J].交通运输研究,2023,9(04)：143-154.

[91] 刘岚,吴垠峰,秦小健,等.海上风电运维的技术现状及发展趋势[J].中国水运(下半月),2022,22(12)：47-49.

[92] 刘磊.船载碳捕集利用与封存技术的应用及发展前景[J].船舶物资与市场,2024,32(02)：77-79.

[93] 刘名瑞,王晓霖,李遵照,等.基于化学吸附机制的固态储氢技术研究与展望[J].炼油技术与工程,2023,53(11)：1-5.

[94] 刘巧斌,周强.煤炭中转码头装卸作业系统集成调度模型与优化[J].物流技术,2017,36(04)：97-102+107.

[95] 刘若璐,汤海波,何翡翡,等.液态有机储氢技术研究现状与展望[J].化工进展,2024,43(04)：1731-1741.

[96] 刘甜甜.风电技术及其并网策略研究[J].通讯世界,2015,(13)：182.

[97] 刘骁,贾志军.海上光伏的腐蚀破坏与防护措施[J].环境技术,2024,42(03)：38-41.

[98] 刘小燕,韩旭亮,秦梦飞.漂浮式风电技术现状及中国深远海风电开发前景展望[J].中国海上油气,2024,36(02)：233-242.

[99] 卢明剑,董胜节,严新平,等.船舶碳捕集、利用与封存技术综述[J].交通运输工程学报,2024,24(02)：1-19.

[100] 鲁彦汝,李永翠,李波,等.自动化集装箱码头智能空轨集疏运系统实现[J].水运工程,2024,(09)：223-227+232.

[101] 栾晨,韩笑乐.自动化集装箱码头装卸系统的协同调度优化[J].机械制造,2018,56(04)：84-88.

[102] 罗德智.关于风电技术和光伏发电技术探析[J].低碳世界,2017,(35)：70-71.

[103] 罗珊,左萌,肖建群.海上风电制氢技术及氢能产业发展现状与建议[J].太阳能,2024,(05)：5-11.

[104] 罗祥程.机械飞轮动能回收系统设计[D].哈尔滨工程大学,2015.

[105] 罗月蕾.低碳视角下集装箱港口内陆集疏运网络优化研究[D].大连海事大学,2014.

[106] 吕涛,石镕瑞,尹健,等.地源热泵技术可行性分析[J].城市建筑空间,2020,27(08)：204-205.

[107] 吕文斌.港口集装箱装卸节能减排技术的应用与优化[J].时代经贸,2019,(09)：59-60.

[108] 马骥.基于系统动力学的上海港集疏运系统低碳政策效果仿真研究[D].江苏大学,2023.

[109] 马林英,武猛.我国港口节能减排技术现状及应用[J].节能与环保,2020,(10)：110-111.

[110] 马月,吕永刚,温友超,等.海上光伏电站基础结构的综述[J].科技与创新,2023,(20)：92-95.

[111] 米立军,李达,高巍.深远海漂浮式风电技术发展现状与思考[J].新型电力系统,2023,1(03)：211-220.

[112] 莫丽丽,崔永鸿,陈志乐.双侧靠泊散货码头装卸工艺系统优化[J].港口装卸,2019,(06)：55-58.

[113] 母新跃.论述港口电气节能技术应用[J].数字通信世界,2018,(03)：203.

[114] 欧阳姗姗.基于低碳绿色发展的集装箱港口内陆集疏运网络优化研究[D].大连海事大学,2022.

[115] 潘光胜,顾钟凡,罗恩博,等.新型电力系统背景下的电制氢技术分析与展望[J].电力系统自动化,2023,47(10)：1-13.

[116] 庞伟.海水源热泵技术在港口建设中的应用[J].水运工程,2007,(09)：141-145.

[117] 彭小东.探索港口集装箱轮胎吊节能减排的新途径[J].中国设备工程,2021,(07)：190-191.

[118] 彭云,李相达,王文渊,等.绿色集装箱港口节能减排策略综述[J].交通运输工程学

报,2022,22(04):28-46.

[119] 钱继锋,朱晓宁,刘占东.集装箱码头装卸设备配置优化研究[J].物流技术,2013,32 (13):143-146.

[120] 钱秋英,姚建飞.港口采用智慧空轨集疏运系统的经济性分析[J].上海船舶运输科 学研究所学报,2022,45(05):42-45+65.

[121] 钱圣涛,何勇,翁武斌,等.阴离子交换膜电解水制氢技术的研究进展[J].新能源进 展,2024,12(01):1-14.

[122] 清华大学互联网产业研究院.2022城市零碳交通白皮书[R].2022.

[123] 清华大学碳中和研究院.2023全球碳中和年度进展报告[R]2023

[124] 屈紫懿,孔存金,印洪浩,等.远洋船舶尾气碳捕集技术及发展趋势研究[J].环境工 程技术学报,2024,14(01):17-24.

[125] 任刚.海铁联运港站堆场资源分配与载运机械协同调度研究[D].大连海事大 学,2023.

[126] 尚明.一种太阳能光伏气膜港口散货堆料仓[J].港口科技,2023,(02):34-39.

[127] 生态环境部环境与经济政策研究中心.中国碳达峰碳中和政策与行动(2023) [R].2022.

[128] 施耐德电气商业价值研究院.践行绿色发展,把脉"双碳"政策[R].2022.

[129] 石佳,严竹菁,丁俊.光氢耦合制氢技术在苏州地区探索应用[J].科技风,2023, (26):93-95.

[130] 司林波,赵璐.荷兰能源和气候政策最新进展及对我国的启示[J].华北电力大学学 报(社会科学版),2020,(03):26-35.

[131] 宋晶.低碳目标下港口微电网分布式能源管理方法研究[D].大连海事大学,2023.

[132] 宋祥吉,顾强,王金东,等.光伏节能系统在岸边集装箱起重机中的应用[J].起重运 输机械,2024,(02):68-73.

[133] 宋阳,何少林,薛华,等.二氧化碳捕集、地质利用与封存项目环境管理研究[J].中国 环境管理,2022,14(05):28-36.

[134] 孙博文.港口散货码头智能化控制和管理研究[J].运输经理世界,2022,(07): 58-60.

[135] 孙付春,张学炜.干散货码头全自动化作业流程[J].港口科技,2019,(10):1-4.

[136] 孙浩,吴维宁,陈丽杰,等.新能源电解水制氢技术发展研究综述[J/OL].电源学报, 1-18[2024-09-06].

[137] 孙莉.加拿大实现碳中和的政策部署与路径[J].全球科技经济瞭望,2022,37(01)：
8-11.

[138] 孙梅玉,李明高,高晴,等.空轨系统在铁路多式联运集疏运中的应用前景探讨[J].
铁道货运,2023,41(12)：19-25.

[139] 孙秋萍,谭江华.港口节能照明分析及仓库节能照明方案[J].港工技术,2014,51
(02)：51-53.

[140] 孙烨桦,吴杰康,詹耀国,等.海上风电与电氢混合储能协同运行优化[J].新型电力
系统,2024,2(03)：346-356.

[141] 孙玉姣,胡祥培,曾庆成.集装箱码头装卸作业顺序多目标优化调度模型[J].系统工
程理论与实践,2020,40(01)：195-209.

[142] 邰能灵,王萧博,黄文焘,等.港口综合能源系统低碳化技术综述[J].电网技术,
2022,46(10)：3749-3764.

[143] 谭宇,陈科帆.技术驱动视角下的智慧港口建设路径探析[J].通信与信息技术,
2022,(01)：62-65+42.

[144] 汤鹏飞.光伏新能源在港口机电工程中的应用研究[J].中国战略新兴产业,2024,
(05)：86-88.

[145] 汤文扬,朱连义,肖扬.我国岸电上船技术现状分析及建议[J].中国港口,2016,
(04)：59-61.

[146] 唐波,高仕博,张聪,等.智能感知技术在集装箱码头堆场智能装卸中的应用[J].港
口科技,2021,(08)：1-6+12.

[147] 唐洋."双碳"政策下港口企业建设光伏意义分析[J].能源与节能,2023,(02)：
51-54.

[148] 陶建根,陈怡,黄博远.海上风电发展现状与趋势分析[J].能源工程,2023,43(04)：
1-9.

[149] 陶学宗,张秀芝,陈继红.港口集装箱作业设备改造的节能减排效益评估[J].气候变
化研究进展,2019,15(02)：197-205.

[150] 陶学宗,张秀芝.宁波舟山港轮胎吊"油改电"的节能减排效益估算方法研究[J].交
通与港航,2019,6(01)：74-78.

[151] 田鑫,杨柳,才志远,等.船用岸电技术国内外发展综述[J].智能电网,2014,2(11)：
9-14.

[152] 万宏,罗文东,谢国华.海上风电的发展现状及关键技术研究[J].科技资讯,2023,21

(24)：70-72.

[153] 万晶晶,张军,王友转,等.海水制氢技术发展现状与展望[J].世界科技研究与发展,2022,44(02)：172-184.

[154] 汪成龙.海上漂浮式光伏发电系统应用[J].大众用电,2024,39(05)：47-48.

[155] 汪宇亮.集装箱空轨货运系统装卸工艺设计及应用[J].铁道货运,2022,40(08)：22-29.

[156] 王琛.码头龙门吊"油改电"技术方案及应用[J].集装箱化,2020,31(09)：25-27.

[157] 王丹.我国绿色港口建设相关政策、存在问题及对策建议[J].集装箱化,2023,34(09)：1-6.

[158] 王得蓉.港口地源热泵节能综合评价体系[J].港口科技,2016,(02)：36-39.

[159] 王帆.液压挖掘机回转制动能量回收系统特性及能效研究[D].太原理工大学,2023.

[160] 王菲.海上风电技术论坛：突破技术瓶颈谱写新篇章[J].风能,2017,(11)：54-55.

[161] 王海燕.集装箱码头泊位生产运作优化研究[D].大连海事大学,2010.

[162] 王浩.某集装箱码头装卸工艺系统优化[J].珠江水运,2022,(08)：50-53.

[163] 王华,张铎,王文秀,等.光、电、化学法催化制氢技术研究进展[J].电力勘测设计,2024,(06)：10-14.

[164] 王建,王阳.船载碳捕集技术发展趋势及展望[J].中国水运(下半月),2024,24(05)：75-77.

[165] 王金参,李凡国,赵剑波.港口大型起重设备节能降耗技术分析[J].工业设计,2017,(12)：99-100.

[166] 王金旺.船舶岸电技术应用研究[D].华北电力大学,2015.

[167] 王景石.港口微电网中的用电负荷预测及调度优化关键技术研究[D].武汉理工大学,2020.

[168] 王俊伟.RTG油改电技术的实施与实效分析[J].中国水运,2011,(07)：46-47.

[169] 王立坤,郭宇,陈秋华,等.海上风电制氢技术展望[J].设备管理与维修,2023,(14)：131-133.

[170] 王明华.新能源电解水制氢技术经济性分析[J].现代化工,2023,43(05)：1-5.

[171] 王绍辰,王颖帆,王博.基于风光储氢技术的风光消纳现状及应用[J].大众用电,2024,39(01)：35-36.

[172] 王涛,陈何.港口船舶岸基供电技术方案浅析[J].上海节能,2019,(09)：788-793.

[173] 王天义,田勇,赵莺慧,等.工程机械液压传动系统节能技术综述[J].机械设计与制造工程,2022,51(12):1-5.

[174] 王伟平.大型液压挖掘机气液平衡动臂势能回收系统研究[D].中国矿业大学,2018.

[175] 王萧博,黄文焘,邰能灵,等.面向源储优化配置的港口微电网运行场景高保真压缩与重构方法[J].中国电机工程学报,2023,43(15):5839-5850.

[176] 王晓慧.大规模制氢与储氢技术现状及发展方向[J].河南科学,2024,42(02):165-172.

[177] 王永为.我国风电发展相关问题分析[J].河南科技,2014,(14):175.

[178] 王宇,李海波."双碳"背景下港口机械电能替代技术分析[J].港口科技,2023,(01):1-4+48.

[179] 王玉新.智慧数字技术在海上光伏电站运维管理中的应用[J].集成电路应用,2023,40(09):296-297.

[180] 王媛,席芳,汤伊琼.新形势下我国智慧港口建设现状与发展趋势[J].水运工程,2024,(08):224-228+287.

[181] 王越.港口皮带机传输系统节能技术研究[J].中国高新技术企业,2015,(18):107-108.

[182] 王子健,白福高,闫伟,等.重点国家碳排放历史趋势、碳中和政策特征及合作建议[J].中国石油勘探,2022,27(06):98-109.

[183] 韦家础,罗旺.港口设备节能技术研究[J].机械设计与制造工程,2016,45(12):74-77.

[184] 韦晓磊.港口流动机械液压系统节能技术[J].中国水运(下半月),2015,15(08):130-131.

[185] 魏晓天,袁昊骞,刘东.电解海水制氢的机遇与挑战[J].当代化工研究,2023,(07):5-7.

[186] 魏亿钢,石佳伟,许冠南.中国低碳政策演进、阶段特征与治理模式变革.中国科学院院刊,2024,39(4):761-771.

[187] 温家浩,杨中桂,白洁,等.海上风电设备防腐技术与展望[J].船舶工程,2022,44(S1):57-60.

[188] 我国光伏和风电的布局分析[J].新能源科技,2021,(06):6-7.

[189] 吴斌,姜春起,曲双杰.空气源热泵技术在海上平台的应用[J].船海工程,2022,51

（02）：55-58.

［190］吴天林.光伏发电系统在岸桥上的应用［J］.港口科技，2017，（12）：15-18.

［191］吴仲理，严循进，卢仕维.风电技术的发展现状及应用［J］.产业与科技论坛，2015，14（24）：60＋62.

［192］伍婧，涂敏，严新平，等.我国海洋港口新能源技术应用发展探析［J］.中国工程科学，2024，26（04）：234-244.

［193］向勇，原玉，周佩，等.碳捕集利用与封存中的金属腐蚀问题研究：进展与挑战［J］.中国工程科学，2023，25（03）：197-208.

［194］肖洋.国际海运减排博弈及中国面临的"碳陷阱"［J］.现代国际关系，2013，（06）：35-39.

［195］肖振华.生物质制氢技术及其研究进展［J］.化学工程与装备，2023，（04）：192-193.

［196］肖志亚，董明望，唐道贵，等.港区多能源融合综合管控系统［J］.起重运输机械，2024，（02）：19-25.

［197］新加坡面向碳中和的长期发展战略解读［J］.新型城镇化，2023，（10）：67-70.

［198］修勤绪.德国气候目标及主要经验启示［J］.中国能源，2022，44（12）：65-72.

［199］徐初琪，董建业，彭儒，等.海上光伏腐蚀防护系统性解决方案［J］.上海涂料，2023，61（04）：33-37.

［200］徐怀仁.伸缩臂叉车动臂势能回收与再利用系统研究［D］.太原科技大学，2022.

［201］徐京辉，王宇超，殷雨田，等.工业电解海水制氢技术及电极材料研究进展［J］.低碳化学与化工，2024，49（09）：72-81.

［202］徐立军，苏昕，朱迪，等."双碳"目标下氢能产业技术发展分析［J］.新疆大学学报（自然科学版中英文），2024，41（04）：385-407.

［203］徐卫兵，惠星，李东侠，等.桩基固定式海上光伏项目开发建设策略［J］.西北水电，2023，（05）：118-122.

［204］徐晓健，刘大壮，王霓，等."风光氢储"多能源融合系统港船综合应用适应性研究［J］.交通节能与环保，2024，20（03）：55-61.

［205］续芯如，夏韦美，陈兆民，等.制氢技术研究进展［J］.玻璃，2024，51（07）：24-29.

［206］闫富日.海水源热泵在港口发展中的应用［J］.科技资讯，2012，（02）：2.

［207］闫光龙，郭克星，赵苗苗.储氢技术的研究现状及进展［J］.天然气与石油，2023，41（05）：1-9.

［208］严庭玉.集装箱码头装卸作业调度优化研究［D］.重庆交通大学，2017.

[209] 严新荣,张宁宁,马奎超,等.我国海上风电发展现状与趋势综述[J].发电技术,2024,45(01)：1-12.

[210] 阳平坚,彭栓,王静,等.碳捕集、利用和封存(CCUS)技术发展现状及应用展望[J].中国环境科学,2024,44(01)：404-416.

[211] 杨广全,杨旭.铁路集装箱正面吊技术发展方向研究[J].铁道货运,2021,39(03)：32-36+41.

[212] 杨国辉.海洋风电技术发展对能源结构转型的影响研究[J].中国石油和化工标准与质量,2024,44(15)：117-119.

[213] 杨瑞,李响,周垣孜,等.港船多能源融合技术体系构建与运行模式研究[J].交通节能与环保,2024,20(02)：39-44.

[214] 杨文浩,邵琪,王立锋.浅谈船舶岸电技术的应用[J].中国水运(下半月),2019,19(08)：109-110.

[215] 杨雪英,凤振华,刘芳,龙雨璇.美国联邦运输脱碳蓝图-交通运输转型联合战略[R].北京：交通运输部科学研究院,2023.

[216] 杨泽鹏,赵燕晓,魏灿,等.风力发电制氢技术的现状与发展趋势[J].化学工程与装备,2023,(04)：194-195.

[217] 姚兴佳,刘颖明,宋筱文.我国风电技术进展及趋势[J].太阳能,2016,(10)：19-30.

[218] 叶峻涵,杨平,屈博,等.新能源接入港口岸电系统设计与仿真[J].现代电子技术,2023,46(12)：101-108.

[219] 叶赛敏,陈继红,罗萍,等.中国港口RTG"油改电"工程实施效果分析与对策[J].大连海事大学学报(社会科学版),2015,14(05)：39-44.

[220] 殷卓成,王贺,段文益,等.氢燃料电池汽车关键技术研究现状与前景分析[J].现代化工,2022,42(10)：18-23.

[221] 尹爱华,梁雄,康彦怀,等.二氧化碳捕集、利用与储存(CCUS)技术进展及趋势分析[J].山西化工,2024,44(02)：251-252+260.

[222] 尹诗,李振兴,韩贝贝.地源热泵技术节能性分析[J].能源与环保,2020,42(09)：138-142.

[223] 于占福,许季刚,周凯.港口行业碳达峰与碳中和行动策略与路径初探[J].中国远洋海运,2021,(07)：62-64+7.

[224] 袁荣林.港口轮胎吊混合动力节能改造[J].上海节能,2017,(04)：223-226.

[225] 岳云峰,彭欣然,王洪庆,等.海上漂浮光伏发电技术及其融合发展展望[J].南方能

源建设,2024,11(02):42-50.

[226] 张宝忠.直接电解海水制氢技术与产业现状[J].精细石油化工,2024,41(04):64-69.

[227] 张碧轩."双碳"目标下碳中和立法研究——以《德国联邦气候保护法》为鉴[J].上海节能,2023,(09):1249-1255.

[228] 张道斌.港口码头系统智能化应用的现状与发展分析[J].长江信息通信,2022,35(12):4-5.

[229] 张蝶.基于低碳理论的集装箱港口集疏运网络优化研究[D].大连海事大学,2015.

[230] 张风春.港口内陆集疏运的优化研究[D].大连海事大学,2015.

[231] 张雷波,徐海栋,尹立峰,等.国内外岸电技术的应用及发展[J].世界海运,2015,38(10):13-16.

[232] 张明.港口电气的节能设计方法探究[J].山东工业技术,2016,(07):60.

[233] 张明江.基于能量回馈的RTG"油改电"研究[J].港口装卸,2008,(03):16-17.

[234] 张琪.我国制氢技术现状分析[J].化工设计通讯,2023,49(01):82-84.

[235] 张琼,刘畅,赵旭朝.起重设备在港口备件智能化仓储系统中的应用[J].中国水运,2016,(05):64-66.

[236] 张茹杰.综合能源系统中热泵技术研究与应用[J].装备制造技术,2023,(09):166-168.

[237] 张若梦,张华.港口利用太阳能光伏发电的应用研究[J].珠江水运,2015,(11):23-25.

[238] 张文强.港口电气主要节能技术探讨[J].海峡科技与产业,2018,(07):40-42.

[239] 张笑菊.集装箱码头同贝同步装卸作业系统优化研究[D].大连海事大学,2018.

[240] 张阳,郝晋文.港口节能照明技术及改造方案[J].港口装卸,2017,(04):54-56.

[241] 张志强.地源热泵空调在大型港口工程中的应用[J].水运工程,2009,(07):128-130.

[242] 赵东来.中国海上风电运营优化及发展研究[D].华北电力大学(北京),2020.

[243] 赵光辉.我国交通运输碳达峰碳中和规制及政策研究[J].改革与战略,2022,38(04):14-30.

[244] 赵健宇,曹小雄.ERTG能量回收节能及全电动转过场系统的应用[J].港口科技,2012,(10):23-26.

[245] 赵俊文.关于风电技术现状及其发展趋势的探讨[J].科技展望,2015,25(12):96.

[246] 赵伟.船舶岸电电源控制策略研究[D].大连海事大学,2018.

[247] 赵雪莹,李根蒂,孙晓彤,等."双碳"目标下电解制氢关键技术及其应用进展[J].全球能源互联网,2021,4(05):436-446.

[248] 郑火碾.关于轮胎式集装箱龙门起重机"油改电"技术的思考[J].设备管理与维修,2020,(23):107-108.

[249] 中国工程科技知识中心.国外双探政策梳理与技术现状研究[R].2021.

[250] 中国环境与发展国际合作委员会.碳达峰、碳中和政策措施与实施路径[R].2022.

[251] 中华人民共和国生态环境部.中国应对气候变化的政策与行动 2022 年度报告[R].2022.

[252] 钟宏宇,齐全,高阳,等.中国海上风电技术的挑战与应对策略分析[J].东北电力技术,2016,37(01):39-43.

[253] 仲昭林.自动化集装箱码头设备配置与作业调度集成优化[D].青岛大学,2022.

[254] 周家海.低架滑触线"油改电"技术的革新[J].港口装卸,2011,(04):11-13.

[255] 周文峰,张凯,祖巧红,等.风电和光伏在绿色港口建设中的应用[J].港口装卸,2023,(02):36-38.

[256] 周垣孜,徐晓健,李响.港区多能源融合模式探讨[J].水运管理,2024,46(04):14-16+27.

[257] 朱利.港口清洁能源应用的节能减排效果分析[J].交通节能与环保,2017,13(05):34-36.

[258] 左强.港口船舶岸电系统技术方案研究[D].东南大学,2016.

除以上图书、报告和期刊文献以外,本书中部分资料基于网络整理,在此表示衷心感谢!如果侵犯到了您的权益,请与编者团队联系。

本书成稿于 2024 年,已尽量保证相关政策、技术、案例、数据等内容的时效性,但由于编者水平有限,以及受相关数据资料可得性影响,缺点和疏漏在所难免,恳请读者谅解指正,万分感激。